L'ÉCONOMIE DU QUÉBEC

Une économie à la remorque de ses groupes

Roma Dauphin
Professeur titulaire
Département d'économique
Université de Sherbrooke

Collection Reflets

Beauchemin

L'ÉCONOMIE DU QUÉBEC
Une économie à la remorque de ses groupes

Roma Dauphin

HC
117
Q8
D28
1994

Collection Reflets

© 1994   Éditions Beauchemin ltée
3281, avenue Jean-Béraud
Laval (Québec) H7T 2L2
Téléphone :   (514) 334-5912
1 800 361-4504
Télécopieur : (514) 688-6269

ISBN : 2-7616-0535-7
Dépôt légal 4e trimestre 1994   Imprimé au Canada
Bibliothèque nationale du Québec   1 2 3 4 5   98 97 96 95 94
Bibliothèque nationale du Canada

Supervision éditoriale : Isabelle Quentin
Production : Robert Gaboury, Carole Ouimet et Andrée Bisson
Consultation : Yvon Bigras, Pierre-Paul Proulx
Révision scientifique : Ruth Rose
Révision linguistique : Claire Brouillet
Correction d'épreuves : Louis Forest
Conception graphique et mise en pages : Trait d'union
Maquette de la couverture : Marie-José Chagnon
Illustration de la couverture : Lise Bélair
Impression : Imprimerie Gagné

AVANT-PROPOS

L'économique est une science qui est soumise à un raisonnement rigoureux sur la base de certains principes fondamentaux. À cet égard, il n'y a pas de différence entre l'un ou l'autre des économistes du Québec.

Cependant, ainsi que nous le soulignons dans ce livre, un économiste peut être particulièrement sensible à une sorte d'événements, et on ne peut lui en vouloir d'avoir tendance à s'identifier plus facilement à un groupe qu'à un autre, comme d'avoir une préférence pour sa région. En outre, il n'y a pas toujours de lien évident entre les principes théoriques et les applications pratiques : le passage des uns aux autres implique la recherche des données, le choix des modèles et souvent des appréciations subjectives. Le lecteur doit tenir compte de ce fait. L'annexe pédagogique pourrait aider l'enseignant à tirer le meilleur parti de cet ouvrage.

Ce livre couvre un champ extrêmement vaste. Malgré la complexité des questions qu'il aborde, l'ouvrage demeure accessible à tous par ses exemples concrets et sa démarche graduée.

Bonne lecture.

À mes enfants, à mes étudiantes et à mes étudiants

AVIS AU LECTEUR

Nous avons utilisé dans les tableaux les symboles suivants :

ND : chiffre non disponible

• • : n'ayant pas lieu de figurer

— : infime

Les chiffres ayant été arrondis, leur somme peut ne pas correspondre au total.

Lorsqu'il s'agit de termes qui renvoient à des personnes dont le sexe n'est pas défini ou qui renvoient aux deux sexes, le générique masculin est parfois utilisé seul, sans aucune discrimination et dans le seul but d'alléger le texte.

REMERCIEMENTS

Ruth Rose. Qu'il me soit permis au départ de souligner le rôle de première lectrice joué par cette femme engagée. En effet, sans l'assistance continuelle et la patience de Mme Rose, ce livre n'aurait sans doute pas la valeur pédagogique qu'on voudra bien lui trouver.

Je remercie également d'autres personnes d'une façon spéciale. Deux collègues, Mario Fortin et Petr Hanel, ont contribué grandement à l'amélioration de l'un ou l'autre des chapitres. Plusieurs étudiants diplômés dont Richard Archambault, Luc Caya, Anyck Dauphin et Christine Deslandes ont apporté leur collaboration à un moment ou à un autre. Nos remerciements s'étendent aussi à Mme Georgette Laurin Coté pour la qualité de son travail de dactylographie.

Enfin, qu'il me soit permis d'exprimer ma reconnaissance au département d'économique, à la faculté des lettres et sciences humaines et à l'Université de Sherbrooke pour l'aide financière et les ressources qu'elle nous a fournies.

Il va de soi, cependant, que toutes les erreurs de données ou d'autres types ainsi que les jugements de valeur relèvent de la responsabilité unique de l'auteur.

L'auteur

TABLE
DES MATIÈRES

Partie II
LES RESSOURCES DU QUÉBEC   49

Chapitre III

Chapitre IV

Partie III
LA PRODUCTION, LA CONSOMMATION ET
LES DÉFICITS   107

INTRODUCTION

Il se publie depuis une dizaine d'années un nombre inhabituel de livres sur l'économie, et tous les médias d'information ont augmenté depuis dix ans la place consacrée à l'information économique. Cette effervescence manifeste-t-elle une nervosité de fin de siècle ? Le leader de l'économie mondiale vacille sous la poussée de l'Europe et du Japon. Le spectre de l'isolement a resurgi au Canada. Au Québec, un fossé se creuse entre le monde symbolique et la réalité économique comme dans la décennie qui a précédé la Révolution tranquille.

Une telle mobilisation a rarement été observée dans le passé au Québec. Le citoyen s'abreuve de plus en plus d'informations économiques comme s'il était en attente de la bonne nouvelle qui effacerait enfin toutes les mauvaises, à commencer par la crise du pétrole, suivie de la récession de 1982. Depuis, les déséquilibres se sont multipliés : taux de chômage croissant, gel des salaires, accumulation des déficits.

Économie et politique sont indissociables. Des hommes d'État, des hommes d'affaires et des intellectuels québécois sont constamment à l'œuvre dans une triple négociation : avec le reste du Canada, pour un meilleur partage des compétences ; avec les États-Unis, pour sauver le *statu quo* ; avec les leaders montants de l'économie mondiale, pour s'assurer d'un accès dans ces nouveaux marchés. Dans les trois cas, on a l'impression d'être arrivé à la phase finale des discussions et on craint que les aboutissements marqueront, pour les décennies à venir, le contexte extérieur dans lequel le Québec devra évoluer.

Cet ouvrage propose une analyse de l'ensemble des déséquilibres extérieurs et des tensions intérieures qui causent le ralentissement actuel de l'économie du Québec. Ce livre propose aussi un cadre de réflexion sur les principes dont le respect est nécessaire à une saine gestion de toute économie. Ainsi, les parties et les chapitres de cet ouvrage non seulement s'additionnent comme ceux d'un manuel de cours, mais ils s'emboîtent les uns dans les autres comme un casse-tête. En rassemblant toutes les pièces, on obtient l'image d'une société qui évolue en mouvements saccadés et d'une économie qui marche à pas feutrés à la recherche de nouvelles politiques.

Ce livre contient cinq parties, chacune se divisant à son tour en deux chapitres. La première partie s'intéresse à l'origine de l'économie du Québec. Parmi les thèmes traités au chapitre I, on retiendra les quatre suivants : l'empire du Saint-Laurent, la croissance de Montréal, l'industrialisation des régions et les lendemains de la Deuxième Guerre mondiale. Le chapitre II analyse le retard d'adaptation à une urbanisation précoce, la Révolution tranquille et l'héritage des années 1980 ; il se termine par un diagnostic de l'état actuel de l'économie du Québec tout en insistant sur les risques qu'on court de répéter les erreurs du passé.

La deuxième partie présente une analyse des forces et des faiblesses du Québec sur le plan de ses ressources productives. Le chapitre III discute de l'abondance relative des ressources naturelles et du capital physique ainsi que des principes devant régir leur gestion. Une démonstration de dérogation à ces principes est faite dans trois cas concrets. Le chapitre IV, consacré entièrement aux ressources humaines, traite de démographie, de main-d'œuvre et de capital humain. La très délicate et complexe question des liens entre les générations clôt cet important chapitre.

La troisième partie est le cœur de l'ouvrage. On y identifie les causes des déficits de l'État et du déficit extérieur : notre consommation s'accroît à un rythme accéléré par rapport à notre production. Les gains de productivité dus à la restructuration de notre économie et à la scolarisation accrue de notre main-d'œuvre n'ont pas été suffisants pour satisfaire nos appétits. La concurrence accrue sur le plan international et la rigidité du taux de salaire accentuent l'ampleur des déficits. Malheureusement, l'économiste ne dispose pas de baguette magique et il doit dire qu'il n'y a pas d'autres moyens de redresser ces déficits qu'une période d'austérité. Cette période sera d'autant plus longue qu'on en reportera le début à plus tard.

La quatrième partie divise le Québec en régions et en groupes et pose la question encore d'actualité : le Québec est-il de nouveau à la remorque de ses groupes et de ses régions ? Le chapitre VII souligne le rattrapage opéré par les francophones et les femmes, et il discute des travailleurs syndiqués et de la montée des entrepreneurs francophones. Il insiste sur la baisse considérable du revenu des jeunes de 15 à 30 ans dans les années 1980. Quant au chapitre VIII, qui emboîte le pas avec le profil des régions du Québec, il indique l'évolution de la taille relative de ces dernières tout en présentant les flux de migrations et d'échanges ; il conclut qu'il serait souhaitable que les régions puissent accroître leur influence sur les politiques.

2

La cinquième partie s'intéresse aux relations extérieures. Le chapitre IX étudie le problème délicat de l'administration d'un territoire composé de cinq régions et dans lequel se côtoient deux grands groupes linguistiques, les francophones et les anglophones, les premiers étant concentrés à 80 % (soit 25 % de la population du Canada) en une seule région, le Québec. De plus, la partie la plus densément peuplée de ce territoire prend la forme d'un long et mince ruban sous lequel se trouve au pays dix fois plus populeux et très puissant. Dans ce contexte, où se situe l'intérêt du Québec, petite région dont la population ne représente que 2 % de celle du continent nord-américain ?

PARTIE I

LES ORIGINES

L'histoire du Québec est un vaste laboratoire où bien des théories s'élaborent et se défont. La connaissance historique nous fournit le moyen de prendre du recul face à ce monde qui évolue trop rapidement.

Une économie, à un moment donné, traduit des choix qui remontent loin dans le passé. La structure industrielle actuelle du Québec est inextricablement liée à la forte natalité d'avant 1960. La structure urbaine actuelle du Québec et le grand rôle joué par Montréal sont des phénomènes dont les origines historiques sont connues. Lorsqu'on comprend que les structures industrielle et urbaine du Québec sont déterminées en partie par l'histoire ou par des accidents de cette histoire, on devient beaucoup plus réaliste dans ses attentes et plus habile dans le choix des moyens à prendre pour influencer le présent.

L'économie d'un pays est dictée non seulement par son histoire et ses ressources mais aussi par son évolution culturelle. Une révolution culturelle comme celle des années 1960 a modifié radicalement les caractéristiques éducationnelles et démographiques de la population du Québec. Cette révolution a complètement changé l'environnement dans lequel l'économie du Québec allait dorénavant évoluer. Au Québec, à cause des influences extérieures diverses, il est bien difficile d'arrimer la culture à l'économie et vice-versa. Nous émettons l'hypothèse que ce divorce est peut-être l'explication du long retard de l'économie à s'adapter à un nouveau contexte.

Les chapitres I et II traitent les évènements dans leur ordre chronologique.

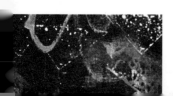

CHAPITRE I

D'UN EMPIRE À L'AUTRE

L'économie du Québec fut associée successivement à trois empires : d'abord, jusqu'à la conquête, à celui de la France ; puis durant les 150 années qui suivirent, à celui de la Grande-Bretagne ; enfin, depuis le début du siècle, à celui des États-Unis. Chaque fois qu'un nouveau leader mondial a succédé à un autre, il y a eu en même temps une sorte de révolution au Québec, non seulement au niveau de l'économie mais aussi au niveau du milieu social et culturel.

On ne peut comprendre la structure actuelle de l'économie du Québec si on ignore les aléas qu'a connus le vieil empire du Saint-Laurent, le succès du second empire dans le cadre de la politique nationale de 1879, la performance incomparable des régions du Québec dans la première moitié du présent siècle. Un autre facteur de l'évolution de cette économie est la proximité du Québec de la région nord-est des États-Unis. Cette dernière région accapara graduellement une part de la production industrielle mondiale qui atteignit un sommet durant la Deuxième Guerre mondiale. Le Québec développa donc une économie fortement orientée vers la transformation des ressources naturelles, ce qui représentait un contrepoids à l'industrialisation de Montréal, axée sur une main-d'œuvre peu coûteuse et sur un autre marché, celui du Canada. Pendant et après la Deuxième Guerre mondiale, on vit apparaître une troisième catégorie d'industries qui avaient comme caractéristiques d'embaucher des travailleurs spécialisés et de ne pas utiliser les ressources naturelles du Québec comme principales matières premières. Durant la décennie 1950, les bénéfices de l'impulsion initiale fournis par la Deuxième Guerre mondiale s'estompent graduellement. À compter des années 60, il devient clair que les facteurs de localisation allaient évincer le Québec d'un développement industriel important pour les décennies à venir.

Depuis 1960, nombreux sont les indicateurs d'un déclin relatif du Québec. Par exemple, de 29 % en 1950, la part du Québec dans la population canadienne est tombée à 25 % en 1980; à compter de 1970, Montréal cessait d'être la métropole du Canada. Serait-ce une consolation d'apprendre que, au sud de la frontière Canada-États-Unis, la performance de New York face à Chicago et celle de la région Centre-Atlantique face aux Grands Lacs n'est pas meilleure que celle de Montréal et du Québec?

L'empire du Saint-Laurent

Dans cette partie du continent nord-américain désignée comme la vaste région nord-est de l'Amérique du Nord, la situation géographique du Québec, comme l'indique la carte 1.1, est périphérique. Dans cette région, on compte trois importantes régions industrielles: le Centre-Atlantique, qui comprend les villes de Pittsburgh, New York et Philadelphie; la région des Grands Lacs, qui comprend les villes de Cleveland, Detroit et Chicago, enfin, la Nouvelle-Angleterre avec Boston comme métropole régionale. Du côté canadien, on peut discerner aussi deux centres industriels qui sont directement en concurrence avec ceux des États-Unis, soit Montréal et le complexe Toronto-Hamilton-Windsor ainsi qu'une région uniquement dotée de ressources naturelles, la région canadienne de l'Atlantique.

Au début du XIXe siècle, le reste du continent n'était habité que par les peuples autochtones. Même la région nord-est elle-même était peu densément peuplée. Cependant, au cours du même siècle et particulièrement aux États-Unis, le taux d'immigration est effarant. Les immigrants, venus surtout d'Europe, s'implanteront d'abord sur la côte et, à partir de 1840, déménageront vers la région des Grands Lacs.

La région du Saint-Laurent, centrée principalement à Montréal et s'étendant aux Provinces atlantiques, fut vite concurrencée par New York et Boston comme point de transbordement et de services financiers reliés au commerce outre-mer. D'un autre côté, la région du sud de l'Ontario, incluant Toronto, Hamilton et Windsor — qui possède la même base économique que la région des Grands Lacs aux États-Unis puisque toutes deux ont une économie basée sur le charbon, la production d'acier et de produits métalliques — commença à son tour à être le lieu de destination des immigrants.

C'est cette situation géographique qui explique le rôle important que l'économie du Québec joua en Amérique du Nord, particulièrement au moment où l'empire du Saint-Laurent était à son apogée.

L'empire du Saint-Laurent, qui était une économie transcontinentale basée sur le fleuve Saint-Laurent et s'ouvrant sur l'Europe, se maintiendra jusqu'à la Deuxième Guerre mondiale. Au début, l'empire reposait

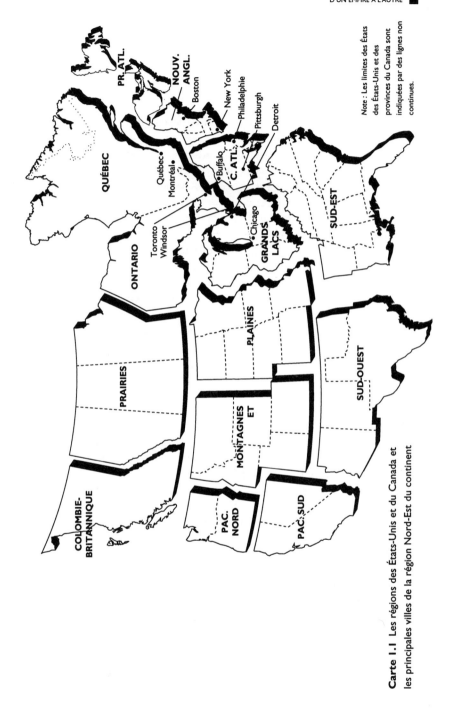

Carte 1.1 Les régions des États-Unis et du Canada et les principales villes de la région Nord-Est du continent

Note : Les limites des États des États-Unis et des provinces du Canada sont indiquées par des lignes non continues.

sur le commerce des fourrures et s'étendait de la baie d'Hudson au sud de la région américaine des Grands Lacs et aux Rocheuses canadiennes. Le contrôle des approvisionnements, du point de vue financier et commercial, était fortement concentré à Montréal, que ce soit par des marchands français avant la conquête de 1760 ou des marchands anglais par la suite.

Les négociations qui suivirent la fin de la guerre de l'Indépendance des États-Unis entraînèrent un rétrécissement important des frontières politiques du Québec. Cependant, l'ambition de maîtriser le commerce sur les territoires où ils ont perdu leur juridiction continue à modeler les projets des Québécois, c'est-à-dire des commerçants britanniques à Montréal. Au début du XIXe siècle, de nouvelles productions apparaissent. Le commerce du bois et l'exportation vers la Grande-Bretagne de produits agricoles provenant, en partie, de l'Ontario et de la région des Grands Lacs prendront la relève des fourrures.

Les États des Grands Lacs acheminaient leurs exportations soit par terre vers Philadelphie et New York soit par le Saint-Laurent vers Montréal. La route du Saint-Laurent fut la plus avantageuse aussi longtemps que Montréal demeurait le point de transbordement tant des exportations que des importations de la région Nord-Est. Après la guerre de 1812 entre le Canada et les États-Unis, les Britanniques inondèrent New York de leurs produits peu coûteux. Cette ville devint alors un centre commercial très important. C'est en partie grâce à la prospérité qui suivit la guerre de 1812 que New York pourra amasser suffisamment de capitaux pour déclasser Montréal à partir de 1825.

Le bois et le blé, beaucoup plus onéreux à transporter que les fourrures, exigèrent d'importants investissements en capitaux pour financer la mise en place d'une infrastructure adéquate de transport. À ce niveau, la compétition entre les villes du Québec et New York se termina en faveur de New York grâce à la construction du canal Érié en 1825 qui relia le port de New York à celui de Buffalo sur le lac Érié. Cette nouvelle route vers l'Europe était considérablement plus économique que l'ancienne, qui était axée sur Montréal. En fait, ce canal, non seulement servira bien New York mais stimulera aussi la croissance des villes localisées autour des Grands Lacs, notamment celle de Toronto. Cette dernière deviendra un point de transbordement pour le commerce de l'Ontario à destination ou en provenance de New York.

Il aura fallu au Canada près d'un quart de siècle pour définir ce qui constituerait sa réponse au défi concurrentiel posé par New York. En effet, ce n'est pas avant 1850 que le Canada-Uni (Québec-Ontario) fut en mesure de réaliser, à partir du lac Érié, la construction d'une route fluviale navigable sur le fleuve Saint-Laurent qui fut comparable au canal

Érié tant au point de vue coût du transport que de la capacité. Cependant, à cette date, la révolution des transports qu'a connue le siècle dernier s'accélérait ; le canal Érié perdait déjà du terrain face à un nouveau mode de transport plus concurrentiel, les chemins de fer.

Dès 1856, New York était relié à Buffalo par un réseau de 16 chemins de fer. Même le commerce de l'Ontario fut attiré vers New York et Boston grâce aux nouveaux chemins de fer américains plutôt que vers Montréal par les canaux du Saint-Laurent. Cette situation fut déterminante dans la décision de construire la ligne de chemin de fer reliant Sarnia à Portland dans le Maine, en passant par Montréal et Sherbrooke. Cette ligne réussit à contrer l'empiètement du réseau américain sur l'espace commercial canadien de Montréal, quoiqu'elle ne permît pas à Montréal de reconquérir le transit du commerce de Chicago et Detroit. En perdant ce rôle, Montréal perdait toute force compétitive par rapport à New York, surtout que le port de New York était ouvert à l'année longue, alors que celui de Montréal arrêtait ses opérations en hiver.

New York devint, à partir de ce moment-là, le port de destination des exportations britanniques vers le Nord-Est. Ainsi, les bateaux repartaient de New York remplis de marchandises, tandis que la plupart des navires arrivant à Montréal étaient sur lest. La rupture de l'équilibre dans la direction des flux commerciaux se solda par des taux de transport transatlantique trois fois plus élevés à Montréal qu'à New York.

Les bases sur lesquelles s'appuyait l'empire du Saint-Laurent étaient de deux ordres : un système de transport efficace et un accès préférentiel aux marchés britanniques pour les exportations canadiennes par rapport à celles qui provenaient des États-Unis. L'accès préférentiel, en permettant aux marchands de Montréal de ne pas payer les droits britanniques alors que les marchands de New York devaient s'y astreindre, laissait une bonne marge de jeu aux premiers. Cependant, en 1846, la Grande-Bretagne adhéra au libre-échange multinational et abolit les droits sur les importations de toute provenance. À ce moment-là, les marchands de Montréal étaient placés sur un pied d'égalité avec ceux de New York et, pour ne pas perdre le marché britannique au profit de New York, ils durent abaisser leurs prix à Liverpool. Comme les coûts de transport étaient très élevés, il ne leur fut possible de conserver qu'une partie des marchés britanniques. Ils n'y arrivèrent qu'au prix d'une baisse importante des salaires réels tant par rapport à ceux qui avaient été encaissés préalablement que par rapport aux salaires réels payés par les marchands de New York. Cette baisse dans les salaires réels, qu'une crise agricole vint encore aggraver, provoqua une crise économique majeure qui entraîna l'émigration vers les États-Unis, dans la période de 1830 à 1900, de plus d'un million de Québécois, soit environ le tiers des descendants des Français qui étaient restés au Québec après la conquête de 1760[1].

Pour chacune des trois décennies entre 1860 et 1890, le nombre d'émigrants s'éleva à plus de 10 % de la population du Québec. Cette émigration n'était pas seulement la conséquence des difficultés de l'économie québécoise ; elle était aussi stimulée par une nouvelle technologie basée sur le charbon et l'acier, dont la région des Grands Lacs regorgeait et qui y attira des millions d'ouvriers américains venus de l'Est. Les postes ainsi laissés vacants en Nouvelle-Angleterre, notamment dans le textile, furent souvent occupés par des Québécois. Cette industrialisation du Sud finira par franchir la frontière et s'implanter à Toronto et à Montréal après que toutes les conditions nécessaires à son étalement eurent été mises en place. Le Québec connut alors un singulier bouleversement.

La reconstruction de l'empire du Saint-Laurent et l'industrialisation de Montréal

Au début des années 1850 et après la perte des préférences britanniques, bon nombre de Canadiens pensaient que le Canada devait s'intégrer politiquement aux États-Unis. Les priorités économiques se dégageaient comme suit pour ceux dont l'indépendance politique au Canada était importante :

1. sauver la voie maritime du Saint-Laurent en reliant par chemin de fer le port de Montréal à l'océan Atlantique ;
2. négocier avec les États-Unis un accord de libre-échange qui servirait de cadre à l'expansion de l'industrie du bois.

Ces priorités menaient tout droit à la formation d'un marché commun comprenant le Canada-Uni et les autres colonies anglaises d'Amérique. En fait, aussitôt après le changement de cap de la Grande-Bretagne, le Canada-Uni, le Nouveau-Brunswick et la Nouvelle-Écosse avaient jeté les bases d'une union douanière canadienne en supprimant tous les droits de douane sur les matières premières et les produits agricoles. La suppression des tarifs intercoloniaux allait permettre aux régions de tirer profit de leur complémentarité : les Maritimes produisaient du charbon, alors que le Canada-Uni avait d'importants surplus agricoles et d'abondantes ressources forestières.

Le traité de Réciprocité avec les États-Unis signé en 1854 comprenait l'abolition des droits de douane sur les matières premières et les produits

---

1 Y. Lavoie, « Les mouvements migratoires des Canadiens entre leur pays et les États-Unis au XIXe et au XXe siècles » dans H. Charbonneau, *La population du Québec*, Boréal Express, 1973, p. 78.

agricoles. Il allait se traduire, en pratique, par une exportation accrue de bois canadien aux États-Unis et par l'importation à Montréal de produits agricoles américains destinés à la réexportation.

La construction du chemin de fer, qui avait pour but de faire face à l'impitoyable concurrence américaine, amena le gouvernement canadien à réviser sa politique tarifaire dès 1859 et à hausser ses tarifs sur les produits manufacturiers dans l'espoir d'accroître ses recettes. Les Américains dénoncèrent cette politique comme contraire à l'esprit du traité de Réciprocité et ils répudieront finalement celui-ci en 1866. Après avoir cru perdre entièrement le marché britannique, les résidants du Canada-Uni se voyaient placés devant un marché américain moins accessible. La suppression des tarifs intercoloniaux depuis 1849 va déboucher sur la création d'une véritable union douanière des colonies anglaises d'Amérique en 1867. Les droits de douane devenaient, avec l'Acte de l'Amérique du Nord britannique, de compétence exclusivement fédérale, comme la politique extérieure et les transports maritimes et ferroviaires.

La Confédération de 1867 fournira un cadre politique à l'intérieur duquel il sera possible de reconstruire, au profit du Québec, l'empire du Saint-Laurent. Cependant, à cause d'une ferme opposition des Provinces maritimes et de la crainte de représailles de la part des États-Unis et de la Grande-Bretagne, il fallut attendre jusqu'en 1879 pour connaître comment les pères de la Confédération allaient concrétiser les grands projets économiques qui étaient à la base de l'union politique réalisée 12 ans plus tôt. Quatre grandes politiques complémentaires constituent la Politique nationale de 1879 : érection des droits de douane, expansion vers l'Ouest, construction d'un chemin de fer transcontinental et promotion de l'immigration. Les conséquences de cette politique seront doubles : beaucoup d'emplois sont créés dans le Canada central, mais l'exiguïté du marché canadien et la grande dispersion des populations font que les usines fonctionnent à petite échelle et versent en conséquence des salaires bien inférieurs à ceux qui sont payés aux États-Unis dans des usines semblables.

Entre-temps se produira un phénomène d'une extrême importance et qui marquera la géographie économique du Québec jusqu'à nos jours, la croissance phénoménale de Montréal. Cette ville n'avait été jusqu'alors qu'un centre commercial avec une population à peu près égale à celle de la ville de Québec. Le site occupé aujourd'hui par Montréal s'est originellement transformé en centre commercial pour une raison bien terre à terre : ce site était le dernier endroit sur le Saint-Laurent où les bateaux pouvaient se rendre, les rapides de Lachine empêchant toute navigation plus à l'ouest jusqu'à la construction du canal Lachine. Malgré le fait que le port de Montréal servait de point d'entrée des immigrants destinés au Haut-Canada et de lieu d'expédition pour le bois et le blé, l'emploi dans le secteur commercial n'était que 11,39 % du total des emplois recensés en 1851 à Montréal[2]. La population de la ville de Montréal, avec seulement 57 715 habitants, ne représentait que 6,5 % de la population totale de la province de Québec. Le monde rural dominait nettement à cette époque, le primaire ayant 75 % des emplois. En 1851, la révolution industrielle, qui avait commencé à la fin du XVIIIe siècle en Grande-Bretagne et qui était apparue aux États-Unis vers 1825, n'avait pas encore touché le Québec.

À la faveur de la guerre civile américaine, de la mise en place de nouveaux droits de douane introduits dans le domaine de la chaussure dès 1859, d'une Angleterre qui ne pouvait plus, sans entrer en contradiction avec sa politique de libre-échange, imposer à ses colonies de n'être que des fournisseurs de matières premières, le nombre d'emplois dans le secteur manufacturier au Québec se décupla entre 1860 et 1870. Les industries légères du tabac, du meuble, de la chaussure, des aliments, du vêtement et de l'imprimerie étaient en forte croissance. Au fur et à mesure que la production artisanale de ces produits quittera la ferme autarcique, elle cessera de se répartir sur le territoire en proportion du nombre d'agriculteurs dans chaque région. Les régions deviendront alors importatrices de ces produits. On aurait pu croire que le transfert de cette production se serait fait au sein même des régions vers la principale ville locale, c'est-à-dire, Montréal, Québec, Trois-Rivières ou Sherbrooke ; ce ne fut pas le cas. Un seul site hérita du tout, la ville de Montréal. Comme partout au monde, la révolution industrielle engendra un processus d'industrialisation concentrée. Ce phénomène amena nécessairement l'urbanisation et favorisa l'échange.

Avec le transfert, du reste du Québec vers Montréal, de la production de ces biens essentiels, un réseau d'échanges important au sein du Québec fut institué pour une première fois[3]. Cependant, la production de Montréal ne se limitait pas au besoin des clients québécois. Dans la chaussure et le vêtement, par exemple, les trois cinquièmes de la consommation de ces deux biens dans tout le Canada étaient produits à Montréal.

De 1870 à 1900, l'industrialisation, toujours concentrée à Montréal, se poursuivra à un rythme très rapide ; les industries du beurre, du fromage, du matériel de transport, des filatures de coton et du tabac occuperont une place de plus en plus grande.

Durant cette période, à cause de la performance du secteur manufac-

---

2 B.-M. Papillon, «Le développement de Montréal dans la seconde moitié du XIXe siècle », Congrès de la Société de Sciences économiques, 1990.

3 La croissance de la production à Montréal a été accompagnée par l'ouverture d'un «magasin général » dans chaque village. En retour de produits agricoles, l'habitant obtenait chaussures, tissus, outils, etc.

turier, la ville de Montréal tiendra tête à New York et prendra une telle avance sur Toronto que jamais on n'aurait pensé qu'elle pourrait perdre un jour son statut de métropole du Canada. Évidemment, Montréal s'était affirmé aussi par rapport aux autres villes du Québec. Ainsi, la population de la ville de Québec, dont la taille était quasiment égale à celle de Montréal en 1850, ne représentait plus que le tiers de celle-ci en 1901.

Comment expliquer la concentration à Montréal de la production manufacturière québécoise, voire canadienne. La région urbaine de Montréal accroîtra sa part dans le total des emplois manufacturiers au Québec de 23 % en 1871 à 54 % en 1901. Cet exploit n'a pu se réaliser que par le drainage vers Montréal de la population rurale de la grande plaine agricole avoisinante. Si nous ajoutons la population de cette plaine à celles de l'île de Montréal et de l'île Jésus et à celles des régions de la Montérégie, de Lanaudière et des Laurentides, 42,5 % des habitants du Québec habitaient déjà cette plaine en 1871. Trente ans plus tard, soit après la phase d'industrialisation, la part de la population habitant cette plaine sera encore du même ordre, soit de 44,3 %. Ainsi, lorsque Montréal s'est industrialisée, le Québec hors cette plaine perdit peu d'habitants. C'est au sein même de la vaste plaine de Montréal que la main-d'œuvre fut recrutée. En effet, le poids démographique de l'île de Montréal par rapport à la grande région de Montréal passa de 30 % en 1871 à 52 % en 1901.

Ces chiffres suggèrent que la rapide industrialisation de Montréal, de 1850 à 1900, est étroitement liée à la présence d'un vaste bassin de main-d'œuvre. Celui-ci permettait d'éviter que les taux des salaires montent malgré la demande d'une main-d'œuvre qui doublait en moyenne à tous les cinq ans. Sans cette main-d'œuvre attirée à Montréal par un salaire réel supérieur à celui qui était généré par le travail agricole, l'industrialisation du Québec se serait déplacée probablement dans plusieurs villes du Québec, et le monopole industriel de la province ne se serait pas étendu à l'ensemble du Canada. En 1850, la ville de Montréal était localisée au centre du pays avec 50 % de la population canadienne située à l'est ; l'autre 50 % était à l'ouest. Un processus cumulatif a probablement joué dans cette configuration démographique : plus la population agricole immigrait à Montréal, plus les coûts de fabrication diminuaient et plus Montréal devenait compétitive par rapport à Halifax et Toronto. Une telle croissance ne s'arrêta que lorsque la périphérie fut complètement vidée de son surplus de main-d'œuvre agricole[4].

En 1900, la ville de Montréal à elle seule produisait plus de 20 % de la production manufacturière du Canada. Montréal était devenue le centre industriel ; ses gares ferroviaires et son port étaient en pleine effervescence. Le vieil empire du Saint-Laurent avait repris vie. En effet, comme

---

4 Une telle interprétation est conforme à la théorie de Paul Krugman, *Geography and Trade*, MIT Press, 1991.

on l'indique au tableau 1.1, la part des exportations canadiennes vers la Grande-Bretagne sera en progression constante jusqu'en 1920. Cette dernière année marquera l'apogée du second empire du Saint-Laurent. Les exportations de blé, qui représentaient à l'époque plus de 30 % des exportations canadiennes, expliquent pour une bonne part, la croissance des exportations transatlantiques du Canada.

Tableau 1.1 Pourcentage des exportations du Canada vers la Grande-Bretagne et les États-Unis et part des exportations canadiennes chargées au Québec

	Exportations canadiennes vers		Exportations canadiennes chargées au Québec
	Grande-Bretagne	États-Unis	
1860	32,0	63,0	—
1870	38,1	51,4	54,4
1880	48,3	40,6	45,4
1900	57,1	42,5	46,0
1920	59,5	37,4	38,6
1940	43,1	37,2	29,9
1960	17,4	55,7	30,8
1975	5,4	77,6	17,6

Source : Les chiffres de 1860 portent sur le Canada-Uni et ont été pris dans Jean-Guy Latulippe. « Le Traité de Réciprocité de 1854-1866 », *L'Actualité économique*, n° 4, 1976. Les chiffres pour les années subséquentes, qui présentent des moyennes sur une période de quatre ans, ont été pris dans M. Bernier et R. Boily, *Le Québec en chiffres de 1850 à nos jours*, ACFAS, 1986.

Les exportations transatlantiques du Canada généraient, dans les ports et les gares de Montréal, un fort achalandage qui eut des retombées sur l'activité manufacturière de Montréal. Ainsi, le blé arrivant de l'Ouest était souvent transformé en farine avant d'être réexpédié à la Grande-Bretagne, et le sucre importé était raffiné à Montréal avant d'être expédié au reste du Canada. Il en sera ainsi également pour le tabac, qui sera importé et transformé à Montréal avant d'être réexpédié ailleurs au Canada. On estime à près de 10 % les emplois manufacturiers qui découlaient directement des activités du port comme point de transbordement[5].

Au tournant du siècle, Montréal était devenu une ville industrielle. La moitié des emplois de la région urbaine venaient du secteur manufacturier. Ces emplois manufacturiers s'étaient ajoutés à ceux qui relevaient des activités de Montréal comme centre de services. Le trafic maritime, à cette époque, requérait des services imposants d'entreposage, de transport ferroviaire, de finance, d'assurance. Par ailleurs, les établissements

---

5 Benoît-Marc Papillon, *ibid.*, p. 9.

industriels avaient largement recours au crédit. Or, la production industrielle et les services de transport sont complémentaires ; ces deux activités sont aussi complémentaires du secteur des finances. Ainsi, Montréal créa, à cette époque, de nombreuses institutions financières auxquelles se sont greffés à leur tour des sièges sociaux[6]. Le succès engendrait le succès.

L'IMPORTANCE DE MONTRÉAL

Pourquoi le poids de Montréal au Québec est-il si élevé ?

C'est que Montréal dispose :

1. d'un vaste bassin de main-d'œuvre ;

2. d'une politique commerciale canadienne qui lui est favorable ;

3. d'une localisation stratégique pour desservir tant le marché du Canada que celui de l'Europe.

Rappelons deux aspects particulièrement importants du développement de Montréal entre 1850 et 1900. Premièrement, alors que la production des chaussures, des produits alimentaires et des vêtements était, avant 1850, répartie dans les régions du Québec au prorata des populations, plus de la moitié de cette production se concentrera, à partir de 1900, dans une aire géographique largement inférieure à 1 % du territoire habité de cette province. Cette forte concentration s'explique, en schématisant un peu, par deux caractéristiques de l'industrie dominante à Montréal, soit celle du vêtement. Cette industrie, très intensive en main-d'œuvre, est l'une des plus concentrées au monde sur le plan géographique (New York, comme Montréal, concentre alors 50 % de la production nationale de cette industrie). Les entreprises de cette industrie sont dans une relation de complémentarité lorsqu'il s'agit de s'approvisionner en faible quantité de diverses matières premières et d'une grande variété de tissus. La grappe d'entreprises faisant partie d'une industrie n'est, dans aucun cas, aussi dense que dans le vêtement.

Deuxièmement, Montréal et New York sont deux villes concurrentes tant sur le plan des produits qu'à celui des services qu'elles offrent. L'une et l'autre ne pouvaient cohabiter dans la même aire de marché. La politique nationale de 1879 a fourni à Montréal un marché où New York ne pouvait venir la concurrencer. Dans les secteurs où Montréal excelle, son marché s'étend à tout le Canada.

---

6 F. Martin, *Montréal : les forces économiques en jeu*, C.D. Howe, 1979.

L'industrialisation des régions du Québec

À côté d'une main-d'œuvre abondante concentrée autour de Montréal, de nombreuses ressources naturelles sont disponibles dans le reste du Québec. L'exploitation des terres agricoles, des forêts, de l'eau et des mines constitue la base économique du reste du Québec. L'industrie des produits de la forêt a toujours joué, avec l'agriculture, un rôle prédominant. Le passage du bois équarri au bois scié permit, à partir de 1850, l'émergence d'une véritable industrie de transformation. L'épuisement des forêts de la Nouvelle-Angleterre et le rapide développement des Grands Lacs des États-Unis créèrent une très forte demande pour la planche et le bois de charpente. En 1851, les produits du bois représentaient plus de 30 % de la production manufacturière du Québec. Au tournant du siècle, cette part de la production québécoise aura descendu au-dessous de 20 %. Néanmoins, à ce moment-là, une nouvelle forme d'exploitation des forêts encore plus payante prendra la vedette, les pâtes et papiers.

Si l'industrie du vêtement est la cause de la concentration des emplois manufacturiers à Montréal et si l'agriculture est à la source de la création d'une multitude de villages, les usines de pâtes et papiers favoriseront quant à elles l'éclosion de petites villes à travers tout le Québec. Or, une usine de pâtes et papiers à elle seule pouvait embaucher environ 500 travailleurs. Une telle usine a un multiplicateur important et peut générer une ville de 5 000 à 10 000 habitants. Cependant, comme chaque usine doit avoir une aire géographique distincte d'approvisionnement en bois dont le rayon a souvent plusieurs kilomètres, la cohabitation dans une même ville, comme à Trois-Rivières, de plusieurs usines sera exceptionnelle. La hiérarchie urbaine du Québec, telle qu'on la connaît aujourd'hui, avec une ville géante comme Montréal, un nombre restreint de villes moyennes et une multitude de petites villes, est la conséquence du poids relatif des industries prédominantes au Québec et des facteurs de localisation propres à chacune de ces industries.

La carte démographique 1.2 délimite le territoire de chacune des régions actuelles du Québec. Elle a été tracée à partir des données sur le pourcentage de la population de chacune des régions en 1991. La superficie occupée par chacune est proportionnelle à son poids démographique. Ainsi, l'île de Montréal occupe 26,8 % du total de la superficie accordée au Québec. La région métropolitaine de recensement (RMR) comprend la totalité de la ville de Laval ainsi que des parties des régions de la Montérégie, de Lanaudière et des Laurentides. La totalité des habitants d'une municipalité localisée dans l'une des trois dernières régions identifiées est incluse dans la RMR si au moins 40 % de ses salariés

Carte 1.2 Carte démographique du Québec

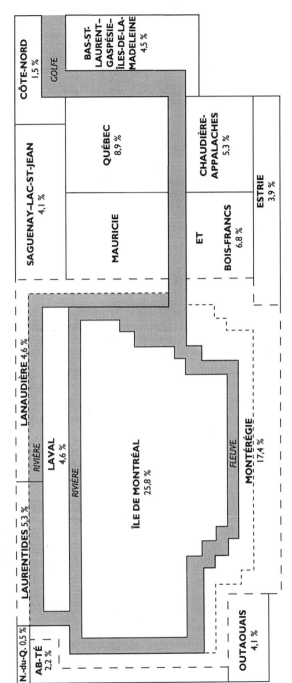

Les chiffres indiquent le pourcentage de la population québécoise dans chaque région en 1991.

- - - - - Limite de la région métropolitaine de recensement (RMR) de Montréal
— — — Limite de la grande région de Montréal (GRM)

travaillent dans la région urbaine ou si au moins 25 % des salariés travaillant dans la municipalité habitent la région urbaine. La RMR est donc un concept qui cherche à circonscrire le marché intégré de la main-d'œuvre que constitue Montréal. En 1986, la population de la RMR représentait 44,7 % de celle du Québec.

À la veille de la Seconde Guerre mondiale, on remarquait une différence majeure entre Montréal et le reste du Québec quant au marché extérieur desservi par ces régions. La grande région de Montréal assumait alors 66 % et les autres régions du Québec 34 % des exportations du Québec vers les autres provinces du Canada. Par ailleurs, Montréal et le reste du Québec détenaient respectivement 30 % et 70 % des exportations québécoises vers les pays étrangers[7]. Le marché de Montréal est donc celui du reste du Canada, alors que le principal marché des autres régions du Québec est clairement le marché des États-Unis. Les exportations à destination des autres provinces et de l'étranger représentaient 44,5 % des expéditions de Montréal. C'est donc dire que 55,5 % de la production de Montréal était écoulée localement. Dans le Québec des ressources, ce pourcentage de la production écoulée au Québec était largement inférieure à 50 %.

À ce premier démarrage vers une industrie de haute valeur ajoutée, fondée avant tout sur une abondance de forêts, s'ajouteront graduellement un bon nombre d'activités axées sur l'exploitation des ressources hydroélectriques et minières. Ces nouvelles industries, comme l'industrie papetière, versent de hauts salaires et exportent plus de 50 % de leur production aux États-Unis. L'hydroélectricité sera la bougie d'allumage de l'industrie de l'aluminium, celle-ci utilisant de grandes quantités d'électricité dans son procédé de fabrication. À la fin des années 1920, trois autres produits d'exportation, l'amiante, l'or et le cuivre, commenceront à être exploités.

Quoique la croissance du secteur des ressources naturelles se fût réalisée dans la plupart des cas sans nécessiter une intervention gouvernementale au Canada, ce ne fut pas le cas pour le plus important de ces produits, les pâtes et papiers. Sans une intervention concertée de toutes les provinces à cette époque, le Canada serait peut-être resté un exportateur de bois, et les papetières canadiennes auraient pu être peu nombreuses. L'exemple fut montré par la Colombie-Britannique qui, en 1891, prohiba l'exportation de bois à l'état brut en provenance des terres de la Couronne. Le Québec suivit en 1901, et l'Ontario en 1902. Les États-Unis répliquèrent en élevant le droit de douane de 2 $ la tonne de papier journal canadien importé. Les grands journaux américains qui devaient payer plus cher leur papier journal firent des

---

7 Bulletin statistique du Québec, vol. n° 2, 2ᵉ trimestre. Les chiffres avancés sont pour l'année 1961. Vaine recherche de données antérieures.

20

pressions politiques au point que, en 1913, les États-Unis abolirent tout droit. Depuis cette date, les pâtes et le papier journal produits au Canada entrent en franchise de droit aux États-Unis[8].

La percée du Québec dans le secteur des ressources est étroitement liée à la forte croissance de la demande des matières premières des États-Unis. De 1800 à 1950, les États-Unis profitèrent de chaque décennie pour accroître leur poids dans l'économie mondiale. En 1860, les États-Unis étaient devenus la seconde puissance industrielle du monde avec 23 % de la production mondiale, juste derrière le Royaume-Uni, qui détenait encore 32 % de cette production. La région du Nord-Est détenait 70 % de la production des États-Unis contre seulement 10 % pour le Sud et 20 % pour les régions à l'ouest du Mississipi. La principale production du Sud est celle des plantations de coton dont 80 % est exporté. La guerre de Sécession, de 1861 à 1865, fut en grande partie une lutte entre les libres-échangistes sudistes et les protectionnistes du Nord. Vainqueur, le Nord releva les droits de douane pour mieux se protéger contre la concurrence jugée ruineuse de la Grande-Bretagne.

De 1860 à 1900, la part des États-Unis dans la production industrielle mondiale passait de 23 % à 30 %[9]. En 1913, à la veille de la Première Guerre mondiale, le pourcentage atteindra 36 %. Enfin, après un recul durant la grande dépression, la Deuxième Guerre mondiale portera la production des États-Unis à 50 % de la production mondiale. Fait encore plus remarquable, cette moitié de la production industrielle mondiale était concentrée à 68 % dans une région qui ne couvrait que 8 % de la superficie des États-Unis, soit celle du Nord-Est des États-Unis. Cette explosion extraordinaire de forces de production, qui se produira dans un rayon de 600 milles des frontières du Québec, devra être absorbée tôt ou tard par la province.

L'entre-deux-guerres et les lendemains de la Deuxième Guerre mondiale

L'économie du Québec venait juste de sortir d'un boom, la Première Guerre mondiale ayant doublé la production manufacturière, qu'elle subira aussitôt deux autres chocs retentissants : la crise de 1929-1933, responsable de la chute brutale de l'économie, et la Deuxième Guerre mondiale, qui triple la valeur de la production entre 1939-1944. C'est durant cette période que l'agriculture perd définitivement sa prédominance. La

---

8 H.G.J. Aitken, « The Changing Structure of the Canadian Economy » dans *The American Economic Impact on Canada*, Duke University Press, 1959.

9 Les pourcentages des États-Unis dans la production manufacturière mondiale sont de D.C. North dans *Growth and Welfare in the American Past*, Prentice Hall, 1966, p. 28.

Tableau 1.2 Poids des industries manufacturières (pourcentage du total des emplois manufacturiers)

	1920	1930	1940	1945
Textiles et vêtements	20,1	23,3	28,6	22,7
Autres industries légères	21,4	20,2	23,0	19,1
Bois et papier	23,1	23,7	20,0	16,9
Fer et produits du fer	7,9	14,2	14,7	23,3
Autres industries lourdes	7,2	8,9	7,9	8,7
Industries diverses	5,1	7,1	6,0	9,3
Total	100,0	100,0	100,0	100,0

Source : F.A. Angers et R. Parenteau, *Statistiques manufacturières du Québec*, Montréal, HEC, 1966.

production de ce secteur tomba au tiers de celle du secteur secondaire à la fin de la période.

Le tableau 1.2 indique comment la succession des deux chocs bouleversa la hiérarchie des industries. La crise des années 1930 touche plus durement l'industrie lourde et l'exploitation des ressources naturelles (mines, bois, papier) que les industries légères. Ainsi, les produits légers non durables voient leur poids dans l'économie passer de 23,3 % en 1930 à 28,6 % en 1940. En revanche, la Deuxième Guerre mondiale stimulera surtout des industries du secteur lourd, celle de l'acier venant en tête avec un poids qui s'accroît de 14,7 % à 23,5 % en 1945.

Le tableau 1.2 dissimule bien d'autres changements. La Deuxième Guerre mondiale allait en quelques années non seulement remettre en cause la structure industrielle axée sur les industries de la forêt et du vêtement, mais aussi provoquer une forte croissance des industries québécoises à caractère militaire, incluant l'industrie chimique, des produits du pétrole, de l'aéronautique et de la construction navale. Deux chiffres illustrent la rapidité de la croissance de ces industries pendant la guerre : en 1939, ces industries emploient 2,1 % de la main-d'œuvre manufacturière ; en 1944, elles en emploient 18,5 %. L'arrêt des hostilités devait ralentir les très rapides progrès enregistrés par ces industries. Cependant, ces nouvelles industries, incluant celles des produits de l'automobile et l'électronique, accroîtront jusqu'à aujourd'hui leur poids dans les emplois manufacturiers du Québec. Quatre traits caractérisent ce groupe d'industries. Premièrement, elles utilisent une main-d'œuvre plus qualifiée que la moyenne. Deuxièmement, les facteurs de localisation, au contraire de ceux du vêtement et du papier, ne jouent pas autant en faveur du Québec. Troisièmement, c'est la grande région de Montréal, au lieu de l'île de Montréal, qui sera le lieu de localisation choisi par la plupart d'entre elles. Enfin, ces industries, ensemble, seront redevables plus du marché des États-Unis que de celui du reste du Canada.

Quoique la prospérité et les hauts salaires engendrés par ces industries nouvelles eussent amélioré le sort de bon nombre de travailleurs québécois, le poids croissant de ces industries dans l'économie laissait présager un recul à long terme du poids du Québec au sein du Canada.

À l'instar des deux économistes Faucher et Lamontagne[10] nous avons expliqué le développement du Québec en le situant dans l'économie mondiale et en recourant à la théorie de la localisation des entreprises qui met l'accent sur le coût des matières premières et de la main-d'œuvre ainsi que sur la proximité du marché. Ainsi avons-nous dit que Montréal était la réplique de New York et que l'Ontario était à l'image de la région des Grands Lacs américains. Le poids démographique de l'Ontario et des Grands Lacs, pris ensemble, rejoindra celui du Québec et du Centre-Atlantique lorsque l'acier remplacera le bois comme première matière première. En effet la localisation en Amérique du Nord des mines de charbon et de minerai de fer défavorise les deux régions à l'Est[11]. Si le Québec fut rattrapé par l'Ontario au cours du XIXe siècle, ce même facteur de localisation et le rôle de l'électricité à compter du XXe siècle pourraient expliquer que le Québec se soit à nouveau distancé de l'Ontario entre 1900 et 1950.

Les facteurs de localisation des entreprises sont nombreux. Certains économistes attachent beaucoup d'importance à des facteurs personnels comme le lieu de naissance de l'entrepreneur (la présence d'une grosse usine à Valcourt ne peut être autrement comprise qu'en relisant la vie d'Armand Bombardier) et aux préférences des institutions financières. Selon cette vision, la performance passée de Montréal devrait être en partie imputée à une classe de Canadiens anglophones qui avaient un accès presque illimité au capital britannique. Aussi longtemps que Londres occupera la première place financière du monde et que les Canadiens anglais détiendront le pouvoir politique à Ottawa, la croissance de Montréal est logique. Cependant, après la Deuxième Guerre mondiale, c'est New York qui devint la première place financière. La multinationale américaine qui se finance à New York implantera-t-elle sa filiale canadienne à Toronto ou à Montréal ? Historiquement, le choix fut Toronto. Faut-il attribuer ce choix à des calculs rationnels ou à des facteurs personnels ?

10 A. Faucher et M. Lamontagne, « L'histoire du développement industriel au Québec » dans M. Rioux et Y. Martin (éd.), *La Société canadienne-française*, HMH, Montréal, 1971, p. 265-277

11 La version des causes du rattrapage de l'Ontario sur le Québec au XIXe siècle est incomplète. Il n'y a aucun doute qu'une agriculture prospère dans l'une et défaillante dans l'autre a joué. En fait, les théories récentes du développement économique dans les tiers-monde insiste sur le rôle essentiel d'une agriculture en santé pour trouver le financement nécessaire à une industrialisation.

Le tableau 1.3 n'infirme pas cette dernière interprétation. À compter de 1930, les États-Unis surpassent le Royaume-Uni comme principal bailleur de fonds au Canada et les trois quarts des entrées de fonds étrangers viendraient des États-Unis. De 1950 à 1960, la dette doublera. En 1960, 58 % de la dette extérieure prend la forme d'investissements directs (avec une forte concentration en Ontario en ce qui concerne ceux qui sont faits dans le secteur manufacturier). Les États-Unis plus que le Royaume-Uni préférait l'investissement direct au placement de portefeuille.

La transition d'une économie transatlantique vers une économie nord-américaine

Point de transit entre le reste du Canada (RDC) et le Royaume-Uni depuis un siècle, Montréal jouera même ce rôle envers les États-Unis à compter de 1932. Cette date est celle de la Conférence d'Ottawa où la Grande-Bretagne décida d'accroître sensiblement les préférences britanniques et de consolider le Commonwealth. À partir de ce moment jusqu'à la fin de la Deuxième Guerre mondiale, le port de Montréal concurrencera celui de New York puisque les marchandises américaines qui transitaient à Montréal au lieu d'être exportées directement des États-Unis pouvaient jouir de droits plus faibles à leur arrivée à Liverpool.

Après la guerre, à la demande expresse des États-Unis, le Gatt adop-

Tableau 1.3 La dette extérieure brute du Canada, composition et pays d'origine, 1900-1960

Année	Dette brute	Pays d'origine %			Composition %	
	milliards	Royaume-Uni	États-Unis	Autres pays	Investissements directs	Placements de portefeuille
1900	1,2	85	14	1	—	—
1910	2,5	77	19	2	—	—
1920	4,9	53	44	3	—	—
1930	7,6	36	61	3	31	69
1950	8,7	30	76	4	46	54
1960	22,2	19	75	6	58	42

Source : Urquhart et Buckey. *Historical Statistiques of Canada*, p. 169.

Attention : La dette extérieure est exprimée en dollars courants. Comme une entrée de capital étranger est la contrepartie d'un déficit extérieur, il y a un lien étroit entre le pays d'origine des capitaux et le principal lieu de destination des exportations du pays qui emprunte (tableau 1.1). Ainsi, le résultat exprimé dans les deux dernières colonnes du tableau 1.3 est parallèle à la réorientation des exportations canadiennes du Royaume-Uni vers les États-Unis, indiquée au tableau 1.1.

tera une règle prohibant les tarifs différents selon le pays d'origine des importations. La Grande-Bretagne est grevée de dettes et son vaste empire commercial s'effrite de toutes parts. Ainsi, un pays qui contrôlait à lui seul près de 25 % du commerce international au XIXᵉ siècle, encore près de 15 % au début du XXᵉ, entreprendra alors un glissage qui s'arrêtera à 5 % du commerce mondial 30 ans plus tard.

La chute du Royaume-Uni ainsi que la formation de la Communauté européenne auront un impact négatif sur l'importance relative du commerce transatlantique. La Communauté européenne est, pour certains produits, une forteresse protectionniste. En bloquant les exportations québécoises de papier journal et d'aluminium à un certain niveau, elle réduit le commerce nord-atlantique. Comme le tableau 1.4 l'indique, le poids du commerce transatlantique deviendra de plus en plus marginal tant pour l'Amérique que pour l'Europe.

S'il y a vraiment une baisse dans le commerce transitant au-dessus de l'Atlantique, on peut se demander comment s'adaptèrent les régions, qui, comme le Québec et le Centre-Atlantique, en tiraient un grand profit. Le tableau 1.5 éclaire là-dessus. Comme il fallait s'y attendre, la part du

Tableau 1.4 Importance relative du commerce transatlantique dans le commerce de l'Amérique du Nord (AN) et de l'Europe de l'Ouest (EO), 1948 à 1989

Pourcentage du commerce de l'Europe de l'Ouest et de l'Amérique du Nord			
	Transatlantique	Intra AN et EO	Total
1948	37,0	63,0	100,0
1960	27,0	73,0	100,0
1971	22,6	76,4	100,0
1989	18,9	81,1	100,0

Source et note : ONU, *Statistiques du Commerce extérieur.* La prise en compte du commerce de l'Europe de l'Ouest et de l'Amérique du Nord avec les pays tiers ne changerait rien aux tendances indiquées par le tableau.

Tableau 1.5 Évolution de la part du Canada et du Québec dans le marché des principaux clients en 1960 et en 1989 (en % du total des importations de chaque client)

	1960		1989	
	Canada	Québec	Canada	Québec
Europe de l'Ouest	3,0	1,0	1,0	0,3
Japon	5,0	0,3	4,0	0,2
États-Unis	22,5	3,5	18,5	2,8
Total : Monde	4,8	1,5	4,0	0,7

Source : La part du Canada dans les importations selon les pays a été tirée de la publication de l'ONU sur le commerce international. La part du Québec a été calculée en multipliant le chiffre du Canada par la proportion, selon les pays de destination, des exportations canadiennes dédouanées au Québec.

Canada et celle du Québec dans les importations totales de l'Europe de l'Ouest sont tombées respectivement de 3% et 1% en 1960 à 1% et 3 millièmes en 1989. Ces pertes ne semblent pas avoir été récupérées par des gains sur d'autres marchés. En effet, la part du Québec dans le commerce mondial aurait fondu de moitié pour s'arrêter à 7 millièmes en 1989. Quant à celle du Canada, les gains du pacte de l'automobile et la montée du Japon comme puissance commerciale semblent avoir assez bien compensé.

Croissance comparée du Québec

Montréal, favorisé de 1850 à 1910 par les facteurs de localisation, fut donc le pôle de croissance du Québec; les autres régions prirent la relève entre 1910 à 1950. Enfin, les facteurs de localisation se retournent autant contre Montréal que contre les autres régions du Québec.

Le diagnostic posé ci-dessus correspond, croyons-nous, à celui de l'ensemble des historiens québécois. Est-il basé sur une comparaison uniquement avec l'Ontario ou uniquement avec le Centre-Atlantique? Apparemment non, car, dans ce cas, il entrerait en contradiction avec deux faits bien connus à savoir:

1. une baisse de la population du Québec par rapport à celle de l'Ontario de 1850 à 1900;

Figure 1.1 La croissance du Québec par rapport à l'Ontario et au Centre-Atlantique

Les sources des données sont: *Statistical Abstract of the United States* et l'*Annuaire du Canada*.

26

2. une hausse de la population du Québec par rapport à celle du Centre-Atlantique depuis 1950.

Le diagnostic des historiens est le résultat d'une prise en compte d'une multitude de données. Il est fondé sur la logique suivante : comparons ce qui est comparable et, comme deux régions ne sont jamais totalement comparables, essayons d'isoler ce qui les différencie.

Selon cette méthodologie, le Québec n'est directement comparable ni à l'Ontario[12] — car les deux provinces n'obéissent pas aux mêmes facteurs de localisation — ni au Centre-Atlantique, — car le pays de rattachement n'est pas le même. Cette méthodologie est respectée toutefois si, dans une comparaison Québec-Ontario, le Centre-Atlantique est introduit pour isoler le rôle des facteurs de localisation.

La comparaison du Québec avec l'Ontario et le Centre-Atlantique pris ensemble, comme nous l'indiquions à la figure 1.3, révèle une croissance du Québec ininterrompue de 1850 à 1960. Au début de la période, à cause d'un important mouvement migratoire vers les régions centrales, l'avance du Québec sur les régions voisines est modeste.

De 1910 à 1960, le Québec accélère le pas ; il se retrouve, en 1960, avec une très bonne longueur d'avance aussi bien devant l'Ontario que le Centre-Atlantique. Depuis 1960, le Québec a été rattrapé et dépassé par l'Ontario, mais le Centre-Atlantique est toujours loin derrière.

Tout pris en compte, le Québec, dans une comparaison avec l'Ontario uniquement, s'en sort donc moins perdant qu'on aurait pu le croire. Une bonne partie du déclin du Québec comparé à l'Ontario est la conséquence de facteurs de localisation défavorables. En tant que régions ayant une façade sur l'Atlantique et les mêmes spécialisations, le Québec et le Centre-Atlantique ont été aussi défavorisés l'un que l'autre : à mesure que les années passent, le centre de gravité[13] de l'économie nord-américaine se déplace vers le Sud-Ouest. Alors que, en 1800, celui-ci se situait à Baltimore ; il était en Ohio au tournant du siècle ; en 1990, il quitte la région du Nord-Est pour atteindre Saint Louis, plus à l'Ouest. Du fait de cette évolution, le Québec subit le même sort que le Centre-Atlantique et la Nouvelle-Angleterre. Ces trois régions se trouvent

---

12 L'indice de croissance du Québec peut se calculer ainsi :

$$I_Q = \frac{Q/CA}{O/GL} = \frac{Q/O}{CA/GL}$$

où Q = Population du Québec
O = Population de l'Ontario
CA = Population du Centre-Atlantique
GL = Population des Grands Lacs

13 Le centre de gravité peut se définir ainsi. Imaginez un carton imitant la forme des États-Unis et sur lequel sont placés des poids proportionnels à la population de chaque État. Le point sous le carton où il faut poser la pointe d'un crayon pour garder celui-ci en équilibre est le centre de gravité.

progressivement rejetées hors des grandes zones de croissance nord-américaines. Ce déplacement vers l'ouest n'est évidemment pas étranger au déclin relatif du commerce transatlantique par rapport à celui du Pacifique.

En résumé, l'année 1850 marque le début du siècle d'or de l'économie du Québec, alors que les facteurs de localisation jouent contre le Québec depuis 1950.

Conclusion

Est-il possible de tirer de ce chapitre des lois générales sur la façon dont s'effectue le changement au sein de la société québécoise ? La prudence ici est de mise, car la réponse est très complexe.

Rappelons trois transformations majeures dans l'histoire du Québec : la conquête de 1760, la Confédération de 1867, la Révolution tranquille de 1960. En plus de se présenter à un siècle d'intervalle l'une de l'autre, ces trois transformations ont un commun dénominateur : elles émanent toutes de grandes mutations qui se produisirent à l'extérieur du Québec et sur lesquelles le Québec n'avait que peu de prise. La conquête est le fruit d'une révolution industrielle qui commença en Grande-Bretagne et qui conféra à ce pays une force sans précédent. La Confédération de 1867 est une conséquence indirecte de l'adoption du libre-échange par la Grande-Bretagne et du refus de s'intégrer aux États-Unis. Enfin, la Révolution tranquille a été associée à l'incroyable concentration de la production mondiale dans le Nord-Est des États-Unis au tournant du présent siècle. La première conclusion serait donc la suivante : la source lointaine du changement qui se produisit au Québec se situe au niveau des mutations dans les rapports de force entre les grandes puissances mondiales.

Comment ces changements se répercutèrent-ils au Québec ? La conquête faite, le colonisateur modifia les institutions politiques dans le but de tirer un surplus économique du Québec tout en essayant de minimiser le changement aux habitudes de vie des citoyens. Des mains des marchands français, le contrôle de l'empire du Saint-Laurent passa donc entre celles des marchands anglais. L'empire connut alors un élargissement de ses frontières.

À partir de ce moment-là, l'économie sera dominée par les marchands anglais. Ce sont évidemment les marchands anglais de Montréal qui concevront la politique nationale de 1879 et qui canaliseront la vigoureuse industrialisation de Montréal à compter du milieu du XIXe siècle, souvent avec des fonds empruntés en Angleterre.

Quand les États-Unis prirent la relève de la Grande-Bretagne comme leader de l'économie mondiale, la première répercussion de ce changement au Québec consista en des investissements massifs des États-Unis dans les ressources naturelles du Québec. Les francophones n'étant pas formés à la gestion de la grosse entreprise, les cadres des grosses entreprises québécoises étaient à forte majorité des Canadiens anglais ou des Américains. Le Québec vivait alors une situation unique où l'économie et la société évoluaient comme deux entités séparées. L'économie du Québec ayant progressé graduellement à partir de 1850, et de façon accélérée depuis 1900, le fossé qui s'était graduellement creusé entre une économie très dynamique et une société gelée s'élargissait. La Révolution tranquille eut le mérite d'arrimer la société et l'économie. Cet arrimage se fera toutefois au début d'une période où les facteurs de localisation se tournaient contre le Québec.

Schéma-synthèse

Trois pays chefs de file mondiaux

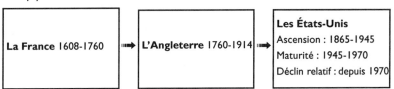

Chaque fois l'économie du Québec s'adapte :

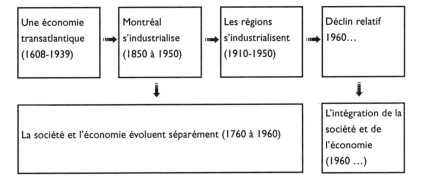

Questions et choix multiples

1. Définissez, à partir de l'expérience de l'empire du Saint-Laurent, un cadre pouvant :
   a) définir l'intérêt commercial du Québec aujourd'hui ;
   b) établir des liens entre le Québec d'aujourd'hui et la Voie maritime du Saint-Laurent, Mirabel, le libre-échange Canada—États-Unis.

2. L'accroissement phénoménal de Montréal à compter de 1850 est la conséquence de la conjugaison de plusieurs éléments. Résumez le texte lu en trois ou quatre paragraphes seulement.

3. Est-il plus légitime de comparer le Québec à l'Ontario ou au Centre-Atlantique ? Expliquez votre réponse.

4. Cochez l'erreur.
   Le déclin de l'empire du Saint-Laurent est attribuable à plusieurs facteurs :
   ❏ la construction du canal Érié ;
   ❏ la conquête de 1760 ;
   ❏ la concurrence de la Cie de la Baie d'Hudson imposée aux marchands de Montréal ;
   ❏ l'adoption du libre-échange en Grande-Bretagne.

5. Cochez l'erreur.
   La croissance extraordinaire de Montréal, de 1850 à 1920, s'explique par les éléments suivants :
   ❏ un vaste bassin de main-d'œuvre agricole à proximité ;
   ❏ son rôle en tant que point de transit et de transbordement ;
   ❏ une localisation au point médian du marché canadien ;
   ❏ le recours à une technologie unique.

6. Cochez l'erreur. L'industrialisation du reste du Québec
   ❏ fut basée sur la transformation de ressources naturelles ;
   ❏ fut réalisée par du capital surtout américain ;
   ❏ a eu pour impact de multiplier le nombre des petites villes ;
   ❏ a pour unique marché d'exportation celui des États-Unis.

7. Cochez l'erreur.
   Les soubresauts de l'économie ont toujours un impact sur la société. Ainsi,
   ❏ un sol surexploité enclencha, à compter de 1830, une forte émigration ;
   ❏ avec la récession de 1929-30, des mouvements d'extrême-droite apparurent ;
   ❏ le fort taux de chômage entre 1955 et 1959 déclencha la Révolution tranquille ;
   ❏ la récession de 1982 brisa les reins des syndicats.

CHAPITRE II

UNE SOCIÉTÉ EN MARCHE

Il faut un événement extrêmement important pour que se produise un renouvellement complet de l'élite politique d'un pays. La guerre de Sécession aux États-Unis, la capitulation de la France en 1942 et la Révolution tranquille ont tous été de ces événements qui déclenchèrent des changements de garde historiques. L'équipe qui prendra le pouvoir à Québec en 1960 émergera d'un nombre restreint de groupes, soit ceux qui avaient combattu Maurice Duplessis, avec en tête les syndicalistes dont la résistance avait été des plus efficaces et auxquels s'étaient joints des professeurs, des étudiants, des journalistes et des artistes. Misant sur le patriotisme pour cimenter entre eux tous les groupes francophones, ils accomplirent de nombreuses réalisations. Celles-ci n'auraient peut-être pas été aussi éclatantes si elles n'avaient été accomplies durant une décennie où l'économie du Québec a connu une hausse extraordinaire de son niveau de vie. Portés par cette vague de croissance, les francophones amorcèrent alors une remontée qui, soutenue par les politiques de l'État, allait leur permettre dès 1980 de rejoindre les anglophones quant à la qualité de leur emploi et de leur revenu. Si la décennie 1960 fut celle des francophones, la décennie 1970 sera celle des femmes où fut déclenché un processus d'émancipation qui n'est pas encore arrêté. Enfin, la décennie 1980 passera peut-être à l'histoire comme celle de la génération perdue, celle des enfants qui se retrouveront devant un marché du travail bloqué.

La société québécoise

Une société est un groupe de groupes qui ont une ou des caractéristiques communes. On peut donc dire que le Québec est une société, car il renferme de nombreux groupes qui partagent le même territoire et la même culture. Le caractère unique du Québec en Amérique du Nord vient du fait que, avec uniquement 2,5 % de la population du continent, sa population était, en 1986, à 82,8 % francophone.

Il découle de ce contexte que les avantages d'être bilingue pour un francophone sont largement supérieurs à ceux dont pourraient bénéficier la plupart des autres habitants du continent, car, dès qu'il fait affaire à l'extérieur, il doit généralement le faire en anglais. Les francophones doivent payer la presque totalité[1] du coût de leurs communications avec l'extérieur. En conséquence, ils ont tendance à échanger entre eux le plus souvent possible, ce qui les incite aussi à défendre la langue française et à combattre l'assimilation, bref, à étendre le réseau à l'intérieur duquel le coût de communication est nul. Historiquement, ces efforts ont tout au plus maintenu ce poids relatif du groupe français au Québec.

Le taux d'urbanisation du Québec et le retard d'adaptation

Cette section revient sur le chapitre précédent pour mettre en relief le rôle de l'industrialisation dans l'urbanisation du Québec et pour décrire la lente adaptation de la société aux rapides transformations de l'économie qui précédèrent la Révolution tranquille.

La figure 2.1 indique, pour la période de 1851 à 1986, comment le taux d'urbanisation du Québec fut touché par l'industrialisation. La courbe reflétant l'industrialisation contient deux sommets : le premier se présente à la fin du siècle dernier lorsque Montréal devenait le fief au Canada des industries à base de main-d'œuvre bon marché ; le deuxième pic est atteint en 1950 avec un taux d'industrialisation de plus de 35 %. Ce pic est suivi par une forte glissade. Entre les deux sommets, le taux d'industrialisation semble avoir oscillé autour de 30 %. En fait, cette période est celle de l'industrialisation des régions du Québec. Les industries disposent alors d'une forte intensité en capital et en ressources naturelles ; elles créent certes beaucoup d'emplois directs mais relativement peu par rapport aux industries localisées à Montréal. Néanmoins, les salaires qu'elles versent sont largement au-dessus de la moyenne de telle sorte qu'elles stimulent fortement le secteur tertiaire et le taux d'urbanisation du Québec.

Pendant les deux siècles (de 1650 à 1850), les campagnes s'étaient développées relativement plus vite que les villes. La décennie 1850 marquera un tournant où un processus en sens contraire s'enclenchera. Parti à 15 % en 1850, le taux d'urbanisation franchissait le cap du 50 % dès 1920. La décennie de la crise de 1929 imposera temporairement un cran d'arrêt à ce processus. Cette décennie sera celle où de nouveaux rangs seront ouverts pour ramener la population à l'agriculture.

---

1 Le mot « presque » a été ajouté, car on peut présumer que la Loi fédérale sur le bilinguisme de 1969 transfère aux anglophones une partie de ce coût.

Le processus d'urbanisation, stimulé par la mise en place d'une économie de guerre jusqu'en 1970, reprendra sa course rapide. À compter de cette date, la courbe indique une désurbanisation. En fait, elle reflète l'important phénomène de suburbanisation qui se produisit alors : le fameux phénomène de l'expansion des banlieues qui comprennent souvent de petits îlots de ruraux[2].

La hausse du taux d'urbanisation tout au long de la période étudiée est d'abord causée par un déplacement de la production du secteur primaire vers le secteur secondaire et, dans un deuxième temps, par une croissance du secteur tertiaire. La mesure d'industrialisation utilisée dans la figure 2.1, soit la proportion de la main-d'œuvre dans le secteur secondaire, indique elle aussi une fausse piste à compter de 1950. En effet, la grosse entreprise manufacturière de 1950 s'est, au cours des années, délestée de beaucoup de services professionnels. Les activités sont

Figure 2.1 Taux d'industrialisation et d'urbanisation au Québec

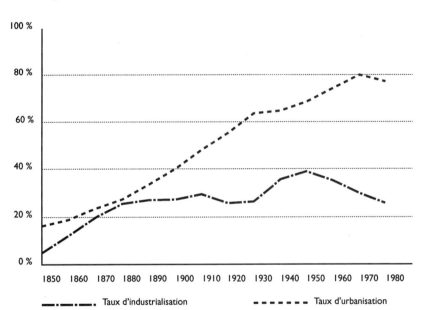

Le taux d'urbanisation se définit comme le rapport entre la population résidante d'un centre de 1 000 habitants et plus, et la population totale du Québec.
Le taux d'industrialisation correspond à la proportion de la main-d'œuvre totale dans le secteur secondaire.

Source et notes : M. Bernier et R. Boily, *ibid.,* p. 51, 67, 69.

2 Statistique Canada considère comme des ruraux tous les gens habitant des municipalités de moins de 1 000 habitants, même si celles-ci sont situées à quelques kilomètres d'une grande ville.

aujourd'hui comptabilisées dans le secteur tertiaire, étant donné que les spécialistes se sont regroupés en des firmes indépendantes (firmes de génie-conseil, bureaux d'avocats et de comptables). Ainsi, la pente négative de la courbe d'industrialisation durant l'après-guerre reflète surtout ce phénomène de délestage.

Ainsi faut-il admettre, quoi qu'en dise le discours officiel, que, à compter de 1920, le Québécois n'est plus un rural : 50 % de la population du Québec habite une grande cité, une ville moyenne ou un gros village. Des problèmes sociaux très sérieux sont nés de cette urbanisation que la bienfaisance privée à elle seule ne pouvait régler. Lorsque le gouvernement Godbout prit le pouvoir en 1939, le premier à véritablement s'appuyer sur un électorat urbain, on pouvait donc prédire qu'une opération de déblocage se produirait. Il y eut un déblocage effectif, mais sa durée fut trop courte. En effet, Godbout ayant négligé de réformer la carte électorale avant l'élection de 1944, Maurice Duplessis revint au pouvoir, favorisé par une carte électorale qui ne reflétait pas la hausse marquée du taux d'urbanisation des dernières décennies. Les dépenses publiques, y compris celles des municipalités, passent alors de 13,9 % du PIB à 8,9 % en 1952[3]. Jusqu'à sa mort, Duplessis aura la hantise des hausses de taxes et d'un déficit.

Par ailleurs, du côté du gouvernement fédéral, des programmes sociaux, la plupart du temps jusque-là hors de sa compétence, se multiplient dès 1940 : assurance-chômage, pensions de vieillesse, allocations familiales, aide sociale. Tout au long des années 1950, le gouvernement fédéral devient le point d'appui de tous ceux qui au Québec voulaient moderniser le Québec dont, par exemple, les syndicalistes, les intellectuels et les jeunes. À compter de 1960, il ne reste plus d'obstacles au déblocage. Après que le mécontentement eut couvé sous les cendres durant quarante ans, une explosion allait se produire.

La Révolution tranquille

Il y a deux vues sur la période de la Révolution tranquille. La première est celle qui la limite à la période 1960-1970, période pendant laquelle l'État du Québec prend en charge les réseaux de l'éducation, de la santé et de l'aide sociale et initie son programme de transfert du contrôle des entreprises aux francophones. Nous adhérons, pour notre part, à l'autre vue, celle qui étend la Révolution tranquille de 1960 jusqu'aux

---

3 En fait, les pourcentages présentés ne sont pas exprimés en fonction du PIB mais représentent plutôt les revenus propres du Québec en 1932 et 1952. *Source :* J. Hamelin et J. Provencher, *Brève histoire du Québec,* Boréal, Montréal, 1987, p. 108.

années 1980. Dans cette dernière optique, la Révolution tranquille est définie comme un mouvement en vue d'une plus grande égalité entre les groupes et comprend deux vagues : la première, liée à l'économie ; la seconde, plus explicitement nationaliste, débutant à l'élection du Parti québécois en 1976. La Loi 101 est typique des lois alors adoptées.

L'interprétation du sens de la Révolution tranquille rallie tout le monde. Elle fut l'affirmation, comme jamais auparavant, du rôle de l'État et de l'effacement de l'Église catholique dans l'exercice de responsabilités proprement politiques dans des domaines aussi déterminants que l'éducation, la santé, l'aide sociale, la protection du français et le développement économique.

La stratégie de développement de l'Église, très hostile à l'industrialisation, était en contradiction avec des forces technologiques et économiques mondiales qui échappaient totalement à son contrôle. Par le recrutement plus actif des clercs et leur concentration dans les villes, le clergé, n'ayant pu arrêter l'exode de l'agriculture vers l'industrie, tenta de prendre la tête du nouveau mouvement. Une ville ne se gère cependant pas comme un village. L'effacement de l'Église, à compter du milieu de la décennie 1960, aura comme conséquence de mettre face à face dans les années à venir la majorité francophone et la minorité anglophone du Québec.

La réticence de l'Église à adopter un discours conforme à la réalité économique trouve peut-être ses origines dans les moyens mis en œuvre par l'Église pour protéger la langue. La stratégie globale de l'Église était parfaitement cohérente ; sa politique économique ne pouvait être dissociée de celle de la langue. D'une part, l'Église dirigeait les travailleurs francophones dans des secteurs où l'anglais n'était pas nécessaire. D'autre part, elle canalisait, par le système d'éducation, les aspirations de l'élite dans des professions qui la gardaient éloignée des grosses entreprises où l'anglais était véritablement indispensable. Un changement de stratégie économique impliquait donc inévitablement une modification dans les moyens utilisés pour protéger la langue. Devant l'ampleur d'une telle redéfinition, il n'est pas étonnant que le discours de l'Église ait détonné dans les années 1950 et que l'État ait pu y succéder sans bataille rangée.

Le tableau 2.1 compare les projets de société de l'Église et de l'État. Les slogans, dont la fonction est d'incarner les politiques, sont souvent plus évocateurs que les énoncés eux-mêmes et sont donc aussi indiqués. Dans une société pauvre et agricole, l'Église est souvent meilleure que l'État pour maintenir une certaine cohésion sociale. Au contraire, dans une société riche et urbanisée, l'État, avec son pouvoir cœrcitif de taxation, court la chance de faire beaucoup mieux.

35

Tableau 2.1 Principaux domaines de l'intervention de l'Église et de l'État du Québec

Domaines	Église catholique	État du Québec « Maître chez nous »
Éducation	Système clérical	Système laïc
Santé et bien-être social	Bienfaisance privée	Étatisation
Protection de la langue	Discours théologique « Qui perd sa langue, perd sa foi »	Lois prônant l'unilinguisme français
Stratégie économique	Agriculture et natalité « La revanche des berceaux »	Scolarisation et contrôle des entreprises « Qui s'instruit, s'enrichit. »

L'État du Québec se démarqua de l'Église dans le domaine de l'éducation, de la santé et de l'aide sociale, non pas tant par l'originalité de ses politiques que par son pouvoir coercitif de taxation et la proportion du budget qu'elle consacrait à ces postes. La hausse dans les dépenses par habitant à compter de 1960 dans ces deux domaines fut vraiment spectaculaire. Cette performance est sans doute reliée plus à la différence dans la conjoncture économique avant et après la Révolution tranquille qu'à une différence dans le système des valeurs des dirigeants politiques du Québec. Après tout, presque tous les dirigeants durant les années 1960 et 1970 furent formés dans les collèges classiques qui étaient sous le contrôle exclusif des clercs.

C'est en ce qui concerne la stratégie de développement économique et de protection de la langue que l'État se démarquera nettement de l'Église. Cette dernière misait tout sur l'agriculture, un secteur en déclin relatif dans tous les pays industrialisés. La politique hypernataliste de l'Église avait été formulée à l'époque où ce secteur était à son apogée, soit vers 1850. L'agriculture et une forte natalité étaient comme les deux doigts d'une même main, les grosses familles et la présence d'enfants constituant les ressources indispensables à l'époque pour la viabilité d'une ferme. Cette politique nataliste n'était pas sans avoir aussi des retombées positives au plan du nationalisme. La revanche des berceaux étendait la zone où le français prédominait. Pour éviter qu'elle ne soit trop effritée par une mobilité interlinguistique persistante, l'Église tentait de culpabiliser les consciences par un discours approprié, tout en refusant de former une élite dont le seul débouché serait la grosse entreprise anglophone.

Tableau 2.2 La Révolution tranquille et ses caractéristiques

Année	Pour 1000 francophones de 15 ans et +		Étudiants aux études postsecondaires en % de la population de 18 à 24 ans	Main-d'œuvre % cadres et professionnels	Femmes	
	Nombre de clercs	Nombre de fonctionnaires			Taux d'activité	Taux de fécondité
1931	27	4,9	2,6	12,6	21,9	4,0
1941	27	8,2	3,5	N.D.	22,9	3,4
1951	27	9,2	5,0	14,0	25,0	3,8
1961	21	8,8	7,1	18,0	26,5	3,7
1971	15	22,6	13,9	18,0	34,6	2,0
1981	8	34,2	18,5	25,6	47,4	1,6
1986	—	35,6	25,0	30,0	55,0	1,5
1991	—	34,1	30,0	32,6	54,3	1,7

Source et notes :

Nombre de clercs : Calcul à partir des données de G. Bernier et R. Boily, *Le Québec en chiffre de 1850 à nos jours*, ACFAS, p. 343 et 347 ; et de M. Lavigne et Y. Pinard (dir.), « Travailleuses et féministes », *Les femmes dans la société québécoise*, Boréal Express, 1983, p. 286.

Nombre de fonctionnaires : Estimation de M. Bernier et R. Boily, *ibid*, p. 373. Ces chiffres ne s'appliquent qu'à la fonction publique provinciale.

Étudiants aux études postsecondaires en % de la population de 18 à 24 ans : M. Bernier et R. Boily, *ibid*, p. 223. Universités et collèges classiques sont des institutions postsecondaires.

Main-d'œuvre, % cadres et professionnels : Les recensements et la population active pour 1991. Les groupes professionnels incluent les professions libérales, les techniciens et les postes de direction.

Femmes, taux d'activité : Statistique Canada, *La population active*, n⁰ˢ 71001 et 71529.

Femmes, taux de fécondité : Bureau des statistiques du Québec, *La situation démographique au Québec*, 1989 et 1992.

La stratégie économique de l'État prenait exactement le contre-pied de celle de l'Église et reposait sur une double manœuvre: la formation d'une main-d'œuvre scolarisée et la prise de contrôle de grosses entreprises manufacturières et financières, deux châteaux forts des anglophones et du capital étranger.

La nationalisation d'Hydro-Québec et de Sidbec, la création de la Caisse de dépôt et de placement et d'autres moyens (SOQUIP, SOQUIA, REXFOR, SDI, etc.) avaient pour objectifs autant d'offrir des débouchés aux nouveaux diplômés francophones que de continuer à fournir des outils (accès au capital, instituts de recherche, etc.) à une classe d'entrepreneurs francophones. Dans la deuxième phase, le régime d'épargne-action et une caisse de dépôt et de placement ouvertement engagée envers la classe des nouveaux entrepreneurs prolongera cette stratégie globale.

La politique la plus controversée visant à promouvoir les francophones fut sans doute la Loi 101 sur la langue. Avec cette loi, pour la première fois dans l'histoire du Québec, la majorité francophone allait imposer sa volonté à la minorité anglophone. Cette loi faisait du français la langue qu'on devait utiliser dans les communications internes de toutes les entreprises localisées au Québec. Elle s'étendait aussi au système d'éducation et, par ce biais, avait pour impact de franciser les immigrants du Québec. Cette loi, qui prônait l'unilinguisme français, reniait la loi fédérale de 1968 du bilinguisme jugée à la fois incapable de vraiment protéger le français hors des frontières du Québec et nuisible au français à l'intérieur de ces mêmes frontières.

Le tableau 2.2 compare les 30 années précédant la Révolution tranquille à la période 1960-1991. Il fournit, dans les deux premières colonnes, des chiffres sur le recul de l'Église et la taille grandissante de l'État. Le Québec comptait environ 25 clercs par 1 000 francophones de 15 ans et plus entre 1931 et 1961, soit près d'un membre du clergé par famille, du moins dans le milieu rural. Vers 1980, le chiffre de 25 avait fondu à 8 clercs par 1 000 francophones âgés de 15 ans et plus. Avant la Révolution tranquille, sur quatre employés de la fonction publique du gouvernement du Québec, on comptait trois clercs. Aujourd'hui, le ratio est inversé: sur cinq employés, on compte un clerc.

L'impact de la Révolution tranquille sur l'accès à l'enseignement postsecondaire et la composition de la main-d'œuvre est indiqué à la 3e et à la 4e colonne. En 1941, vingt ans avant la Révolution tranquille, 3,5% seulement de la population de 18 à 24 ans du Québec était inscrite à un collège classique ou à l'université; de 1961 à 1971, le taux de fréquentation des études postsecondaires doublera presque, passant de 7,7% à 13,9%. Les anglophones devançaient encore les francophones à cet égard mais avec une marge beaucoup moins confortable qu'auparavant. De 1951 à 1991, en conséquence, la proportion des professionnels et des cadres doubla de 14% à 32,6%. Enfin, l'évolution du taux de participation des femmes sur le marché du travail et son corollaire, le taux de fécondité, comme on le voit à la 5ᵉ et à la 6ᵉ colonne, représente une cassure entre 1961 et 1971.

L'héritage des années 1980

La dure récession de 1982, une dette publique qui s'accroît malgré de continuelles hausses de taxes et compressions de dépenses, un chômage dont les formes se multiplient à l'infini ont traumatisé bien des Québécois. Ce qui paraissait en 1982 être la fin d'une période de crise se révéla en 1992 n'être que son commencement.

Le Québec, après avoir, pendant trente ans, connu un brillant développement économique et un rapide progrès social, est alors profondément bouleversé par la vitesse d'un virage non prévu. Il est frappé de plein fouet par des turbulences économiques qui ont des effets de débordement sur la société. Aujourd'hui, les jeunes Québécois des deux sexes, de toutes ethnies ou origines sociales, et de toutes les régions, rongent leur frein. Leur consommation est de 15% inférieure à celle de leurs semblables quinze ans plus tôt. Quoique leur niveau de vie soit encore bien supérieur à celui des jeunes de leur âge en 1930, ils ne peuvent espérer retrouver le niveau de vie de leurs parents.

Bref, l'héritage des années 1980, c'est l'émergence de quatre déficits: le déficit budgétaire de l'État, thème favori des médias, le déficit des emplois, le déficit démographique, dont les démographes nous parlent parfois, et, enfin, le déficit extérieur généralement passé sous silence. Ces quatre déficits sont des symptômes du désarroi d'une société. Le déficit des emplois, assimilable au taux de chômage, mesure la solidarité envers les chômeurs des personnes qui détiennent un emploi. Le déficit démographique correspond à l'écart existant entre le nombre de naissances

---

LA DÉFINITION DES DÉFICITS

Une région a un déficit...

budgétaire, *lorsque les dépenses courantes de l'État sont supérieures à ses revenus courants;*

extérieur, *lorsque les dépenses faites à l'extérieur de la région dépassent celles qui sont faites par les étrangers dans cette même région;*

des emplois, *lorsque des heures sont perdues à cause du chômage et du sous-emploi;*

démographique, *lorsque le nombre de naissances par femme entre 15 et 50 ans est inférieur à 2,1.*

par femme en âge de procréer (1,5 enfant) et le nombre nécessaire (2,1) au renouvellement des générations. Ce déficit est le reflet de l'intensité du conflit entre les femmes et les hommes, d'une part, et entre les jeunes et les gens plus âgés, d'autre part. Le déficit budgétaire du secteur public reflète l'intensité des pressions exercées sur l'État par ceux qui bénéficient de ses largesses ainsi que la crainte chez ce dernier d'une réaction agressive des contribuables dans l'éventualité d'une hausse de taxes. Le déficit extérieur est, par définition, la preuve que le pays vit au-dessus de ses moyens, la consommation étant trop forte en comparaison de la production. Il mesure donc la difficulté que rencontre l'État à adopter des politiques qui réduiraient la consommation de biens privés tout en augmentant leur production.

L'économie politique de la croissance et de son ralentissement

Il faut s'arrêter un instant pour réfléchir sur la propension bien répandue au Québec d'attribuer la responsabilité de chaque déficit à un groupe particulier : les *baby-boomers*, les syndicats, les femmes, les aînés. Cette démarche quelque peu simpliste n'en est-elle pas une de recherche de boucs-émissaires ?

Nous avons vu que la Révolution tranquille avait été précipitée par le combat mené d'abord par les syndicalistes, auxquels s'étaient joints professeurs, étudiants, journalistes et artistes. Lorsque cette coalition de groupes prit le pouvoir, l'économie du Québec était fortement industrialisée et concurrentielle. Le Québec n'ayant en 1960 aucune dette, la capacité d'emprunt de l'État était pratiquement illimitée, d'autant plus que des emprunts étaient garantis par des recettes fiscales provenant d'un solide complexe économique déjà bâti.

L'histoire montre que toute société se subdivise en groupes, que ces groupes se multiplient en période de croissance et, enfin, qu'ils optent pour une politisation croissante[4]. La Révolution tranquille déclencha un tel processus.

Au lendemain de la victoire de Jean Lesage en 1960, le processus de formation des groupes s'est intensifié. Les médecins, les agriculteurs, les fonctionnaires, les enseignants, les policiers se sont tous organisés en corporation ou syndicat. Bien plus, au sein de chacune des professions identifiées, nombre de sous-groupes se doteront, au cours des années, de leurs structures propres, comme, parmi les agriculteurs, la Fédération des producteurs de lait, les fédérations des éleveurs de porcs ou de

---

4 Mancus Olson, *Grandeur et décadence des Nations*, Bonnel, 1983.

volailles. En outre, apparaissent des associations qui se proposent de défendre sur des points précis les intérêts de vastes catégories hétérogènes, comme les femmes, les écologistes, les consommateurs, les homosexuels.

Le jeu politique entre les groupes et les sous-groupes intervient directement dans le partage des fruits de la production. Les quelque 30 ans qui ont passé depuis le début la Révolution tranquille ont façonné le comportement des groupes les uns envers les autres et envers l'État. Les groupes ont pris l'habitude de considérer l'état de fait existant à un certain moment comme une donnée, comme un minimum qu'il n'est pas question de soumettre à la négociation. Une telle attitude ne pose aucun problème aussi longtemps que l'État jouit d'une bonne marge de crédit et que la croissance est raisonnable.

Durant la décennie 1980, la croissance fut lente, et l'État a touché à la limite de sa capacité d'emprunt. Or, les comportements de la plupart des groupes n'ont pas vraiment changé. Pendant 30 ans, les membres de ces groupes ont développé l'habitude d'obtenir un volume croissant de consommation et ils s'efforcent de maintenir cette permanence de l'accroissement. Tout au plus les consommateurs accepteront-ils un fléchissement de leur hausse de salaire.

Les conséquences de cette pression sont inéluctables : si des groupes s'approprient une part accrue d'une production stagnante, il en reste inévitablement moins pour les groupes non organisés. Par définition, ces groupes non organisés resteront silencieux sur la scène politique. Leur silence n'est cependant pas le gage d'une paix sociale. L'État est ainsi légitimé dans des actions qui risquent d'effriter le consensus social puisqu'il est alors acculé, pour restreindre temporairement l'appétit des groupes organisés, à utiliser la force. Les lois 70 et 105, adoptées en 1982, en sont des exemples ; les lois 102 et 198, gelant la rémunération et réduisant les postes des secteurs public et parapublic, en sont d'autres plus récents. Enfin, le gouvernement imposa en 1994 une déréglementation d'une partie de l'industrie de la construction.

À cette réalité bien triste, on pourrait opposer un monde bien différent. Dans une société idéale, lorsque la production nationale cesse de croître, on pourrait penser que la consommation de chaque groupe suit le même mouvement. Face à un choc intérieur ou à une récession, la solidarité prime sur tout ; une génération passe le relais à une autre dans la continuité. Dans une société idéale, la structure des groupes, les rapports de force entre ceux-ci, l'information de l'opinion publique et le civisme des citoyens imposent aux groupes organisés une modération qui dispense l'État de recourir à la cœrcition.

La résistance aux changements n'est pas un phénomène nouveau. Nous avons vu que la Révolution tranquille est l'exemple typique d'un rattrapage rapide d'un retard de 40 ans du Québec à mettre en place une politique sociale conforme aux mutations qui s'étaient produites dans l'économie de 1850 à 1960. Des intellectuels du Québec ont trouvé une formule imagée : le Québec prend souvent le train en retard et il descend toujours une gare trop loin.

La lente adaptation décrite ci-dessus n'est pas unique à la société québécoise, et les quatre déficits identifiés se retrouvent dans bien des pays. En fait, rares sont les pays qui ne sont pas pris de court par la sévérité accrue des récessions de 1975, de 1982 et de 1992.

Un diagnostic de l'état de l'économie du Québec

À la fin du chapitre précédent, nous avons comparé la croissance démographique du Québec à celle de l'Ontario et des régions américaines du Centre-Atlantique et des Grands Lacs. Au premier rang des quatre régions durant plus d'un demi-siècle, à partir de 1960, le Québec, disions-nous, glisse au second rang, derrière l'Ontario. Le tableau 2.3 reprend ces données démographiques et les exprime sous la forme de taux de croissance annuel moyen. En plus des données démographiques, le tableau présente deux autres indicateurs de performance : le taux de croissance du PIB et celui du PIB par habitant. L'introduction de ces deux

Tableau 2.3 Le PIB et ses variantes, trois indicateurs de performance : taux annuel de croissance de la population du PIB et PIB par habitant au Québec et dans trois régions voisines du Québec de 1960 à 1988

	Pop. (1)	PIB/Pop. (2)	PIB (3) = (1) + (2)
Québec	0,9	2,7	3,6
Ontario	1,5	2,5	4,0
Centre-Atlantique	0,4	1,8	2,2
Grands Lacs	0,5	1,2	1,7

Source : Voir la figure 1.3 du chapitre I pour les sources de données sur le taux de croissance des populations et le chapitre V sur celles du PIB.

LE PIB, SON CALCUL ET SES VARIANTES

Le produit intérieur brut (PIB) est une mesure de la production totale de biens et de services réalisée dans une économie durant une période de temps, généralement une année. C'est cet indicateur, de même que son évolution qui est le plus souvent reconnu comme critère principal de la performance d'une économie.

En vertu d'une convention adoptée aux Nations-Unies, pour le calcul du PIB, seules des

activités échangées contre la monnaie sont comptabilisées. La pondération d'activités disparates en un seul agrégat est basée sur le prix de vente des biens et services. Pour éviter le double comptage et vérifier la justesse de ces calculs, le statisticien procède à trois estimations indépendantes, la troisième constituant un dérivé de la deuxième. Ainsi, le statisticien commencera-t-il par mesurer la somme des dépenses finales, c'est-à-dire les services et les biens à leur tout dernier stade de transformation (la robe est comptée alors que le tissu pour la confectionner ne l'est pas). Le statisticien distingue trois types de dépenses finales : les dépenses de consommation effectuées par les ménages (C), les investissements faits par les entreprises et les gouvernements (I) et les dépenses courantes gouvernementales (G). Enfin, il ajoute les exportations (X) et retranche les importations (M). Le total ainsi obtenu fournit la première estimation du PIB.

La deuxième estimation part du point de vue que ce qui est une dépense pour les uns constitue un revenu pour les autres. La contrepartie des dépenses comprend les salaires et le revenu net des entreprises individuelles (agriculture, médecine, etc.) (S), les intérêts et autres revenus de placements et les profits des entreprises (R) ainsi que la provision pour l'usure du capital (P). Enfin, comme les prix de vente utilisés dans la première estimation étaient gonflés des taxes indirectes, le statisticien additionnera, à la somme des revenus des facteurs primaires, les impôts indirects payés aux gouvernements (Ti).

Quant à la troisième méthode, nous pouvons l'ignorer pour l'instant. Nous y reviendrons au chapitre V.

Le tableau 2.4 illustre la mesure du PIB du Québec en 1992 selon les deux méthodes.

Tableau 2.4 Le PIB au prix du marché au Québec en fonction de dépenses et de revenus 1992, en milliards de dollars (les chiffres entre parenthèses indiquent la répartition en pourcentage)

I Somme des dépenses

PIB		C	I	G	X	-M
157,1	=	98,2	38,9	35,2	85,5	- 90,6
(100%)		(62,5%)	(24,8%)	(22,4%)	(54,5%)	- (57,7%)
						- 5,1
						- (3,2)

II Somme des revenus

PIB		S	P	Ti	R
157,1	=	99,7	24,0	21,3	12,8
100%		(63,5%)	(15,2%)	(13,5%)	(8,1%)

Source : Statistique Canada, *Comptes économiques provinciaux*, cat. 13213. Dans cette publication, on donne unique-ment la différence entre X et M ; cette différence est présentée comme étant les exportations nettes (X - M) plus l'erreur résiduelle. Le pourcentage attribué à X dans la figure a été pris ailleurs. En 1984, le rapport des exportations totales québécoises sur le PIB, incluant le commerce interprovincial, était de 54,5 %. *Commission d'études des questions afférentes à l'accession du Québec à la souveraineté*, Projet de Rapport, p. 92. Ce rapport peut varier un peu d'une année à l'autre, mais il était du même ordre en 1989.

> Le PIB et ses variantes sont d'importants indicateurs de la performance d'une économie. Ainsi mesure-t-on la cadence à laquelle une économie avance par le taux de croissance du PIB. Deux variantes possibles du PIB sont le taux de croissance de la population et le taux de croissance du PIB par habitant. En fait, il est possible de démontrer que le PIB, le PIB par habitant et la population sont trois variables étroitement reliées. Dans l'équation (1), nous multiplions et divisons le PIB par le chiffre de la population (pop).
>
> $$(1) \quad PIB = PIB \times \frac{Pop}{Pop} = \frac{PIB}{Pop} \times Pop$$
>
> Après manipulation, l'équation (1) indique que le PIB est égal au PIB/Pop multiplié par le chiffre de la population (pop). De l'équation (1), on peut tirer la suivante :
>
> (2) $\quad \Delta$ PIB = Δ PIB/Pop + Δ : Pop
>
> L'équation (2) indique que le taux de croissance (Δ) du PIB est égal à la somme du taux de croissance de ses deux composantes.
>
> Un mot sur l'interprétation à donner au ratio PIB/Pop. Comme le PIB est constitué à 60 % et plus par des biens et services consommés ou par des revenus de travail, ce ratio est un reflet de la productivité de la main-d'œuvre et de la consommation par habitant. En conséquence, on peut considérer le ratio PIB/Pop comme un indicateur de niveau de vie.

autres indicateurs de performance pourrait-elle changer le diagnostic déjà posé sur le Québec ? Comme le Québec abandonna la stratégie axée sur la revanche des berceaux au cours de la décennie 1960, un indicateur de performance basé uniquement sur la croissance démographique risque de sous-estimer la performance réelle du Québec.

La prise en compte du PIB et de ses variantes nous apporte effectivement une surprise agréable. Si l'Ontario avance plus vite que le Québec sur le plan démographique (1,5 contre 0,9), c'est le Québec qui mène en ce qui concerne la croissance du niveau de vie (2,7 contre 2,5). Qui, du Québec ou de l'Ontario, est en tête au classement global dans ce cas ? C'est l'Ontario qui a pu maintenir un taux de croissance de son PIB à 4,0 % ; quant à lui, le Québec n'a pu faire mieux que 3,6 % par année en moyenne. Cette constatation est choquante, mais il en est ainsi : le taux de croissance du PIB est un taux composé égal à la somme des deux autres (voir l'encadré ci-dessus).

Est-il possible de poser un diagnostic plus complet sur l'état actuel de l'économie du Québec[5] ? Pour faire une analogie avec un marathon, le taux de croissance du PIB et ses variantes ne fait qu'indiquer la cadence du coureur sur une partie du parcours. Cette donnée ne sera pas l'unique

---

5 Trois autres approches peuvent situer le niveau de développement d'un pays. Ce sont, en plus de celle du PIB et ses variantes, celle des indicateurs sociaux, celle des systèmes de comptabilité sociale et, enfin, celle des indices composés de développement. Voir Hicks et Streeten, « Indicators of development : the search for a basic needs yardstick » dans *World development*, juin 1979.

critère qui déterminera la mise d'un parieur. Cette mise sera basée autant sur le gabarit des coureurs que sur leur capacité à s'ajuster à des situations imprévues. Le potentiel à long terme et la rapidité d'adaptation des coureurs s'avèrent donc des données aussi importantes que le taux de croissance du PIB sur une période donnée pour bien soupeser les chances de chacun.

Comment se mesure le potentiel à long terme d'un pays ? Richesse et potentiel à long terme sont ici des synonymes. Plus une région construit d'usines (taux d'investissement), plus elle se prépare une main-d'œuvre abondante (taux de fécondité), plus elle investit dans l'éducation de ses jeunes (taux de fréquentation scolaire), plus son potentiel à long terme s'élève. Bref, plus le pays dispose d'une forte richesse accumulée, plus le pays peut bondir en avant et puiser dans ses réserves pour finir la course par un sprint. Comment mesurer la capacité d'adaptation d'un pays ? Cette variable se prête mal à la quantification. Comment mesurer la force morale d'un marathonien et sa capacité à endurer la souffrance ? Comment mesurer la volonté d'un pays d'être toujours le premier ? Au début du siècle, le retard du Québec à s'adapter a été mesuré par l'ampleur du fossé qui s'est creusé à compter de 1920 entre les politiques de l'État et le monde réel. Aujourd'hui, dans les années 1990, l'évolution dans le taux de chômage des jeunes est probablement le meilleur reflet de la lenteur du Québec à s'ajuster à un contexte changeant.

Le tableau 2.5 compare le Québec et le Canada sur le plan de leur potentiel respectif à long terme. De cette comparaison, il se dégage que la richesse du Québec en 1991 semble du même ordre par rapport à celle du Canada qu'en 1951. En effet, en 1991, le Québec consacre à l'investissement la même somme par habitant que celle qu'il plaçait en 1951 par rapport au Canada. Certes, le Québec a effectué un important rattrapage entre 1951 et 1991, effaçant ainsi un écart défavorable de 15 % sur le plan de la fréquentation des études postsecondaires. Cependant, ce gain est sans doute complètement annulé par un dérapage de la fécondité : le taux de fécondité en 1991 par rapport à celui du Canada est de 15 % inférieur à la situation existant en 1951.

Quant à la capacité d'adaptation du Québec, le taux de chômage des jeunes ayant sans cesse augmenté depuis 1966 pour atteindre 20,8 % en 1992, le Québec pourrait très bien avoir manqué le train. En 1987, une année de haute conjoncture où le taux de chômage des jeunes aurait dû descendre sous la barre du 10 %, il était de 17,8 %. Ce taux était, en 1987, plus élevé au Québec que dans les autres régions de l'Amérique du Nord, sauf quelques provinces, et supérieur à celui de tous les pays membres de l'OCDE, à l'exception de la France et des autres pays de l'Europe latine.

Comment expliquer cette apparente léthargie qui ferait obstacle aux adaptations nécessaires? Peut-être que l'isolement de la société québécoise y est pour quelque chose. Peut-être que la fraction des personnes qui ont dépassé la quarantaine est devenue trop élevée. Une population plus vieille donne non seulement une main-d'œuvre moins mobile géographiquement et professionnellement mais aussi un corps électoral qui résiste davantage aux changements et qui est plus tourné vers la protection de ce qui est acquis.

Tableau 2.5 Autres indicateurs de l'état de l'économie du Québec

I Indicateurs du potentiel à long terme : divers taux au Québec en % de celui du Canada (1951 = 100)

Année	Investissement par habitant	Fréquentation : études postsecondaires	Fécondité
1951	100	100	100
1991	100	115	85

II Indicateurs de la rapidité d'adaptation : taux de chômage des jeunes hommes (15 à 24 ans), évolution et comparaison internationale.

Évolution		Comparaison en 1987	
Année	Taux	Pays	Taux
1966	6,3 %	Québec	17,8
1975	14,0 %	Canada	14,9
1981	18,2 %	États-Unis	11,8
1987	17,8 %	Suède et Norvège	4,2
1992	20,8 %	France	17,6

Source : Les taux de chômage sont tirés de l'enquête sur la population active et l'OCDE, *OCDE en chiffres*, Paris, 1989. Les taux de fréquentation ont été calculés à partir de P.M. Leslie, *Les Universités canadiennes d'aujourd'hui et de demain*, AUCC, 1980, alors que les taux de fécondité sont de Jacques Henripin dans *Naître ou ne pas être*, Institut québécois de recherche sur la culture, 1989. Les taux d'investissement par habitant ont été tirés de Statistique Canada. *Investissements privés et publics au Canada*, cat. n° 61-205.

Conclusion

La société québécoise a un caractère unique en Amérique du Nord. En conséquence, elle est isolée, et l'information sur les adaptations opérées ailleurs dans le monde peut y arriver avec un certain retard. Au début du siècle, un décalage énorme existait au Québec entre les politiques et une économie en pleine croissance.

Lorsque la Révolution tranquille éclata en 1960, le rattrapage à faire était si grand qu'il ne se fit pas dans les meilleures conditions possibles. Cependant, la croissance économique dans les décennies 1960 et 1970 facilitait l'introduction de politiques modernes. La stratégie mise de l'avant par l'État pour promouvoir ce rattrapage était cohérente. Elle fut efficace.

La politisation des groupes, l'essoufflement après une course rapide et les nombreux chocs provenant de l'économie ont laissé un héritage qui, depuis 1982, se présente sous la forme de multiples déficits. Malgré tout, l'économie du Québec ne s'en tire pas vraiment plus mal que celle de régions voisines.

L'isolement du Québec et le vieillissement de la population sont peut-être les causes de la réapparition d'une certaine léthargie. On pense moins aujourd'hui à des conquêtes nouvelles qu'à préserver l'acquis. Si, par ailleurs, on est optimiste et qu'on croit que la société québécoise s'adapte spontanément au mieux dès lors qu'elle dispose de l'information, les chapitres suivants — qui précisent les conséquences à long terme des déficits actuels — pourraient avoir l'effet d'une cure de rajeunissement.

Schéma-synthèse

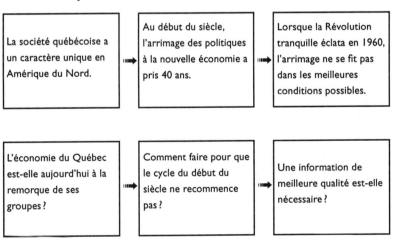

La société québécoise a un caractère unique en Amérique du Nord.	⟶ Au début du siècle, l'arrimage des politiques à la nouvelle économie a pris 40 ans.	⟶ Lorsque la Révolution tranquille éclata en 1960, l'arrimage ne se fit pas dans les meilleures conditions possibles.
L'économie du Québec est-elle aujourd'hui à la remorque de ses groupes ?	⟶ Comment faire pour que le cycle du début du siècle ne recommence pas ?	⟶ Une information de meilleure qualité est-elle nécessaire ?

47

Questions et choix multiples

1. Le Québec est un groupe de groupes, chacun voulant avoir la plus grande place au soleil et oubliant parfois que cette attitude repousse d'autres groupes complètement dans l'ombre et affaiblit la société québécoise dans son ensemble.

   a) Partez du thème ci-dessus pour résumer en une page le chapitre II.

   b) Dans votre expérience de vie et à une échelle plus basse (la famille, l'école), avez-vous déjà pu observer un tel phénomène ? Si oui, pourriez-vous tirer des leçons de votre expérience personnelle qui permettraient, étendues à l'échelle de la société, de réduire l'ampleur du problème ?

2. Le Québec prend le train en retard et descend souvent une gare trop loin. Donnez des exemples et des contre-exemples d'application de cette assertion.

3. Si l'on vous demandait vos préférences personnelles quant à la priorité à accorder à la solution de chacun des quatre déficits énumérés dans le chapitre introductif, quelle serait votre réponse ? Expliquez.

4. Cochez l'erreur.
   Les bases économiques, sociologiques et spirituelles de la société qui prévalaient au Québec avant la Révolution tranquille étaient :
   ☐ la bienfaisance privée et la solidarité au sein de la famille ;
   ☐ la priorité donnée à l'agriculture et à la natalité ;
   ☐ une église omniprésente sur le plan politique ;
   ☐ des hôpitaux gérés sur une base privée par uniquement des hommes.

5. Cochez l'erreur.
   La Révolution tranquille eut pour impact
   ☐ de ralentir le taux de croissance de la population ;
   ☐ de porter indirectement au pouvoir les enseignants, les artistes et les syndicalistes ;
   ☐ de faire pratiquement disparaître l'écart entre la consommation d'une famille québécoise et celle d'une famille ontarienne ;
   ☐ de permettre aux hommes d'affaires francophones de prendre les commandes de plus de 85 % de la production du secteur manufacturier.

PARTIE II

LES RESSOURCES DU QUÉBEC

La première responsabilité d'un économiste dans une société est de rappeler une vérité, somme toute banale, mais souvent oubliée : les ressources sont rares, et il ne faut pas en faire un usage abusif et injustifié. Rappeler constamment cette vérité semble être le lot de l'économiste québécois en particulier[1]. En effet, la société québécoise ne peut sans s'endetter consommer plus qu'elle ne produit. Par ailleurs, sa capacité de production est limitée par les ressources dont elle dispose lesquelles, à leur tour, dépendent, pour une part, des sacrifices faits par les générations passées.

Les grandes catégories de ressources dans une économie sont les ressources humaines, les ressources naturelles et le capital ou les actifs reproductibles. La notion d'actifs reproductibles, pour faire référence au capital, est utilisée pour insister sur le fait que les ressources naturelles sont des actifs qui sont souvent non reproductibles. Les différentes catégories d'actifs reproductibles et durables sont les équipements de production, l'immobilier résidentiel et non résidentiel, l'infrastructure sociale (hôpitaux, écoles) et industrielle (routes, aéroports, lignes électriques, etc.)

La figure 3.1 présente un schéma montrant les principaux éléments de la richesse d'un pays. Ces investissements, qui influent sur l'accumulation de la richesse, sont identifiées dans l'espace du haut : accumulation de capital, investissement dans l'éducation des enfants, investissement dans la recherche de connaissances au sens large du terme, lutte à la pollution et conservation des ressources naturelles. Un investissement est, par définition, égal à la part de la production courante utilisée pour accroître la richesse de la région. L'investissement est un processus étalé sur plusieurs années, aboutissant à la création d'actifs durables qui devraient accroître la production par ouvrier.

---

1 Ce point de vue est affirmé avec force par Jacques Raynauld et Yvan Stringer, *Problèmes et Politiques économiques*, Presses de l'Université du Québec et des H.É.C., 1988, chapitre 15.

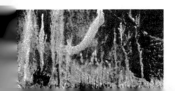

Figure 3.1 Éléments du bilan national et rôle de l'épargne

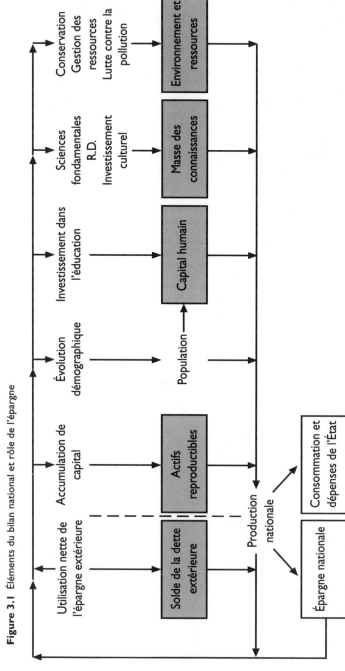

Source : Cette figure est une version simplifiée de celle que présente Ron Hirshhorn dans *L'étude des liens entre les générations*, Document de travail n° 9, 1990, Conseil économique du Canada.

Le cumul de ces investissements sur une longue période détermine le bilan national à un moment donné. Un véritable bilan national doit donc comprendre plusieurs éléments : les actifs reproductibles, le capital humain incorporé dans les ressources humaines, les réserves en ressources naturelles et la qualité de l'environnement. De la somme ainsi obtenue, il faut évidemment soustraire le solde de la dette extérieure[2]. Nous n'avons pas inclus dans le bilan la masse des connaissances, alors que, selon le schéma, cet élément devrait être pris en compte. Par l'expression «masse des connaissances», nous désignons la connaissance de l'histoire et des propriétés physiques du monde qui ne s'incarne pas dans des individus particuliers mais qui constitue la culture de la société. Il va de soi que les traits culturels d'une société ne peuvent être quantifiés et qu'ils ne sont pas considérés dans un bilan *pro forma*. Par ailleurs, la masse des connaissances des Québécois sur les propriétés physiques du monde dépend davantage de la recherche mondiale que de la recherche fondamentale et en R-D faite au Québec. Cet élément important de la richesse d'une nation est intangible et non quantifiable.

Le stock de capital humain incorporé dans la main-d'œuvre d'une région a fait l'objet de nombreuses estimations tant aux États-Unis qu'ailleurs. Comme la masse des connaissances, le capital humain sert à la fois à créer de nouvelles connaissances et à maîtriser à des fins utiles les connaissances existantes importées ou développées au Québec. Cependant, à la différence de la masse des connaissances, le capital humain est incorporé dans des individus ; la rémunération reflétera la valeur de leur stock de capital humain. Ce stock a donc une valeur quantifiable, qu'on estime supérieure, aux États-Unis, à celle du capital reproductible.

Le schéma indique que la production nationale sera d'autant plus grande que le bilan national sera élevé. Quelle peut donc bien être la source de la richesse ? La réponse nous est donnée par la comptabilité nationale. Nous avons vu que la production nationale (Y) doit toujours être égale à la dépense nationale, soit la somme des dépenses de consommation (C) et d'investissements intérieurs (I) du secteur privé et des dépenses gouvernementales (G), auxquelles il faut ajouter les exportations nettes, c'est-à-dire les exportations (X) moins les importations (M).

(1) $Y = C + I + G + (X - M)$

L'épargne intérieure (E) est définie en comptabilité nationale comme la part de la production nationale qui n'est utilisée ni pour la consommation ni

---

2 Le bilan national établi par Statistique Canada consiste essentiellement en un bilan de la dette extérieure et du stock d'actifs reproductibles. La valeur du stock de capital humain, des ressources naturelles et des autres éléments de la richesse nationale est souvent très difficiles à mesurer. Au Québec, nous ne disposons que d'un bilan sur les actifs reproductibles.

pour les dépenses de l'État. Nous pouvons donc établir l'équation suivante:

(2) $E = Y - C - G$

Substituant (1) dans (2), on voit que les investissements faits dans une région sont toujours, et nécessairement, égaux à l'épargne totale disponible: l'épargne intérieure (E) additionnée de l'épargne extérieure (égale à X - M, ou M > X si déficit). En d'autres mots, on peut investir soit en empruntant à l'étranger, soit en dégageant un surplus à la balance commerciale. La seconde voie accroît le bilan national; la première, pas ou peu. La machine importée accroîtra certes le stock de capital du pays, mais la dette extérieure pourra s'accroître d'autant.

(3) $I = E - (X - M)$

Dans le schéma, il est indiqué que l'épargne est à l'origine des investissements de toute nature qui viennent accroître la richesse nationale. Comme l'épargne extérieure représente souvent un faible pourcentage de l'épargne intérieure d'une région, le niveau des dépenses de consommation et de l'État sont, au fond, les principaux déterminants des investissements dans une région. Ainsi, on peut dire que plus une génération s'impose de sacrifices, plus il y a d'investissements qui viendront accroître la capacité productive de la région.

Il ne faudra pas perdre de vue le grand schéma présenté dans les deux chapitres III et IV. Le troisième chapitre, qui porte sur les ressources non humaines, discute de la gestion de l'environnement, des ressources naturelles et du capital. Un principe fondamental y est affirmé: le Québec ne doit jamais tirer d'un stock une production exagérée, sinon le stock sera réduit et aussi la richesse du Québec.

Au chapitre IV, nous parlerons de démographie et de main-d'œuvre. Un schéma indique l'impact de la natalité sur le chiffre de la population; la population y est considérée comme un élément de la richesse nationale. Par ailleurs, ce schéma suggère que le stock de capital humain dépend autant des investissements en éducation que de la taille de la population. Ainsi la formation du capital humain sera-t-elle examinée au chapitre IV, mais le déficit démographique demeurera la grande préoccupation de ce chapitre.

CHAPITRE III

LES RESSOURCES AUTRES QU'HUMAINES

La gestion actuelle des ressources autres qu'humaines — l'environnement, les ressources naturelles et le capital — suscite de plus en plus de préoccupations. Les inquiétudes s'alimentent à plusieurs sources. Premièrement, nous sommes de plus en plus conscients des conséquences d'une hausse du PIB sur l'environnement. Deuxièmement, les difficultés rencontrées par le passé dans la gestion des ressources renouvelables, comme la forêt, laissent des doutes sur notre maîtrise de la situation. Enfin, il existe chez certains des incertitudes quant à la rentabilité future de lourds emprunts extérieurs faits en vue d'investissements comme les alumineries et les centrales hydroélectriques. Bref, on se demande si la richesse du Québec, tout compte fait, s'est accrue et si notre machine de production est mieux équipée en 1990 qu'elle ne l'était, par exemple, en 1960.

Le présent chapitre explore le rôle joué par les ressources naturelles et le capital dans la production. Il contient deux volets. Le premier est à la fois descriptif et analytique. Il est descriptif en ce sens qu'il commence par comparer le Québec à ses voisins sur le plan de l'abondance des ressources naturelles et du capital tout en précisant dans quelles régions du Québec sont localisées les ressources naturelles. Comme le capital physique peut avantageusement remplacer les ressources naturelles pour bien des usagers, ce volet se termine par une analyse de l'ampleur de cette ressource au Québec. Le deuxième volet aborde des études de cas. Il commence par l'énoncé de grands principes en ce qui concerne la gestion des ressources naturelles et les grands projets. Les cas de l'amiante, de la forêt et de l'hydroélectricité seront étudiés sur le plan de la qualité de la gestion.

La localisation des ressources naturelles

La carte 3.1 indique la localisation des centrales hydroélectriques, des gisements miniers et de la production agricole, de bois, de pâtes et papiers et de fonte au Québec. Quoique toutes les régions du Québec puissent compter sur quelques ressources naturelles, les régions au nord du Saint-Laurent semblent être favorisées par rapport aux régions situées au sud du même fleuve.

Les trois quarts de la puissance hydroélectrique mise à la disposition des consommateurs québécois sont dans le Grand Nord. La baie de James et les chutes Churchill sont des sites qui à eux seuls fournissent plus de 50 % de la production. Quant à la production minière, elle est concentrée aussi dans le nord, exception faite des mines d'amiante de l'Estrie. L'Abitibi et la Côte Nord sont particulièrement bien dotés en gisements d'or, de fer, de cuivre et de zinc. En plus de l'hydroélectricité et de la production minière, la récolte de bois du Québec provient de ses régions les plus au nord.

Les régions qui avaient d'importantes centrales hydroélectriques et qui dans le passé avaient aussi une forte récolte de bois ont été choisies par les papetières. La carte indique environ soixante usines de pâtes et papiers établies, pour la plupart, le long des affluents du Saint-Laurent. Ainsi, la répartition des papetières suit, en gros, la répartition de la population en périphérie de Montréal. Des facteurs de localisation semblables ont éloigné jadis les alumineries des grands centres comme Montréal et Québec. À cause d'un écart énorme dans le prix de l'électricité entre les régions, les premières alumineries s'implantèrent d'abord à Shawinigan, puis dans la région du lac Saint-Jean, où se trouvait le plus gros barrage du monde dans les années 1930, celui de Shipshaw. Ensuite, à cause des chutes Churchill, Baie-Comeau et Sept-Îles deviennent des lieux importants de production d'aluminium. La localisation à Bécancour et à Portneuf de deux récentes alumineries porte à croire, toutefois, que le transport de l'électricité n'est plus une contrainte importante à court terme en ce qui concerne la localisation des alumineries.

Au point de vue des ressources naturelles, le Sud du Québec est indéniablement fort dans le secteur agricole et les usines d'affinage de métaux autres que l'aluminium. Les régions au sud de Montréal et de Québec, favorisées par le climat, détiennent plus de 60 % des revenus générés par une agriculture basée surtout sur l'industrie laitière et porcine ainsi que sur la culture du maïs, donc sur une agriculture très différente de celle de l'Ouest, axée sur les céréales. À l'exception de l'usine de Noranda, en Abitibi, la forte majorité des usines de fonte et d'affinage de métaux autres que l'aluminium sont toutes localisées le long du fleuve et près de Montréal. Cette localisation a l'avantage de réduire les coûts de transport vers le point de destination de la production.

Les papetières, les alumineries, les autres usines d'affinage et les mines utilisent à elles seules 37,5 % de la production d'électricité. Voilà

Carte 3.1 La localisation des ressources naturelles du Québec

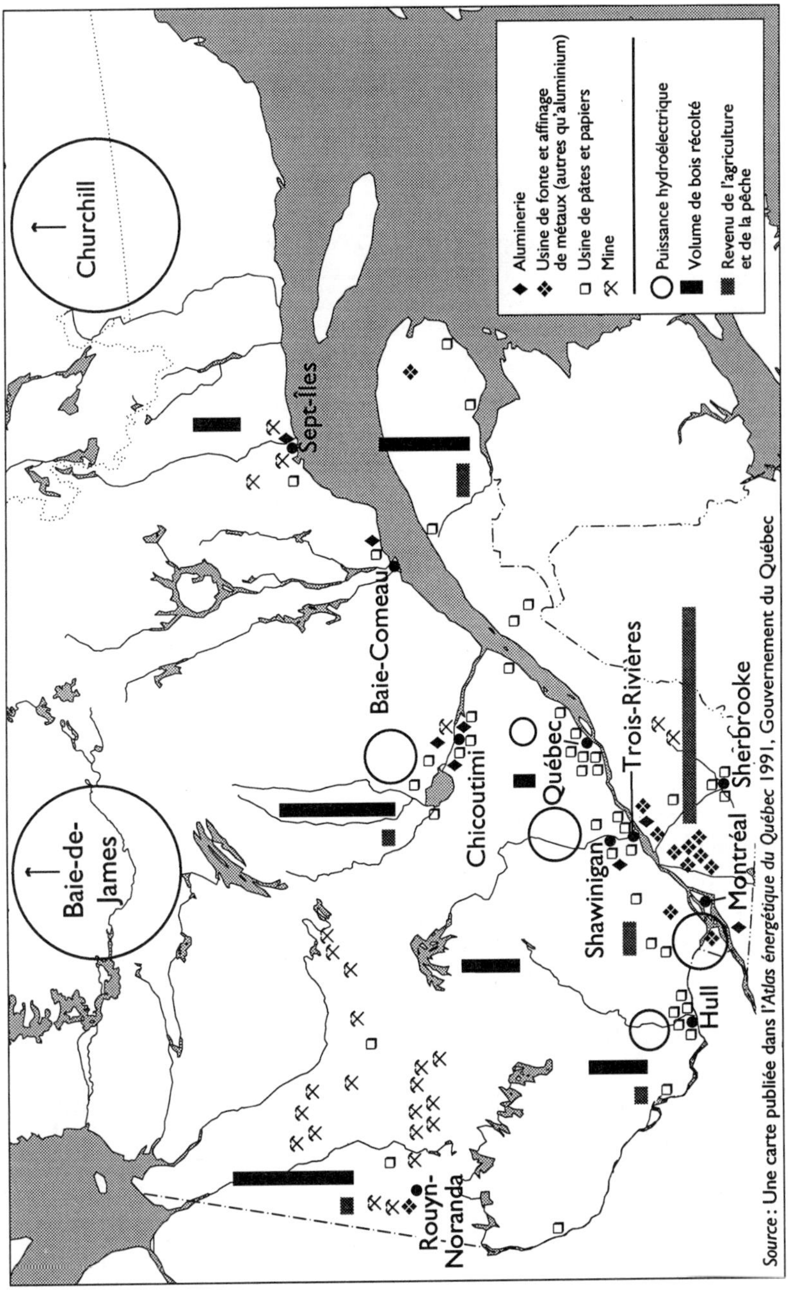

Source: Une carte publiée dans l'*Atlas énergétique du Québec* 1991, Gouvernement du Québec

pourquoi la production québécoise de biens absorbe 50% de la consommation d'électricité sous toutes ses formes et 35% de la consommation totale d'énergie. Au Québec, comparativement à ce qui se passe aux États-Unis et en Europe de l'Ouest, un dollar de production exige trente pour cent plus d'énergie[1]. Le Québec est donc l'une des régions les plus énergivores du monde. Cependant, comme la presque totalité des biens énergivores produits au Québec sont exportés, il ne faut pas conclure que les Québécois consomment eux-mêmes cette énergie. Nous sommes en effet plutôt des exportateurs d'hydroélectricité et des réexportateurs de pétrole et de gaz naturel.

L'abondance comparée au Québec des ressources naturelles et du capital physique

À l'exception de l'air et des océans qui sont les ressources les mieux partagées à l'échelle de la planète, les ressources naturelles sont souvent très inégalement réparties. Le Canada est connu à travers le monde pour posséder le quart des réserves mondiales d'eau douce et une proportion appréciable de la matière ligneuse (produit de la forêt) la plus en demande mondialement. Le tableau 3.1 compare l'abondance de diverses ressources du Québec à celles du reste du Canada et de la région du nord-est des États-Unis.

Le tableau 3.1 indique que le Québec a une puissance hydroélectrique presque égale à la moitié de celle du Canada. En fait, cette puissance constitue 46% de celle du Canada. Bien dotés en hydroélectricité, nous sommes par contre complètement démunis en ce qui concerne les autres sources d'énergie, le Québec ne disposant lui-même ni de pétrole, ni de gaz naturel, ni de charbon. Quant à la production minière et au volume de bois disponible, l'offre au Québec dans ces deux secteurs n'est égale qu'à 16,0% de la production totale au Canada. Ce pourcentage est bien inférieur à la part de 38,0% du Québec dans le nombre des emplois manufacturiers au Canada ou à la part de 25% dans la population canadienne. Enfin, la superficie en terres agricoles au Québec n'est que 5% de celle du Canada. Bref, le Québec, sauf pour l'hydroélectricité, est une région pauvre en ressources comparativement au reste du Canada pris comme un tout.

En revanche, si la dotation en ressources naturelles du Québec est

---

1 En 1990, un million de dollars de production au Québec exigeait l'équivalent de 350 tonnes équivalentes de barils de pétrole par rapport à 260 aux États-Unis et en Europe de l'Ouest. Voir ministère de l'Énergie et des Ressources, *L'énergie au Québec 1992*, Gouvernement du Québec. Cette consommation très élevée par habitant, est le résultat du fait que très peu de pays cèdent à leurs industries un pourcentage aussi élevé que 35% de leur énergie totale disponible. Par ailleurs, les conditions climatiques qui prévalent au Québec ainsi que les coûts de transport élevés dus à l'étendue du territoire contribuent aussi à accroître la consommation par habitant d'énergie au Québec.

comparée à celle de la région du nord-est des États-Unis (Nouvelle-Angleterre, Centre-Atlantique, Grands Lacs), l'image qui se dégage est celle d'un Québec choyé par la nature. Certes, nous n'avons pas de charbon, une ressource très abondante au sud, mais notre puissance hydroélectrique constitue 78% de la puissance de la région nord-est du continent (Québec et nord-est des États-Unis).

La production minière et la production de bois du Québec sont de l'ordre de 40% à 45% de celles du nord-est du continent. Enfin, le Québec a des terres agricoles dont la superficie est égale à 40% de celles qui sont disponibles dans le nord-est du continent. Le Québec est donc immensément riche en ressources naturelles par rapport au Nord-Est dont la vocation est principalement industrielle. On s'en rend compte en comparant les pourcentages donnés à ceux de l'emploi dans le secteur de la fabrication : le Québec ne détient que 10% des emplois existants dans le Nord-Est du continent.

Ce tableau est d'une grande utilité pour comprendre le commerce du Québec. Pauvre en ressources naturelles par rapport au reste du Canada, le Québec y exporte des produits manufacturiers. Par ailleurs, comme il est riche en ressources naturelles par rapport au Nord-Est, il

Tableau 3.1 Abondance relative des ressources naturelles et du capital physique au Québec et au Canada, 1986

	Québec en % au Canada	Canada en % du continent	Québec en % du Nord-Est du continent	Reste Canada en % du continent, Nord-Est exclu
Hydroélectricité	46,0	55,0	78,0	33,0
Pétrole	—	66,0	—	66,0
Gaz naturel	—	80,0	—	80,0
Charbon	—	25,0	—	25,0
Production minière	16,0	35,0	45,0	33,0
Forêt	16,0	48,0	43,0	50,0
Terres agricoles	5,0	14,0	28,0	13,0
Capital physique	21,0			

Source : La plupart des données viennent des annuaires du Canada et des États-Unis de 1990. L'abondance d'hydroélectricité a été mesurée par la puissance des installations, alors que celle du pétrole, du gaz naturel et du charbon l'a été par la durée de vie prévisible, compte tenu des réserves prouvées et du taux actuel d'exploitation. La durée prévisible des réserves de pétrole, de gaz naturel et de charbon est respectivement de 13,5, de 49,0 et de 120,5 années au Canada et de 6,6, de 11,4 et de 362,8 années aux États-Unis. La valeur de la production minérale devrait refléter la valeur des réserves prouvées de chaque région. L'abondance en bois selon les régions est mesurée par la possibilité annuelle de coupe, tandis que la superficie des terres cultivées sert d'indicateur du potentiel de chaque région. Le capital physique est tiré de l'article « Tendances des disparités régionales au Canada », *Revue trimestrielle du marché du travail et de productivité*, nov. 1990. Les données ont été fortement arrondies pour indiquer la marge d'erreur élevée.

importera de celui-ci à son tour des produits manufacturés. Nous reviendrons plus loin sur les échanges du Québec. Qu'il suffise de comprendre pour l'instant que le commerce peut être une façon indirecte de suppléer à une pénurie des ressources naturelles. L'abondance des ressources du Canada par rapport à celles des États-Unis, sauf pour les terres agricoles — comme on l'indique au tableau 3.1 —, détermine la nature du commerce entre les deux pays.

Le tableau 3.1 jette la lumière sur un autre phénomène. Selon les estimations du capital physique réalisées par Statistique Canada, le Québec n'aurait tout au plus que 21 % du capital physique du Canada. Ce phénomène s'explique par la prédominance dans l'Ouest et les Provinces atlantiques des industries reliées aux ressources naturelles. Dans les régions où le pétrole, les mines, les produits du bois et l'hydroélectricité occupent une large proportion de la production régionale, le stock de capital par emploi tend à être élevé. C'est le secteur des ressources naturelles qui a la plus forte intensité en capital parmi toutes les industries existantes. À l'opposé, dans des provinces qui, comme le Québec et l'Ontario, ont un important secteur manufacturier et tertiaire, le capital physique est une ressource moins nécessaire.

Les autres ressources non humaines

Comme il est possible d'échanger des ressources au niveau du commerce international de biens, aucune des ressources naturelles n'est vraiment indispensable. Le Japon est la preuve même de cette assertion. Cette île aride et qui ne renferme que peu de ressources naturelles détient une part disproportionnée de la production mondiale. Le schéma de la figure 3.1 peut expliquer cette performance exceptionnelle. Le Japon est le pays du monde dont la part de la production nationale consacrée à la consommation et aux dépenses courantes de l'État est la plus faible. L'épargne ainsi générée a permis au pays de faire des investissements massifs dans l'accumulation du capital physique et humain. D'autre part, les investissements du Japon sont tout aussi massifs quand il faut acquérir des connaissances techniques développées ailleurs ou lutter contre la pollution.

Aujourd'hui, la richesse accumulée du Japon est immense malgré son handicap découlant de la rareté des ressources naturelles. C'est peut-être précisément ce handicap, ajouté au caractère insulaire du pays, qui a développé chez les Japonais un profond sentiment de vulnérabilité. De ce sentiment provient l'éthique de l'épargne et du travail caractérisant la culture japonaise. Cette éthique, qui ne pourra être préservée que par des investissements de plus en plus imposants, est sans doute le socle même de l'économie japonaise.

L'exemple du Japon montre qu'il y a bien d'autres ressources non humaines qui peuvent être substituées avantageusement aux ressources naturelles. Dans une société riche en capital physique, le « bois de quatre pieds » n'est plus transporté par les rivières, et le cheval est remplacé par l'automobile. Quand on parle d'accumulation de capital, il est utile de faire une distinction entre capital social et capital industriel. La construction de logements, d'hôpitaux, d'écoles et d'autres infrastructures ainsi que l'amélioration des moyens de transport et de communication sont considérées comme du capital social. Au Canada et au Québec, environ 40 % du capital est de nature sociale ; le reste, 60 % du total, va à la production industrielle.

En comparaison du Japon, le Québec est suréquipé en capital social et sous-équipé en capital industriel, les investissements du Japon ayant été jusqu'à présent concentrés dans le capital industriel. Au Japon, l'accumulation du capital dans le secteur industriel fut si importante que des erreurs coûteuses ont été commises, notamment dans le secteur de la transformation des ressources naturelles. En effet, beaucoup d'aciéries et d'alumineries japonaises sont maintenant fermées, même si elles étaient souvent nouvellement mises sur pied. L'équipement moderne des alumineries japonaises fermées a parfois été acheté au prix de la ferraille par celles qui tentèrent de combler le vide laissé par le Japon. Les alumineries qui ouvrirent au Québec à la fin de la décennie 1980 sont de ce nombre[2].

Nous avons déjà mentionné que le Québec ne détient environ que 21 % du capital physique du Canada. En fait, en 1988, le stock par emploi au Québec était de 10 à 15 % inférieur à la moyenne canadienne. Ce stock varie considérablement selon les industries. Au Québec, la production d'électricité est le secteur le plus intensif en capital, le capital par emploi y étant 15 fois plus élevé que la moyenne. Les mines se classent au second rang avec un ratio capital/emploi cinq fois plus élevé que la moyenne. À l'opposé, le capital requis par emploi dans le commerce de détail et les services personnels n'est que de 20 à 30 % de la moyenne provinciale. Les besoins en capital par emploi dans le secteur manufacturier se comparent à la moyenne au Québec. Cependant, au sein de ce secteur, les alumineries et les papetières sont à un bout de l'échelle, et les industries du vêtement et du cuir à l'autre bout[3].

---

2 Voir Carmine Nappi, p. 75 à 122, dans *World's aluminium industry in a changing energy era*, « Ressources for the future », Washington D.C., 1988, ainsi que son chapitre sur l'aluminium dans *Competitiveness in metals : the impact for public policy*, éd. M.G. Pecv, H. H. Landsperg et J.E. Tilton, Mining Journal Book. London, 1992.

3 L'information sur l'intensité en capital des industries du Québec est basée sur des données portant sur l'ensemble du Canada. Tirée de Statistique Canada, *Flux et stock de capital fixe*, n° 13-211.

Le Québec investit-il suffisamment pour acquérir des connaissances qui émanent du reste du monde? La réponse à cette question est loin d'être évidente. Premièrement, une façon d'acquérir cette information est de se procurer des machines neuves, qui incorporent les dernières innovations technologiques. Cependant, il n'est pas facile, dans certaines industries québécoises, de qualifier les machines de neuves ou de vieilles, car on y trouve des machines qui, installées au début du siècle, ont été constamment modifiées et modernisées[4].

Deuxièmement, on ne peut se fier non plus à l'importance des dépenses en recherche et développement. En 1991, au Québec et au Canada, ces dépenses s'élèvent à environ 1,7 % du PIB, comparativement à des taux de l'ordre de 2,5 à 3,0 % dans les pays industrialisés. Il ne faut cependant pas monter en épingle cette disproportion. Ce phénomène s'explique en partie par deux éléments : la structure industrielle du Québec axée sur la production de produits standards et des sociétés multinationales relativement importantes. Ces sociétés multinationales, dont le siège social est aux États-Unis ou en Europe, servent de canal de transfert de la technologie[5]. D'autre part, malgré sa petitesse, le Québec a déjà lui-même contribué directement à l'avancement de la masse des connaissances du monde. Ainsi, il a fait la mise au point de la motoneige et introduit les fils à haute tension, réduisant ainsi le coût du transport de l'électricité.

S'il est impossible de comparer le niveau des connaissances, on peut toutefois vérifier si le stock de capital du Québec s'est effrité ou s'il s'est accru au cours des récentes années. La figure 3.2 représente l'évolution depuis 1961 des investissements bruts en proportion du PIB.

Cette figure indique une forte stabilité à long terme, les investissements oscillant autour de 20 % du PIB.

Le tableau 3.2 indique la provenance des fonds qui ont permis ces investissements. Les ménages financent par leur épargne environ 40 % des investissements. Viennent ensuite les entreprises elles-mêmes, dont les profits non redistribués aux actionnaires ; elles représentent selon les années, entre 30 et 50 % des investissements totaux. Avant 1980, les gouvernements disposaient de fonds disponibles à des fins d'investissement, mais, depuis l'escalade des déficits budgétaires, ils drainent, au contraire, les épargnes. La dernière ligne suggère que 20 % de l'épargne réalisée au Québec en 1961 et 1971 fut investie en dehors du Québec. Par ailleurs, à compter de la crise du pétrole en 1974, le Québec commence à avoir une

---

4 Une série d'études sur l'impact des nouvelles technologies sur la structure de l'économie du Québec sous la direction de Jean-Claude Thibodeau et de Pierre-André Julien, Gouvernement du Québec, 1987, contient beaucoup de renseignements sur la pénétration des nouvelles technologies dans les différentes industries du Québec.

5 Gouvernement du Canada, *Stratégie fédérale en matière de science et de technologie*, manuel de référence, juin 1994.

Tableau 3.2 Sources de l'épargne et du financement des investissements bruts au Québec, en pourcentage

	1961	1971	1980	1989
Ménages	33,6	41,6	62,4	40,6
Entreprises	47,1	49,2	38,4	29,7
Gouvernements	41,7	29,7	-31,4	- 9,4
Épargne extérieure	-22,4	-20,4	+32,6	+39,1
Total	100	100	100	100

Source : Bureau de la statistique du Québec. *Comptes nationaux du Québec,* 1977 et 1991. Un (+) représente une importation nette d'épargne extérieure et un (-), une exportation nette d'épargne du Québec. Un (-) vis-à-vis de la ligne intitulée Gouvernements signifie un déficit.

utilisation nette de l'épargne étrangère qui s'élevait déjà en 1980 à 32,6 % des investissements intérieurs. Malgré un déficit global moindre des gouvernements en 1989, le recours aussi élevé à l'épargne extérieure de la part des entreprises et des investisseurs aura des implications sérieuses sur la dette extérieure et son service. Elles seront analysées au chapitre V.

En résumé, le Québec demeure une terre qui attire des investissements importants. La stabilité des investissements en proportion du PIB

Figure 3.2 Les investissements en % du PIB

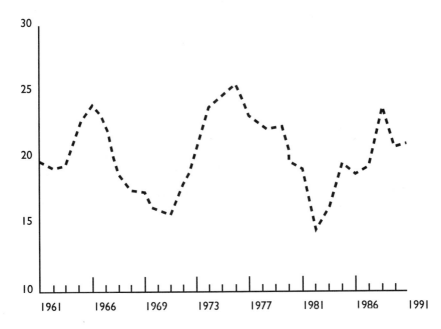

laisse entendre que le stock des actifs reproductibles s'est accru à un rythme constant depuis 1960. Un bilan comprenant à la fois la dette extérieure et le stock d'actifs reproductibles du Québec indiquerait probablement que le Québec n'est pas plus riche ni plus pauvre en 1990 qu'il ne l'était en 1980.

Principes de gestion des ressources naturelles et de l'environnement

L'économie est une science basée sur des principes. Dans une société, l'économiste se distingue par les principes qu'il véhicule. Il y a deux façons de prendre une décision : par référence à des principes ou en fonction des conséquences prévisibles. Il arrive fréquemment que les deux approches indiquent la même voie. C'est notamment le cas lorsque les conséquences sont à 100 % certaines.

Les principes de gestion applicables à l'environnement et aux ressources naturelles sont nombreux ; chaque ressource naturelle présente en effet ses propres caractéristiques. Nous allons opérer un rapide tour d'horizon de ces principes ; pour ensuite analyser trois cas.

Au Québec, la lutte contre la pollution porte entre autres domaines, sur les pluies acides, l'effet de serre, l'amincissement de la couche d'ozone, la pollution du Saint-Laurent et sur la surpêche de morue au large de ce fleuve. Ces problèmes environnementaux ont tous, pour l'économiste, la même origine : l'air et l'eau, qui sont des biens publics. Dans le jargon de l'économiste, quand un bien est public, il est disponible non seulement pour une région mais aussi automatiquement pour toutes les régions du même territoire sans qu'il soit possible d'en priver aucune. Ainsi, le Québec ne peut contrôler les rejets dans le fleuve en aval de Cornwall, ni pénaliser les usines du Nord-Est qui sont à l'origine de la presque totalité des pluies acides au Québec.

À l'intérieur du Québec, qu'en est-il des utilisateurs des affluents du fleuve Saint-Laurent ? Ces ressources présentent aussi un certain caractère public du fait qu'elles ont plusieurs usages : un agent peut donc être affecté par l'activité d'un autre agent sans être partie prenante à l'activité de ce dernier. L'entreprise qui pollue la rivière est source de désagrément pour le baigneur et le pêcheur qui ne sont ni clients ni fournisseurs de l'entreprise. Comment mesurer cet effet externe négatif que constitue le dommage causé aux baigneurs et aux pêcheurs et comment fixer la pénalité de l'entreprise[6] ? En définissant mieux les droits de propriété sur une

---

6 Des effets externes positifs existent aussi. Par exemple, le propriétaire d'un chalet qui se fait construire une fosse septique sera source d'effets externes positifs pour ses voisins, en ce qui a trait à la purification éventuelle de l'eau.

ressource, l'économiste croit que ces effets externes négatifs peuvent être réduits. L'État pourrait donc intervenir par une prohibition complète de rejeter des produits toxiques si une analyse des coûts et bénéfices allait en ce sens. En réalité, une comparaison de l'intérêt des pêcheurs et des baigneurs, d'une part, et de l'intérêt des ouvriers de l'entreprise polluante, d'autre part, penche souvent en faveur de ces derniers. La raison en est simple : si la pénalité imposée à l'entreprise coûte des emplois et que les emplois ainsi perdus sont irrécupérables pour une longue période de temps, le laisser-faire peut être un moindre mal, selon les cas.

L'économiste est sympathique à la lutte contre la pollution, car il croit que le prix ou les tarifs à payer pour les biens offerts doivent toujours être égaux au coût social. Une entreprise qui pollue impose à la société des coûts pour lesquels elle ne paie pas; elle reçoit, en conséquence, une subvention implicite de la part de la société. Comme il est anormal qu'une société paie un bien plus cher que ce qu'il vaut en réalité, le principe du pollueur-payeur fait l'unanimité des économistes. Ce principe restera toutefois impossible d'application dans le cas de la pollution du fleuve et des pluies acides aussi longtemps que le Nord-Est des États-Unis, l'Ontario et le Québec n'en viendront pas à créer un organisme ayant juridiction pour contrôler toutes les émissions de déchets qui aboutissent en fin de compte au Québec.

Au Canada, la forêt et les mines sont la propriété des provinces. Ces deux ressources sont donc, à des fins de gestion, considérées comme des biens générant peu d'effets externes d'une province à l'autre. Par ailleurs, si les provinces sont les propriétaires de leurs mines et forêts, elles ne vont qu'exceptionnellement les gérer elles-mêmes directement. À toutes fins pratiques, au Canada, les mines ont un caractère aussi privé que les terres agricoles ou la production de bière, les gouvernements provinciaux se limitant à fixer les redevances que doivent lui payer les entreprises minières. Le caractère potentiellement privé des forêts est aussi illustré par le fait qu'une très grande partie des forêts aux États-Unis appartiennent à des propriétaires privés. Au Québec, il n'y a que 10 % de la forêt dont le gouvernement du Québec n'est pas le propriétaire immédiat.

En plus du degré d'effets externes générés par une ressource, une deuxième caractéristique s'avère capitale dans la gestion des ressources naturelles. La ressource est-elle renouvelable ou non renouvelable? L'exploitation d'une ressource non renouvelable entraîne des conséquences irréversibles sur les générations futures. Le coût en l'an 3 000 d'un baril de pétrole sera infini si, d'ici cette date, tous les puits de pétrole ont été épuisés et si aucun parfait substitut n'a été découvert. Une plus grande prudence s'impose dans l'exploitation des ressources contenues dans le sous-sol de la Terre que dans l'exploitation des ressources qui se

63

présentent à sa surface. En effet, la forêt, l'eau douce, les terres agricoles sont toutes des ressources renouvelables. Dans le cas d'une ressource comme le pétrole, on ne devrait tirer un flux croissant des réserves que si des substituts en sont trouvés.

Une ressource renouvelable se caractérise par une production constante et à perpétuité à supposer qu'il n'y a pas de rupture de stock. Une rupture se produit lorsque l'exploitation courante dépasse le flux naturel généré par le stock. Une telle rupture s'est produite dans le secteur agricole au Québec lorsque les fermes furent exploitées très intensément au tournant du XVIIᵉ au XVIIIᵉ siècle. Il en est résulté une importante crise agricole et une forte émigration. Nous verrons plus loin que les leçons de l'histoire sont vite oubliées puisque les forêts québécoises sont aussi présentement en rupture du stock. Bref, le principe devant guider la gestion d'une ressource renouvelable est très clair : ne jamais tirer d'un stock un flux supérieur à celui qui permet de maintenir le stock au même niveau. C'est ce qu'on appelle le développement durable.

La figure 3.3 résume les grands principes énoncés ci-dessus. Certains sont plus souvent respectés que d'autres. Les décideurs craignent en général les ruptures de stock comme celui qui s'est produit dans les bancs de morues au large de Terre-Neuve; ils se montrent maintenant plus soucieux d'un développement durable. Le principe du pollueur-payeur est difficile d'application, sauf lorsque les dommages sont graves ou que la victime est capable de se défendre par elle-même. La gestion des ressources à effet de débordement important souffre d'une limitation du territoire sur lequel elle a juridiction. Enfin, il est extrêmement difficile de juger s'il y a sous ou surexploitation d'une ressource non renouvelable, mais une baisse de la production mondiale serait de mise si les prix se mettaient à croître.

Figure 3.3 Principaux principes de gestion des ressources

Minerai : ressources non renouvelables	Forêt : ressources renouvelables
Baisse de production en fonction de la hausse des prix	Développement durable

Le sol et l'eau : biens privés	L'air et l'eau : biens publics
Principe du pollueur-payeur ou une tarification au coût social	Une gestion adéquate exige une juridiction sur le territoire couvrant toutes les émissions de polluants

Les difficultés concrètes rencontrées dans la gestion des ressources ne sauraient être bien comprises sans l'étude de cas. Les trois cas suivants portent sur la forêt, sur l'électricité et sur l'amiante.

La forêt au Québec doit être gérée en fonction d'un développement durable, mais, en réalité, on a choisi de ne pas le faire jusqu'en 1980. L'application de la tarification au coût social est examinée dans le cas de l'hydroélectricité. Dans l'amiante, où le Québec détient la moitié des réserves du monde, on a adopté une politique en 1978 sans aucunement tenir compte de l'évolution passée et prévisible du prix de la ressource.

La gestion de la forêt

On compte au Québec environ 3 000 arbres par habitant. Selon les ingénieurs forestiers, la récolte maximum, qui conserverait à perpétuité le stock initial de 3 000 arbres par habitant, serait de 25 arbres par habitant par année. Quelle est la valeur de 25 arbres coupés annuellement durant la vie d'un homme ? Environ 2 000 $[7]. Cette somme peut être considérée comme l'héritage des générations passées à la jeune génération actuelle. Si cette dernière désire à son tour léguer la même quantité de forêts à ses petits-enfants, elle ne devra pas couper plus de 25 arbres par habitant par année. Comment y arrivera-t-elle ?

Il se pourrait bien que la génération actuelle soit grandement aidée par les pressions exercées sur elle par la communauté internationale. Depuis que la production des déchets et des polluants semble excéder la capacité naturelle d'absorption de la biosphère, des groupes de pression se sont formés à l'échelle mondiale. Comme les forêts sont les poumons de la planète, ces groupes prêchent pour que les forêts du monde cessent d'être exploitées à des fins commerciales. Aux États-Unis, ces groupes ont réussi à convaincre de nombreux États à imposer à leurs consommateurs de papier un contenu minimum en fibres recyclées.

Par ailleurs, les propriétaires des forêts privées ont entrepris une campagne visant à démontrer que la concurrence des forêts canadiennes est déloyale. L'argument est simple : les forêts canadiennes étant publiques, le coût chargé par coupe est très au-dessous du prix chargé par les propriétaires américains. Ces doléances se sont soldées par l'imposition par les États-Unis d'un tarif sur le bois-d'œuvre canadien exporté aux États-Unis. Les provinces se résignèrent finalement à accroître le coût des droits de coupe.

---

7 Tous les chiffres présentés ci-dessus résultent de calculs grossiers de l'auteur. Les nombreuses données nécessaires à ces calculs ont été empruntées à des ingénieurs forestiers ou reposent sur des hypothèses plausibles. Cet estimation porte sur toute la matière ligneuse autant celle des feuillus que celle des résineux.

Ces deux gestes des États-Unis ont eu pour impact de réduire d'autant le nombre d'arbres coupés au Québec. La baisse dans la demande américaine arrivait pourtant à point nommé, car le Québec n'aurait pas été capable, de toute façon, de continuer à couper autant d'arbres qu'il l'a fait depuis deux décennies.

Les responsabilités du gouvernement du Québec sur le plan de la gestion sylvicole sont triples :
- la planification et le contrôle des coupes ;
- la répartition de chaque récolte entre les utilisateurs ;
- le renouvellement de la forêt et sa protection.

Le principe de base appliqué partout dans le monde, en ce qui concerne la détermination de la coupe annuelle, est celui qu'on a déjà énoncé, soit celui de la coupe maximum à rendement soutenu. Le Québec n'a adhéré à ce principe que depuis la nouvelle politique adoptée en 1986.

On peut distinguer trois périodes dans la formulation de la politique forestière québécoise. Avant 1970, la forêt vierge québécoise a été traitée comme si elle était un stock inépuisable. Le mode de gestion dominant était alors la concession forestière. Dans ce régime, l'entreprise privée avait le champ presque entier de la gestion. Les concessions portaient sur de très longues périodes de sorte que, encore aujourd'hui, 25 % de la forêt publique reste sous ce régime. L'inconvénient de ce régime découle du fait qu'une papetière ne récoltait qu'une ou deux essences spécifiques sur le territoire concédé, laissant les arbres d'autres essences vieillir jusqu'à ce qu'ils pourrissent.

En 1972, le gouvernement du Québec réorienta complètement son approche. Il exclut les utilisateurs de toutes les activités de gestion autres que la protection contre le feu. Des contrats d'approvisionnement accordés aux différents utilisateurs pour chaque essence d'un territoire règlent la question de la répartition. Quant au contrôle de la coupe, le principe du rendement soutenu est rejeté en raison de l'argument que le régime des concessions avait créé une surabondance de vieux arbres.

La figure 3.4 compare la récolte annuelle à la possibilité maximum de coupe pour la période de 1970 à 1990[8]. Elle indique clairement qu'il y a eu surexploitation des forêts, la coupe observée ayant dépassé depuis 1977 la possibilité maximum de 22 millions de mètres cubes de coupe par année. Dans la figure, la récolte optimale a été estimée en supposant qu'il n'y avait eu aucun reboisement. En fait, l'estimation de la récolte optimale passe de 22 à 27 millions de mètres cubes lorsqu'il y a un reboise-

---

8 La courbe ne concerne que le bois d'essences résineuses qui représente 75 % de la forêt québécoise, l'autre 25 % étant constitué de feuillus. À une coupe d'environ 18 épinettes par habitant par année correspondent 22 millions de mètres cubes.

Figure 3.4 Comparaison de la récolte annuelle et de la possibilité maximum de coupe, 1970-1990

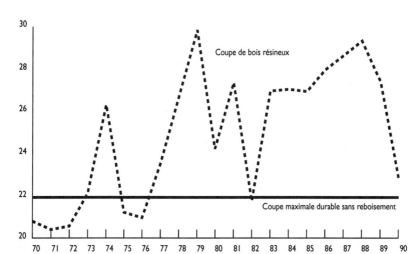

Source : La récolte annuelle a été prise dans *Ressources et industries forestières*, ministère de l'Énergie et des Ressources, diverses éditions. Elle se limite au bois résineux coupé dans les forêts tant privées que publiques. Quant au chiffre de la récolte maximum durable, il est tiré de *La politique forestière du Québec*, ministère de l'Énergie et des Ressources, 1984, p. 86.

L'estimation de la récolte optimale suppose l'absence de reboisement. La récolte maximum durable avec reboisement de 40 % de la superficie coupée serait de l'ordre de 27 millions de mètres cubes par année. Depuis l'adoption de la nouvelle loi en 1986, le nombre de plants mis en terre par année semble rencontrer les objectifs visés quant au plan du reboisement.

ment de 40 % de la superficie coupée. À ce nouveau seuil, la production québécoise paraîtrait raisonnable. En fait, ce n'est qu'à compter de 1986 qu'on a fait des investissements adéquats.

Le régime forestier adopté en 1972 a eu trois conséquences. D'abord, la récolte fut trop élevée, les auteurs de ce régime n'ayant pas exprimé clairement et en unités mesurables les principes de fixation de la récolte. Ensuite, le reboisement fut négligeable. Finalement, le secteur privé, ayant été exclu de toute gestion, les techniques de coupe ne furent pas toujours des plus scrupuleuses.

Dans le nouveau régime forestier de 1986, une adhésion non ambiguë au principe du rendement soutenu, une application de ce principe pour chaque parcelle du territoire, l'introduction de tarifs selon les essences et les régions pour une meilleure répartition et, enfin, le retour au secteur privé de la responsabilité du reboisement sont les quatre lignes de force de la nouvelle politique. Le dernier élément est rempli de promesses, car il implique que les utilisateurs sont obligés de faire du reboisement à leurs frais, à moins d'utiliser des méthodes de coupe qui permettent une régénération naturelle à 100%. Il est encore trop tôt, cependant, pour une évaluation du nouveau régime dans sa capacité de limiter les coupes de bois à un niveau garantissant un développement durable.

Les années actuelles sont difficiles pour l'ensemble des industries forestières du Québec. D'une part, ces dernières doivent payer pour les erreurs du passé : rareté accrue de certaines essences et nécessité d'exploiter des zones de plus en plus éloignées des usines de traitement. D'autre part, elles doivent simultanément investir dans les générations futures : reboisement à leurs frais et hausse des redevances à payer à l'État pour la coupe de certaines essences. Devant cette avalanche de mesures haussant subitement le coût de production d'une tonne de papier, il ne faut pas se surprendre que les papetières demandent à l'État de réduire leurs factures d'électricité.

La gestion d'Hydro-Québec

Grâce aux précipitations abondantes, au territoire qui recèle 10% des réserves d'eau douce du monde, au relief qui permet de forts débits d'eau pouvant faire tourner des turbines, le Québec représente, pour beaucoup d'entreprises (alumineries et papeteries), une immense centrale hydroélectrique. Hydro-Québec a le mandat de gérer cette ressource. Sa gestion se résume à planifier, à aménager la production, à répartir celle-ci entre les utilisateurs et, enfin, à faire l'entretien nécessaire à la préservation du stock de capital.

Une connaissance des principaux traits spécifiques à la production d'hydroélectricité est nécessaire pour une étude de la qualité de la gestion actuelle. Sur le plan technologique, les caractéristiques de cette industrie sont les suivantes :
1. La production est très intensive en capital. L'aménagement du réservoir, la construction du barrage, l'achat de turbines sont des dépenses en immobilisation auxquelles il faut ajouter les pylônes qui comptent pour 25% du total. Toutes ces dépenses en capital, financées par des emprunts, représenteront 60% du prix moyen d'un kWh.
2. Lorsque Baie-de-James eut fini d'être aménagée, la puissance du Québec augmenta d'un seul coup de 40%. Comme la demande d'électricité au Québec n'avait certes pas suivi cette évolution, une surcapacité de production persista au Québec durant les années 1980. Quoiqu'on eût pu théoriquement construire la moitié du projet de Baie-de-James, cette option a vite été rejetée pour des raisons de rentabilité. Bref, la puissance hydroélectrique augmente par sauts et, en situation d'excédents, Hydro-Québec serait ridicule de laisser se perdre de l'énergie. Elle doit l'utiliser quitte à la donner s'il le faut.

68

3. Le coût à long terme, pour la société, est croissant : plus la société produit de l'hydroélectricité, plus le coût social de cette électricité est élevé. Ainsi, l'électricité provenant de la centrale de Beauharnois, qui est située à proximité de Montréal et qui est entièrement payée, a un coût de revient qui est au-dessous de 1 ¢ le kWh. Manic livre à 1,5 ¢ le kWh, Baie-de-James à 2,5 ¢, et on estime que Grande-Baleine ne rencontre pas ses coûts au-dessous de 4,4 ¢ le kWh. Les coûts sociaux sont croissants, car les nouveaux sites sont éloignés ; de plus ils impliquent souvent des coûts environnementaux et une compensation aux autochtones.

Ainsi, l'offre se caractérise par une technologie impliquant un coût social croissant, quoique ce coût puisse descendre momentanément à zéro lorsqu'il y a surplus de capacité.

La gestion d'Hydro-Québec s'insère dans ces paramètres. Au début de 1980, après la construction de Baie-de-James, la priorité était de trouver une utilisation à un excédent de 5 000 MW sur une capacité totale de 25 000 MW. Trois moyens furent exploités : vente aux États-Unis, à l'été, là où un creux se manifeste dans la demande intérieure, baisse des tarifs exigés des papetières afin qu'elles substituent l'électricité à d'autres sources d'énergie et enfin, signature de contrats de partage de risques avec des alumineries nouvelles. Ces contrats sont d'une longue durée et ont pour caractéristique unique d'indexer le tarif d'électricité au prix de l'aluminium. En supposant que le prix moyen d'une tonne d'aluminium sur la période de 1980 à 2010 soit le prix historique de 2 000 $, Hydro-Québec cède son électricité à un prix inférieur ou supérieur au tarif industriel selon que le prix mondial de l'aluminium est au-dessus ou au-dessous de 2 000 $.

En 1991, le surplus de 5 000 megawatts avait ainsi fondu. Hydro-Québec demanda alors la permission de procéder à la construction de nouvelles centrales aux rivières Sainte-Marguerite et Grande-Baleine. La réaction fut très vive : les écologistes, notamment, accusèrent l'entreprise d'État d'avoir créé par ses politiques une pénurie artificielle, strictement dans le but de couvrir le Québec de ciment.

Si les économistes du Québec ne sont pas toujours unanimes, ils le sont sur plusieurs points en ce qui concerne la gestion d'Hydro-Québec :

1. Hydro-Québec doit envoyer à la population des signaux très voyants lui indiquant quand l'eau passe au-dessus des barrages (excédent) et quand il y a risque de panne de courant (pénurie).

2. Le meilleur feu de circulation pour les économistes est indéniablement la tarification. Les tarifs d'électricité doivent être étroitement reliés au coût social, ce coût étant égal au coût des centrales les plus récemment construites. Si ce coût est de 4,4 ¢ le kWh et que des

consommateurs ne paient que 3 ¢, ceux-ci ne recevront pas le bon signal et il y aura gaspillage[9].

3. Jamais Hydro-Québec ne doit s'engager par contrat, à long terme, à exporter du courant s'il n'y a pas une certitude que le prix obtenu sera toujours supérieur au coût social des dernières centrales construites.

4. Si la société d'État voulait procéder à une vente intérieure à un prix inférieur au coût social comme elle l'a fait avec les alumineries, il faudrait au préalable que l'Assemblée nationale débatte de la question.

À l'heure actuelle, la politique de tarification d'Hydro-Québec est d'établir ses tarifs en fonction du coût de revient moyen du kilowatt heure (kWh) pour l'ensemble de ses centrales. Ce coût moyen est actuellement de 3,1 ¢ par kWh; c'est le prix chargé à tous les utilisateurs[10]. Dans cette pratique, le coût des dernières centrales n'est pas vraiment pris en compte. Prenons l'exemple de Grande-Baleine dont la construction pourrait faire passer le coût moyen par kWh de 3,1 ¢ à 3,3 ¢. Les utilisateurs paieront donc 3,3 ¢ par kWh pour l'électricité provenant de Grande-Baleine, mais ce kWh aura coûté 4,4 ¢ à la société.

Les hommes politiques justifient la pratique courante en arguant que l'électricité doit être un instrument de développement du Québec, notamment sur le plan régional, compte tenu de la localisation en régions périphériques de la plupart des industries énergivores. Cet argument est jugé fallacieux par certains économistes[11]. Imaginons une situation où Hydro-Québec serait forcé de vendre toute sa production aux municipalités au prix de 3,2 ¢ le kWh, et que ces dernières puissent revendre celle-ci avec une prime si elles le veulent. Est-il certain que des régions ne profiteraient pas de cette occasion pour diversifier leurs économies ?

Le programme de partage de risques et de bénéfices fut introduit à un

---

9 Ce principe de changer en fonction de la vérité des coûts a de nombreuses autres applications dans la tarification de l'électricité. Comme la demande québécoise varie selon les saisons et les heures, s'il faut que la puissance installée corresponde à la demande de pointe, des centrales ne seront utilisées que quelques heures par année. Pour éviter ce gaspillage, il faut lisser la demande sur la base de la journée et de l'année par des tarifs qui varieraient selon les heures du jour et les saisons. Une application du principe de la tarification au coût marginal serait que les consommateurs de pointe paient pour les centrales qui n'auront été construites qu'en vue de satisfaire leurs besoins. Ainsi, ils prendront conscience que leurs habitudes imposent des coûts à la société et on pourrait bénéficier d'une meilleure utilisation des centrales existantes. La prescription de fixer le prix de base en fonction du coût moyen des nouvelles centrales plutôt que de celui de l'ensemble des centrales est de la même inspiration. Dans une tarification au coût marginal ou social, une nouvelle centrale n'est construite que s'il est socialement préférable de faire ainsi plutôt que d'investir la même somme dans d'autres industries. Le gaspillage d'une sous-tarification est donc un sous-investissement dans des industries plus génératrices d'emplois. Voir G. Bélanger et J.T. Bernard, *La tarification de l'électricité au Québec*, Département d'Économique, Université Laval, 1992.

10 S'ajoutent à ce coût de base des coûts de distribution qui varient selon l'utilisateur.

11 G. Bélanger et J.T. Bernard indiquent que la contribution de l'État au développement régional pourrait être théoriquement supérieure si l'hydroélectricité était vendue au plus offrant, au lieu d'être offerte à un prix de rabais à des entreprises locales. Hydroélectricité et Développement économique du Québec, cahier de recherche, Département d'Économique, Université Laval, 1990.

moment où le Québec avait, d'une part, un fort excédent d'électricité et où, d'autre part, des investissements venaient doubler sa capacité de production d'aluminium. En 1990, il n'y a plus d'excédent et, si ce plan est à l'origine de la construction de Grande-Baleine, on verra une hausse immédiate dans le prix d'électricité pour tous les consommateurs du Québec. Cependant, en vertu des objectifs du programme, les tarifs d'électricité chargés aux alumineries devraient contenir une prime aussitôt que le prix de l'aluminium atteindra 2 000 $ la tonne. Le risque impliqué par la construction de Grande-Baleine s'assimile aux risques d'un non-retour à 2 000 $ du prix d'une tonne d'aluminium. Ce dernier risque est très difficile à évaluer puisqu'il dépend en grande partie de la tension politique au sein du deuxième plus grand producteur au monde d'aluminium, soit l'ex-URSS.

Quant l'importance d'une planification à très long terme dans la gestion de l'hydroélectricité, il est possible de donner deux autres exemples, celui, d'abord, des Terre-Neuviens qui paient aujourd'hui leur électricité quatre fois plus cher que ce qu'ils obtiennent pour celle qu'ils nous vendent. Leur erreur fut de nous céder la production des chutes Churchill pour une période de 60 ans sans demander d'indexation. Un deuxième exemple serait les contrats d'exportation aux États-Unis. Ces contrats sont risqués. Est-il possible en effet de trouver une formule garantissant au Québec un prix toujours supérieur au coût social[12] ? Quel sera ce coût en l'an 2020 ?

L'hydroélectricité est une industrie très difficile à bien gérer, car une bonne gestion doit reposer sur un horizon d'un demi-siècle. En conséquence, s'il y a une industrie où les principes doivent prédominer sur l'approche par la construction de scénarios prévisibles, c'est bien dans cette industrie. Les sommes d'argent investies et empruntées à l'étranger sont énormes. Le coût du capital financier demeure le principal critère qui doit présider aux décisions d'investissement. Comme le coût réel du capital a pratiquement doublé depuis 10 ans sur les marchés internationaux, Hydro-Québec doit redoubler de prudence.

L'or blanc

L'amiante est une ressource non renouvelable. Sa fibre a une valeur économique à cause de sa capacité d'améliorer la qualité du ciment (70 % de l'usage) en plus d'être ignifuge. Il existe sans doute des substituts à l'amiante, mais ils sont deux fois plus chers et posent les mêmes risques pour la santé. Grâce à leurs mines, les villes d'Asbestos et de Thetford Mines détiennent à elles seules près de 40 % des ressources mondiales

---

12 Pierre Lemonde fait valoir cette difficulté. Voir « La rentabilité des exportations d'Hydro-Québec », *l'Analyste*, n° 23, automne 1988.

d'amiante. La durée de vie des mines, calculée sur la base de la production annuelle actuelle, dépasse largement 50 ans. Près de 97 % de l'amiante est exporté du Québec sans aucune transformation. Deux multinationales américaines contrôlaient en 1975 la production québécoise : la General Dynamics détenait une part majoritaire de l'Asbestos Corporation, et 25 % des exportations mondiales provenait des mines de Thetford Mines de cette entreprise. Par ailleurs, le principal client de la Canadian Johns-Manville, opérant la mine Jeffrey de la ville d'Asbestos, était le siège social américain.

À cause de la prédominance du capital des États-Unis qui, soupçonnait-on, voulaient garder les emplois chez eux, et de la fameuse grève de 1949, qui fut un signe précurseur de la Révolution tranquille, l'or blanc avait encore, durant la décennie 1970, une valeur symbolique[13]. L'expression « maître chez nous » n'était-elle qu'un mot vide ? En 1978, le gouvernement créa la Société nationale de l'Amiante (SNA) dont l'un des mandats était de prendre le contrôle de la Cie Asbestos Corporation. General Dynamics détenait alors 54 % des actions d'Asbestos Corporation, l'autre 46 % des actions étant aux mains d'une multitude de détenteurs.

L'État du Québec offrit 85 $ à General Dynamics pour chacune de ses actions dans Asbestos Corporation au moment où celles-ci se vendaient environ 50 $ à la bourse. Lorsque l'État emprunta à la Caisse de dépôt pour effectivement payer 85 $ l'action à General Dynamics, ces actions valaient, à la Bourse de Montréal, moins de 10 $ l'unité. L'écart entre le prix payé (85 $) et la valeur réelle des actifs (10 $ l'unité) représente le prix que l'État a chargé aux contribuables pour des bénéfices escomptés. La somme versée fut de 165 millions de dollars ; elle constitue aujourd'hui une dette d'environ 325 millions du gouvernement du Québec envers la Caisse de dépôt ou, faut-il plutôt dire, un manque à gagner de 325 millions de la Caisse de dépôt. L'offre de 85 $ ne fut pas étendue aux actionnaires minoritaires qui détenaient le reste des actions d'Asbestos Corporation. Ces actionnaires ont porté leur cause devant la justice et ont de bonnes chances de la gagner. Si le gouvernement perd cette cause, il devra leur verser 85 $ l'action plus les intérêts, soit environ 175 millions[14]. La facture de l'achat d'Asbestos Corporation s'élève donc à un demi-milliard (500 = 325 + 175) de dollars.

---

13 Pierre Elliott Trudeau, *La grève de l'amiante : une étape de la révolution tranquille du Québec*, Montréal, Cité libre, 1956.

14 Pierre Arbour, *Québec inc.*, L'Étincelle, 1993, évalue à 120 millions la compensation aux petits actionnaires, alors que le journaliste Philippe Dubuisson dans *La Presse*, 28 mai, parlait plutôt d'un enjeu de 175 millions. La probabilité d'un gain pour les petits actionnaires peut s'évaluer par l'évolution du cours de l'action d'Asbestos Corp. à la bourse. Comme suite à la dernière décision de la Cour dans ce dossier, celui-ci bondissait de 13 $ à 37 $ en une seule journée.

Quels ont été les bénéfices de cette transaction? La SNA vendait récemment pour la somme de 34 millions sa participation dans Asbestos Corporation au groupe Mazarin dont les dirigeants sont francophones; la Johns-Manville faisait faillite. Ce sont les ouvriers et les cadres qui prirent alors en charge la gestion de la mine Jeffrey. L'amiante est maintenant entre les mains de francophones. Ce sont les seuls bénéfices que nous pouvons identifier et ils sont d'un caractère intangible. À ce gain, il faut opposer la perte de milliers d'emplois dans les mines.

Où fut l'erreur? Le moment choisi pour faire l'achat d'Asbestos Corporation était certes le pire. Premièrement, le prix mondial de l'amiante était à son sommet en 1978. Deuxièmement, une campagne mondiale portant sur les risques de l'amiante pour la santé s'annonçait. Cette campagne aura pour effet de réduire de plus de 50% le réseau de distribution des entreprises québécoises. Si l'assertion des scientifiques québécois — que l'amiante n'implique pas plus de risques pour la santé que ses substituts — est fondée, il faut, en toute logique, trouver d'autres causes à cette campagne. Une hypothèse ne peut être éliminée: les États-Unis et l'Europe ont, depuis l'action de l'Organisation des pays exportateurs de pétrole, la phobie des cartels. Or l'Asbestos Corporation, par sa taille, était un quasi-cartel.

Que faire maintenant? La pente sera très longue à remonter. Le retour au secteur privé des mines est certes prometteur. Les nouveaux propriétaires sont considérés comme des gens de la place, et les deux villes sont si dépendantes de l'industrie qu'ils ne peuvent que bien la gérer. L'amiante continuera à être exporté à l'état brut, car les fibres sont moins coûteuses à transporter que les blocs de ciment qui les contiennent. Ainsi, la production québécoise devrait peu à peu remonter, à condition que le réseau de distribution soit reconstruit. Avant 1980, 70% des exportations du Québec étaient dirigées vers la CEE et les États-Unis. Aujourd'hui, 70% sont destinées à des pays autres que la CEE et les États-Unis.

Conclusion

À l'instar de l'économie de la Norvège, de celles de la Suède et de la Finlande, et de celle de bien d'autres régions en Amérique du Nord, l'économie du Québec est très dépendante de l'exploitation des ressources renouvelables. Notons que l'avantage comparé du Québec quant à l'ensemble des ressources naturelles n'est pas unique, du moins en comparaison d'autres régions au sud des États-Unis et à l'ouest de l'Amérique du Nord.

Une bonne gestion de nos ressources naturelles exige non seulement une quantité énorme d'énergie, surtout hydroélectrique, mais également des investissements en capital tant physique qu'humain qui surpassent de loin les besoins des autres industries. Au niveau de l'ensemble du Québec, le stock de capital physique utilisé par employé est plus faible qu'ailleurs au Canada à cause de la présence d'un secteur manufacturier à moins forte intensité en capital et qui emploie encore près de 25 % de la main-d'œuvre. Une proportion respectable de la main-d'œuvre se retrouve dans une première transformation des ressources naturelles.

Si le secteur des ressources naturelles génère directement peu d'emplois, le nombre d'emplois indirects qu'il crée est important. Une bonne gestion de ce secteur requiert deux conditions : un Québec à la frontière de la masse des connaissances et qui fait la promotion d'une culture environnementaliste. Pouvons-nous tirer, des expériences tentées ailleurs dans le monde, des leçons applicables au Québec ?

Les trois cas étudiés montrent que les règles prévalant à la gestion des ressources doivent être débattues sur la place publique et que l'information doit venir de sources indépendantes et parfois même de l'extérieur si c'est là qu'elle se trouve. Les pratiques de tarification d'Hydro-Québec sont critiquables, mais Hydro n'est pas la seule entreprise d'utilité publique au monde à subventionner ses clients. Par ailleurs, l'erreur de la politique forestière de 1972 et l'échec de la politique de l'amiante ne se seraient jamais produits dans une société vigilante.

Schéma-synthèse

Les régions québécoises bien dotées en ressources le sont surtout vis-à-vis du Nord-Est des États-Unis.	L'exploitation de ressources exige beaucoup de capital physique.	Le stock de capital est croissant comme l'est aussi sans doute la dette extérieure.
La gestion de ces ressources doit être faite sur la base de principes.	Exemples de principes : • développement durable • pollueur-payeur.	
La forêt québécoise est présentement en rupture de stock. La nouvelle politique de 1986 vise à corriger l'erreur passée.	L'actuelle politique de prix d'Hydro-Québec favorise la croissance mais est biaisée en faveur de la construction de nouveaux barrages.	La politique d'amiante de 1978 fut un échec : le gain d'une main-mise des francophones se paya par des pertes d'emplois et une forte hausse de la dette publique.

Questions et choix multiples

1. Dans le vaste schéma présenté dans l'introduction de cette partie, les liens — tels que définis dans la comptabilité nationale — entre l'épargne nationale, les investissements intérieurs et la richesse nationale ont été précisés.

   a) Définissez les termes suivants :
   - épargne nationale
   - exportations nettes
   - investissements
   - capital humain
   - actifs reproductibles

   b) Décomposez les investissements et la richesse totale d'une région en ses principales composantes.

   c) Le schéma présenté n'est pas exhaustif. Pouvez-vous trouver des exemples de choses que vous consommez régulièrement, qui vous procurent un grand bien-être, mais qui ne sont pas considérées dans la comptabilité nationale.

2. Identifiez quatre ressources naturelles dont le mode de gestion doit être différent. Expliquez.

3. Cochez l'erreur :
   Un Québécois hérite à sa naissance
   - ❒ de 3 000 arbres ;
   - ❒ d'un territoire qui produit 75 % de l'hydroélectricité du Nord-Est du continent (Québec, Nord-Est des États-Unis) ;
   - ❒ d'une position stratégique pour desservir par ses exportations les plus grands marchés du monde ;
   - ❒ de terres agricoles dont la superficie et la fertilité se comparent avantageusement au reste du Canada.

4. Cochez l'erreur :
   Localisation des ressources naturelles
   - ❒ 75 % de consommation d'électricité à des fins industrielles vient du secteur des ressources naturelles.
   - ❒ La Montérégie, l'Estrie et la Beauce détiennent ensemble moins de 30 % des revenus de l'agriculture.
   - ❒ Baie-de-James et Churchill fournissent à eux seuls 50 % de la production d'électricité.
   - ❒ Les usines de pâtes et papier sont pratiquement toutes localisées près d'un cours d'eau.

CHAPITRE IV

LES RESSOURCES HUMAINES

La main-d'œuvre n'est pas une ressource comme les autres puisque son bien-être et sa consommation sont la raison d'être de tout système économique. L'emploi d'une personne constitue un élément fondamental dans sa vie et définit en grande partie son statut social.

On ne peut en un chapitre traiter tous les aspects reliés à l'emploi. Ainsi, nous reléguerons au chapitre VII, intitulé « Le statut socio-économique des groupes socio-professionnels », la discussion sur les écarts de revenu entre francophones-anglophones, hommes-femmes, jeunes-aînés et les autres questions reliées à l'inégalité du revenu.

Le présent chapitre a pour trame le déficit démographique et le déficit des emplois. Il contient cinq parties. La première porte sur l'évolution de la population et ses déterminants ; elle se termine par une projection des tendances actuelles pour montrer que le Québec se dirige tout droit vers le déclin de sa population vers l'an 2020 à moins qu'il ne se produise une reprise de la natalité d'ici là.

La seconde partie étudie à la fois l'évolution et la composition de la main-d'œuvre du début du siècle jusqu'à aujourd'hui. Elle rappelle que, en l'absence d'une reprise immédiate de la natalité, le fardeau des dépendants (jeunes et aînés) en l'an 2020 devant être supporté par la main-d'œuvre d'alors pourrait atteindre le seuil de la tolérabilité.

La troisième partie essaie de mesurer le déficit des emplois tout en identifiant les groupes qui en souffrent le plus. Elle montre que ce sont les jeunes de 15 à 24 ans qui sont les grands perdants, même si le taux de chômage élevé actuel leur offre la chance de prolonger leurs études.

La quatrième partie essaie de jeter un peu de lumière sur la question suivante : les jeunes seront-ils pleinement compensés lorsqu'ils se présenteront sur le marché du travail avec un baccalauréat en main ? S'il faut en croire l'expérience récente, la réponse est sûrement affirmative. Si, par ailleurs, on tient compte de la loi des rendements décroissants et qu'ils se présentent en grand nombre, la réponse cesse d'être évidente.

La dernière partie pose la question de la justice entre les générations. À supposer que les jeunes qui ont aujourd'hui entre 15 et 24 ans se butent à un marché du travail complètement fermé d'ici l'an 2000, qu'arrivera-t-il ? Peut-être alors faudra-t-il redécouvrir les éléments positifs et oubliés de l'ancienne société et trouver des méthodes nouvelles pour un transfert anticipé d'actifs à la génération montante.

La démographie du Québec

La démographie d'un pays ne peut être bien comprise que si une longue période est adoptée. Celle qui est choisie ici couvre un siècle et demi et comprend deux sous-périodes. La première s'échelonne de 1880 à 1960. La deuxième va de 1960 jusqu'à l'année où le nombre des décès surpassera le nombre des naissances et des cas d'immigration. Il y a trois éléments qui déterminent la population d'une région : la natalité, la mortalité et la migration nette. Dans la première sous-période, il y a surnatalité ; dans la seconde, sous-natalité. Dans les deux cas, la migration servira de facteur d'ajustement.

a) Période 1880-1960

En 1880, la population du Québec s'élevait à 1,2 million d'habitants. La figure 4.1 indique l'évolution du taux de natalité, de mortalité et d'accroissement naturel depuis 1880. À ce moment, l'espérance de vie à la naissance ne dépassait pas 40 à 50 ans, et le taux de mortalité était près de 23 habitants par 1 000 habitants. S'assurer que les naissances l'emportent sur les décès constituait alors le souci prédominant de la famille. Le taux de natalité est, en 1880, de 45 naissances par 1 000 habitants. Ce taux correspond à six enfants par Québécoise qui ont entre 15 et 45 ans. Ce chiffre de six enfants par femme est une moyenne. Alors que 20 % des femmes de cette époque n'avait aucun enfant, on retrouve aussi un autre 20 % de femmes qui briseront le record biologique de 15 enfants vivants.

Sur six enfants, une mère avait de bonnes chances de donner naissance en moyenne à trois filles dont deux pouvaient survivre jusqu'à l'âge de 20 ans. Les démographes expriment par le taux net de reproduction le rapport entre le nombre de femmes d'une génération-fille et celui de la génération-mère. Un taux de 2 indique qu'il y a doublement de la population à chaque génération. Dans la figure 4.1, le taux d'accroissement naturel, qui indique l'excédent des naissances sur les décès, est de 20 habitants par 1 000, ce qui correspond à un taux annuel d'accroissement de 2 % de la population.

À compter de 1880, les courbes indiquent le passage d'une fertilité et d'une mortalité fortes à un régime de fertilité et de mortalité moindres.

78

Malgré cette transition, le taux d'accroissement naturel de la population reste pratiquement constant à 20 naissances nettes jusqu'en 1960. La figure 4.1 indique aussi l'évolution du taux net de l'immigration et de l'émigration. Entre 1870 et 1900, près de 10 habitants sur 1 000 émigrent, sur une base nette, chaque année, vers les États-Unis et l'Ouest. Cette émigration nette diminue à partir de 1920, et il semble bien qu'elle a cessé complètement de 1930 à 1960[1].

Le fort taux d'émigration de 1890 constitue le sommet d'un mouvement d'émigration qui commence en 1830 avec une grave crise agricole. Cette crise s'explique bien par la théorie des populations de Malthus : la population augmentait alors à un rythme géométrique, doublant à chaque génération, alors que les surfaces cultivées croissaient de façon très lente. Il faut donc exploiter chaque parcelle de terre de façon plus intensive. L'épuisement des sols fertiles apparut, et la production agricole s'effondra. Cette migration sera surtout celle des Québécois habitant hors de la région de Montréal. On estime à près d'un million, sur la période de 1830 à 1930, le nombre net d'émigrants attirés en Nouvelle-Angleterre par des emplois dans l'industrie du textile. Le bilan migratoire de la période 1879 à 1960 se termine par une entrée massive d'immigrants venus d'Europe dans les 15 années qui suivent la fin de la Seconde Guerre mondiale.

Il est utile, pour mieux saisir le rôle de la migration, de résumer en une seule équation les trois éléments de variation de la population dont la figure 4.1 présente l'évolution. Cette équation dit simplement que la population à l'année [t] est égale à la population de l'année précédente (t-1) à laquelle on a ajouté le nombre des nouveau-nés et des immigrants, et soustrait le nombre de personnes décédées et des émigrants.

$$Pop_t = [1 + (n - d - m)] Pop_{t-1}$$

ou   n = taux de natalité

d = taux de décès

m = taux d'émigration net

La population de 5,3 millions d'habitants en 1960 peut être exprimée en fonction de la population de 1880 de 1,2 million d'habitants comme le résultat d'une progression géométrique

$$Pop\ 1960 = (1 + 0,021 - m)^{80}\ Pop\ 1880$$

Dans cette dernière équation, 0,021 représente le taux d'accroissement naturel et 80 est un exposant de la parenthèse, égal au nombre d'années qui sépare l'année terminale et l'année initiale. Il ne reste qu'une seule inconnue, soit le taux d'émigration net (m), c'est-à-dire l'immigration moins l'émigration. On peut donc calculer le taux moyen

1 On comprendra que les données sur les migrations sont parmi les moins fiables qui existent, car elles sont estimées de façon résiduelle. Ainsi, les estimations sur cette période divergent souvent selon les auteurs.

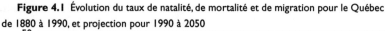

Figure 4.1 Évolution du taux de natalité, de mortalité et de migration pour le Québec de 1880 à 1990, et projection pour 1990 à 2050

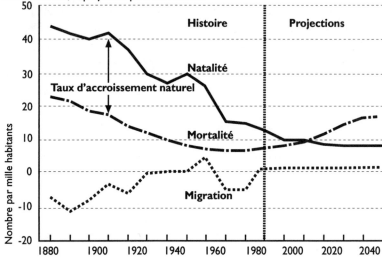

Sources et notes : Les taux de natalité et de mortalité ont été pris dans J. Henripin et Y. Perron : « *La transition démographique de la province de Québec* », dans H. Charbonneau, *Population au Québec*, études rétrospectives, Boréal Express, 1973 et Statistique Canada : *Statistiques Vitales*. Les taux de migration sont de Marie Lavoie pour la période de 1870 à 1920 : *L'émigration des Canadiens aux États-Unis avant 1930.* Presses de l'Université de Montréal, 1972, et divers documents du Bureau de la Statistique.

annuel de l'émigration net. Le taux annuel moyen de croissance qui transforme une population de 1,2 million sur 80 ans en une population de 5,3 millions est 1,65. Comme le taux d'accroissement naturel a été stable à 2,12 % par année, il faut supposer que le taux annuel moyen d'émigration net fut 0,47 pour l'ensemble de la période. Ce chiffre représente près du quart de l'accroissement naturel. Le Québec, à compter de la fin du XIXᵉ siècle, fut donc une terre d'émigration avant de se transformer en terre d'accueil à la fin de la Deuxième Guerre mondiale.

b) La période depuis 1960

Cette sous-période en est une de transition où le taux des naissances descend sous le seuil de remplacement des générations tout en restant au-dessus du taux de mortalité. Pour bien comprendre les caractéristiques de cette sous-période, il est nécessaire de faire appel à un nouveau concept.

Dans la figure 4.1, on voit le taux de natalité partir de près de 30 au début de la période pour tendre vers 10 à la fin. Ce taux de natalité ne tient pas compte de la distribution par sexes et par âges de la population.

Il peut donc indiquer une fausse piste en période de transition démographique. Un meilleur indicateur de la natalité est le taux synthétique de fécondité. Ce taux constitue une moyenne pondérée des naissances selon l'âge des femmes comprises dans le groupe des 15 à 50 ans. Vers 1880, ce taux était, avons-nous dit, de 6,0 enfants par femme. En 1960, il avait baissé à 3,6 et présentement il n'est que de 1,6.

Combien d'enfants doivent naître dans une génération pour éviter une baisse de population ? On a vu que le taux net de reproduction doit atteindre au moins l'unité. Alors, le nombre de filles atteignant l'âge de procréer est juste égal au nombre de mères de la génération précédente. Le seuil de reproduction n'est atteint, selon les démographes, que si un couple ou une femme en âge de procréer a un minimum de 2,1 enfants. Deux raisons expliquent pourquoi le seuil de reproduction n'est pas simplement de deux. Premièrement, il y a légèrement plus de garçons que de filles qui naissent, caprice encore inexpliqué de la nature. Deuxièmement, une légère proportion des filles qui naissent meurent avant d'arriver à 15 ans. Avec une moyenne de 1,6 naissance par femme, le Québec est donc largement sous le seuil théorique de 2,1.

Grâce à une meilleure alimentation et à une meilleure hygiène, l'espérance de vie a doublé en l'espace d'un siècle, gagnant même plus de 10 ans uniquement depuis 1960. Ce phénomène est reflété dans la pente de la courbe de mortalité depuis un siècle, mais cette hausse dans l'espérance de vie n'empêche pas la courbe de mortalité d'entreprendre une ascension à compter de 1990. En l'an 2000, les *baby-boomers* s'approchent alors de la cinquantaine, âge où les tables de mortalité indiquent un point tournant. Lorsque les baby-boomers décéderont massivement, vers 2020-2030, la courbe reflétant le taux de mortalité connaîtra un sommet.

Dans la décennie 2010-2020, le scénario derrière les courbes suppose que le taux actuel de fécondité reste à 1,6 enfant par femme. En conséquence, les décès surpassant les naissances, le taux d'accroissement naturel devient négatif. Ce déficit démographique pourra-t-il être comblé par une forte immigration nette ? En théorie, la réponse est sûrement positive : un énorme surplus démographique s'annonce dans la majorité des pays en voie de développement. Il y a là une réserve de travailleurs qui pourraient ne trouver mieux que d'émigrer au Québec.

En pratique, l'histoire récente de la migration fournit une réponse plus ambiguë. De terre d'émigration, le Québec s'est transformé durant une décennie en terre d'accueil à partir de la Deuxième Guerre mondiale. Entre 1950 et 1960, pour chaque 20 naissances, cinq immigrants entraient au Québec. Cette première vague favorable fut malheureusement suivie de deux vagues successives d'émigration nette dans les décennies 1960 et 1970 qui viennent plus qu'annuler la performance de

1950. Pour la seule décennie 1970, 20% de l'accroissement potentiel de la population se dissipa par une émigration nette.

Il faut noter une énorme différence dans la composition des émigrants de la fin du dernier siècle et d'aujourd'hui. Au siècle dernier, ce sont les francophones qui émigrent. Aujourd'hui, ce sont essentiellement les anglophones et les allophones. Autre différence à souligner, les francophones du XIXe siècle émigrent pour des motifs économiques, alors que la sortie des années 1960 et 1970 s'explique davantage par des motifs politiques liés à la Révolution tranquille. Les francophones s'affirmèrent alors comme une majorité politique; les non-francophones devaient accepter de se considérer comme membres d'une minorité, ce que beaucoup refusèrent.

Si la décennie 1980 n'en est pas une de complète accalmie, la tension interethnique diminue et se reflète dans une émigration moindre des non-francophones. Cette décennie est aussi marquée par un virage important dans la politique québécoise. La frontière québécoise deviendra plus accueillante envers les gens d'Asie, du Moyen-Orient, d'Amérique latine et d'Afrique. Ainsi, la figure 4.1 indique une immigration nette pour la décennie 1980-1990. La nouvelle politique québécoise d'immigration est fondée sur la crainte d'une dépopulation éventuelle. Elle vise un taux d'immigration net d'au moins 4 immigrants par 1 000 habitants ou de 25 000 immigrants par année. Ce taux est très élevé même comparé à la norme historique qu'a constituée la décennie 1950, en regard du taux de chômage actuel par rapport à celui de 1950.

c) Les perspectives démographiques

La projection, à la figure 4.1, indiquait des décès en nombre plus grand que les naissances à compter de 2020. Une décroissance de la population, que seule l'immigration peut retarder, apparaît alors inéluctable. On peut retarder par la migration l'année fatidique, mais un déclin absolu de la population du Québec est, au taux actuel de fécondité, inévitable tôt ou tard[2]. Ce déclin se produira l'année même où une immigration nette ne sera plus capable de compenser le déficit des naissances sur les décès, déficit qui, comme il est suggéré à la figure 4.1, s'accroîtra à chaque année à compter de 2010-2020.

La condition requise pour empêcher une dépopulation est particulièrement exigeante : une remontée d'ici l'an 2 000 de 1,6 à 2,1 enfants par femme.

2 Les démographes ont examiné pratiquement toutes les hypothèses possibles : Bureau de la statistique du Québec, *Perspectives démographiques du Québec et de ses régions* 1986-2046, Québec, 1990 ; Termote, Marc et Gauvreau, Danielle, *La situation démolinguistique du Québec*, Québec, 1988 ; Conseil de la langue française, Lachapelle, Réjean et Henripin, Jacques, *La situation démographique au Canada : Évolution passée et prospective*, Montréal, Institut de recherche politique, 1980.

Que faire pour accroître le taux de fécondité? Regardons-en les avantages et les coûts pour chacun des groupes impliqués. Au niveau des femmes, l'avantage d'avoir un enfant se situe essentiellement sur le plan affectif, car, sur le plan carrière le coût est très élevé. La femme peut transférer, dans certains cas, une partie importante du coût d'entretien à son conjoint. Cependant, quel que soit le partage entre l'homme et la femme, le coût global devant être assumé par le couple reste le même.

L'impasse est donc au niveau du jeune couple. Il existe peut-être deux façons de la briser. Premièrement, une réduction des rigidités du marché du travail encouragerait une baisse du taux de chômage ainsi qu'une remontée du revenu relatif des jeunes. Deuxièmement, en dépit d'un déficit budgétaire élevé, une hausse des allocations familiales ne doit pas être rejetée sans examen. En 1990, on estimait que le coût d'entretien de trois enfants représente en moyenne près de 50% du revenu total des parents. (Le revenu total est le revenu gagné auquel l'aide gouvernementale reçue est ajoutée.) L'aide du gouvernement ne couvrant en moyenne que 40% du fardeau financier des trois enfants, l'autre 60% est donc pris à même le revenu gagné[3]. Un partage 50-50 a été proposé, mais il semble bien que l'objectif ne sera pas atteint: le gouvernement fédéral a réduit récemment la générosité de ses programmes pour les familles à revenu moyen ou élevé.

L'autre choix que constitue l'immigration est intéressant si elle n'est que temporaire; elle risque cependant d'engendrer de graves tensions sociales si elle reste la seule option pour plusieurs décennies d'affilée. Sur le plan strictement économique, il est moins coûteux pour une société de se procurer ses ressources humaines à l'étranger que de procéder par des naissances parce qu'elle économise ainsi les coûts d'entretien et d'éducation pour la période d'enfance. À long terme cependant, la problématique est très différente. Historiquement, un courant migratoire dans un sens entraîne parfois un courant contraire. L'immigrant n'est souvent que de passage au Québec. Ainsi, sur deux immigrants entrés au Québec, un seul à son décès laisse son héritage aux Québécois. Enfin, l'immigrant a un faible effet de rajeunissement de la société, sauf s'il relève le taux de natalité de la province[4].

---

3 Anne H. Gauthier. « Des enfants, mais à quel prix ? », *Dénatalité, des solutions*, Publications du Québec, 1989, p. 128 à 131.

4 Jacques Henripin, *Naître ou ne pas être*, Institut québécois de recherche sur la culture, 1989, p. 21, avance qu'il faut trois immigrants par naissance pour rajeunir d'un même degré la population québécoise.

Liens entre population et main-d'œuvre

Dans cette section, nous cherchons à suivre les répercussions des changements démographiques sur le volume de la main-d'œuvre du Québec. La relation de base entre la population et la main-d'œuvre est ce que les économistes appellent le taux d'activité. Ce taux indique le rapport entre la main-d'œuvre et la population. Cette dernière, cependant, selon la convention utilisée par Statistique Canada n'est pas la population totale mais la population de 15 ans et plus, hors institution (forces armées, prisons, centres d'accueil pour malades, retraités, etc.) et hors réserve. Ces soustractions, indiquées à la figure 4.2, ont pour but de ne conserver que la population théoriquement capable de fournir des services marchands. D'autre part, la main-d'œuvre ne comprend que ceux qui occupent un emploi et ceux qui en cherchent un. Les principaux groupes considérés comme inactifs ou en dehors du marché du travail sont les mères et pères au foyer et les personnes retraitées. Les

LIEN ENTRE MAIN-D'ŒUVRE ET POPULATION

Des concepts, à première vue familiers, se révèlent parfois ambigus lorsque le statisticien doit les définir d'une façon pratique. L'enquête mensuelle sur la population active (EPA) de Statistique Canada contient une mine d'informations pour tous ceux qui veulent suivre l'évolution du marché du travail mois par mois[5]. Par ailleurs, le recensement est une source plus fiable pour étudier les liens entre démographie et main-d'œuvre. Les concepts définis ci-dessous sont ceux de l'EPA et correspondent, en gros, à ceux du recensement.

Population en âge de travailler : *population de 15 ans et plus (pop. 15+) hors réserve et institutions (forces armées, prison, centre pour malades, retraités, etc.).*

Population active ou main-d'œuvre : *personnes avec un emploi ou en chômage.*

Personne en chômage : *personne sans emploi qui a cherché activement du travail au cours des quatre dernières semaines.*

Personne occupée ou en emploi : *la personne occupe un emploi rémunéré à plein temps (c'est-à-dire plus de 30 heures/semaine) ou à temps partiel.*

De ces quatre définitions, plusieurs ratios peuvent être calculés.

Taux d'activité : *nombre de personnes comprises dans la main-d'œuvre en pourcentage du nombre de personnes incluses dans la population en âge de travailler.*

Taux de chômage : *ratio entre le nombre de personnes en chômage et la population active.*

Rapport main-d'œuvre/population totale : *main-d'œuvre en pourcentage de la population totale. Ce ratio exprime le pourcentage de la population totale qui est considérée active.*

Rapport personnes occupées et population totale : *ce ratio tient compte à la fois du taux d'activité et du taux de chômage.*

---

5 Statistique Canada, *La population active*, cat. n° 71-001.

Figure 4.2 Décomposition de la population totale, active et inactive en 1992, chiffres arrondis en millions

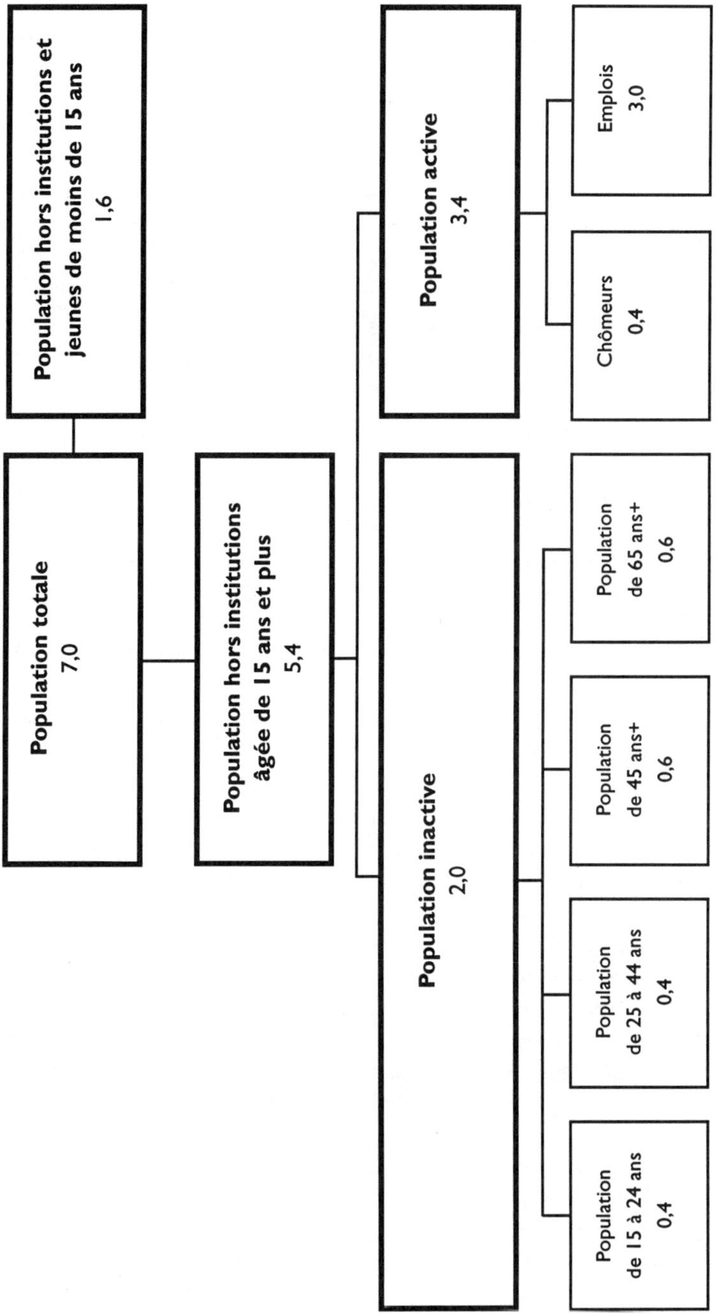

Tableau 4.1 Population, main-d'œuvre et taux d'activité, 1911 à 1991

Année	Population				Main-d'œuvre		Taux d'activité	
	Total (000)	TCAM	15 ans+ (000)	TCAM	Total (000)	TCAM	Pop. Tot.	Pop. 15 ans+
1910	2005,8	—	1275,8	—	653,2	—	32,6	51,2
1920	2360,5	1,6	1513,2	1,7	780,8	1,8	33,1	51,6
1930	2874,7	2,0	1914,2	2,3	1022,2	2,9	35,6	53,4
1940	3331,9	1,5	2340,0	2,0	1237,8	1,9	37,1	52,9
1950	4055,7	2,0	2755,5	1,6	1463,2	1,7	36,1	53,1
1960	5259,2	2,6	3397,5	2,1	1753,1	1,9	33,3	51,6
1970	6027,8	1,4	4235,0	2,5	2325,0	2,7	38,5	54,9
1980	6438,4	0,7	5044,8	1,7	3037,0	2,6	47,2	60,2
1990	6896,0	0,7	5416,0	0,7	3385,0	1,1	49,0	62,5

Sources et notes : Recensement du Canada sauf pour les années 1971 et 1991 où les données de l'Enquête sur la population active ont été substituées à celles du recensement. En 1971, le recensement contient un sous-dénombrement des chiffres au Québec, et nous ne disposions pas encore des données du recensement de 1991 au moment de la conception de ce tableau. TCAM signifie ici le taux de croissance annuel moyen.

étudiants qui n'ont pas d'emploi et qui n'en cherchent pas ne font pas partie de la main-d'œuvre non plus.

a) Taux de croissance de la population totale et de la population en âge de travailler

Les premières estimations de la main-d'œuvre au Québec datent de 1911. Les chiffres sont indiqués au tableau 4.1. La première colonne présente l'évolution de la population totale à chaque décennie; la colonne suivante, le taux de croissance annuel moyen pour la décennie qui se termine. La population hors institutions de 15 ans et plus ainsi que son taux de croissance sont ensuite indiqués. Il y a, en théorie, une relation précise entre les deux concepts de population. Comme tous les deux sont également influencés par les décès, les naissances gonflent la population totale sans augmenter durant une période de 15 ans la population de 15 ans et plus. La croissance de la population en âge de travailler est reliée à la croissance de la population totale 15 ans plus tôt. Cette relation est toutefois masquée au tableau 4.1 par l'importance des migrations et l'impact de la Deuxième Guerre mondiale sur le taux de croissance de la population de 15 ans et plus.

Le taux de croissance de la main-d'œuvre dépend de deux éléments : le taux de croissance de la population de 15 ans et plus et le taux d'activité. Historiquement, on observe que, si la population augmente plus lentement durant une décennie, on court la chance d'observer une hausse du taux d'activité, comme on le voit à la dernière colonne. Par exemple, la croissance lente de la population entre 1970 et 1990 est associée à une hausse importante du taux d'activité. À l'opposé, le taux d'activité diminue au cours de la décennie 1950 lorsque le taux de croissance de la population s'élève par rapport à la période précédente. Lorsqu'il arrive, comme entre 1960 et 1970, que la population de 15 ans et plus et le taux d'activité sont en hausse, on observe une croissance record de la main-d'œuvre.

Examinons deux sous-périodes : soit d'une part celle qui précède la Révolution tranquille et, d'autre part, celle qui lui est concomitante et celle qui la suit. Une comparaison des chiffres de 1910 et 1960 indique que les taux d'activité furent très stables sur toute la période, la main-d'œuvre représentant le tiers de la population totale et 50 % de la population de 15 ans et plus. Cette stabilité cache, toutefois, des tendances sous-jacentes (non indiquées au tableau 4.1) : une hausse modeste du taux d'activité des femmes qui, quoique importante, fut néanmoins annulée par une baisse du taux d'activité des hommes, notamment des plus jeunes et des plus âgés.

L'histoire est tout autre depuis le début de la Révolution tranquille. En 1990, la main-d'œuvre atteint presque 50 % de la population totale et plus de 62 % de la population de 15 ans et plus. Les mêmes tendances, en ce qui concerne le taux d'activité selon les sexes et les groupes d'âges, se présentent à la différence que beaucoup plus de femmes sont entrées dans la main-d'œuvre qu'il y a d'hommes qui en sortent.

b) Taux d'activité selon les sexes et les groupes d'âges

Le tableau 4.2 décompose le taux d'activité global. Alors que le taux d'activité des femmes passe de 16,1 en 1910 à 27,8 en 1950, celui des hommes diminue de 85,3 à 75,9, de telle sorte que le taux global demeure stable entre 1910 et 1950. À l'opposé, le taux d'activité des femmes double entre 1950 et 1992, (passant de 27,8 à 53,6) ; celui des hommes ne diminue que de 4 points (75,9 à 71,9), donnant une impulsion de 10,9 points de pourcentage au taux global.

La hausse récente dans le taux d'activité des femmes est générale. De 1950 à 1992, les femmes entre 35 et 54 ans doublent leur taux d'activité dans la foulée des jeunes femmes de 25 à 34 ans qui montrèrent la voie en triplant leur taux. En revanche, le recul du taux d'activité des hommes se remarque surtout chez le groupe des hommes d'âge mûr. Ainsi les hommes de 65 ans et plus abaissent-ils leur taux d'activité de 27,4 % (36,4 % à 9,0 %) ; ils sont suivis par les hommes de 55 à 64 ans, qui diminuent à leur tour leur taux d'activité de 33 % entre 1950 et 1992 (85,0 % à 57,0 %).

La proportion des femmes dans la population active grimpe, entre 1950 et 1992, de 23 % à 44 % de la population active. Au cours de la même période, la proportion des gens d'âge mûr diminue de 12 % à 9 % ;

à l'autre bout de l'échelle des âges, les jeunes de 15 à 24 ans participent moins aussi. De 26,7% en 1950, leur part dans la population active tombe à 16,0% en 1992.

Comment expliquer ces changements dans la composition de la main-d'œuvre ? La participation accrue des femmes au marché du travail est expliquée par une multitude de facteurs : montée du secteur des services, urbanisation accrue, dénatalité, quête chez la femme d'une plus grande autonomie financière. Quant à la baisse du taux d'activité des hommes d'âge mûr, elle est probablement reliée à la générosité accrue des pensions de vieillesse, à l'accumulation de fonds privés de retraite et à la présence du régime d'Assurance-santé. Quant aux jeunes, l'attrait des études est en grande partie responsable de leur plus faible taux d'activité.

Tableau 4.2 Évolution de certains taux d'activité selon des groupes d'âges

Groupes d'âge et sexe	1910	1950	1970	1980	1992	Différence 1951-1992
Homme (H)	85,3	75,9	75,7	74,6	71,9	- 4,0
Femme (F)	16,1	27,8	34,6	50,9	53,6	+25,8
Total	51,2	51,6	54,9	60,2	62,5	+10,9
25-34 F		23,9	40,0	61,0	73,1	+50,7
35-44 F		20,6	34,4	57,0	74,3	+53,7
45-54 F		19,1	33,7	47,5	64,4	+45,3
55-64 H		85,0	80,0	72,0	57,0	-28,0
65+ H		36,4	18,6	13,8	9,0	-26,8

Sources et notes : de 1911 à 1981, la source première est le recensement. Une source secondaire pour la période de 1951 à 1981 fut H. Gauthier, du Bureau de la statistique du Québec : *La population active au Québec, aspects démographiques,* 1991. Les chiffres de 1992 sont tirés de Statistique Canada : *Moyennes annuelles et population active,* 1992, cat. 71-220.

c) Le poids des facteurs sur la croissance de la main-d'œuvre

Le tableau 4.3 décompose la hausse globale de la main-d'œuvre pour les décennies de 1950 à 1990 en ses différents éléments[6]. Notons d'abord que le taux décennal de croissance de la main-d'œuvre fut de l'ordre de 20% dans la décennie 1950, de près de 10% dans la décennie 1980 après avoir atteint une hausse record de 30% dans les deux décennies intermédiaires. Si la croissance de la main-d'œuvre a été instable, ce n'est pas le cas de la population dont le taux de croissance a diminué à chaque décennie. L'instabilité de la main-d'œuvre est la résultante d'une très grande instabilité du taux d'activité. Le tableau 4.3 est utile pour prévoir ce que seront les décennies à venir.

6 Le taux de croissance de la main-d'œuvre est égal à la somme du taux de croissance de la population totale et du taux de croissance du ratio de la main-d'œuvre sur la population totale.

Si les tendances notées se poursuivent, il faut anticiper un accroissement minime de la main-d'œuvre, l'accroissement démographique anticipé étant presque nul. En conséquence, un accroissement de la main-d'œuvre ne pourra venir que d'une hausse du taux d'activité. Sur ce plan, la décennie 1980 a montré un essoufflement certain. Il est possible que le taux actuel d'activité ne puisse être dépassé sans réduire encore le taux de fécondité. L'évolution de la main-d'œuvre dans les décennies à venir risque donc de suivre les tendances lourdes décrites dans le tableau depuis 1960.

Tableau 4.3 Effets des différents facteurs sur la croissance de la main-d'œuvre selon les décennies 1951 à 1991

	1951-61	1961-71	1971-81	1981-91
Accroissement de la main-d'œuvre	21,0	30,5	30,6	11,5
Les facteurs				
1. Accroissement de la population	29,7	14,6	10,7	7,1
2. Accroissement du taux d'activité par rapport à la population totale	-7,8	15,2	20,0	4,0

Sources et notes : Le tableau 4.1 et le Bureau de la Statistique au Québec pour les chiffres sur la migration nette. *La situation démographique au Québec*, 1991. Nous avons supposé une immigration nette pour l'année 1990-91 de l'ordre de 24 000 personnes.

Il y a un lien, cher aux démographes et qu'il faut préciser, entre la main-d'œuvre et la population totale. C'est celui des dépendants constitués par les jeunes et les aînés dont la survie dépend des gens dans la force de l'âge.

Selon la projection indiquée à la figure 4.1 (p. 80), la proportion des jeunes diminue de 20% à 14% alors que celle des gens de 65 ans et plus augmente de 10,5% à 21,5% de 1992 à l'an 2020. Si l'on additionne les deux groupes ci-dessus, on obtient la proportion des dépendants. Cette proportion passe donc de 30,5% en 1992 à 35,5% en 2020.

L'utilité du concept des dépendants prend tout son sens lorsque deux informations additionnelles sont avancées. Premièrement, les dépenses par habitant que l'État effectue présentement pour soutenir un aîné sont trois fois plus élevées que celles qu'il consacre à un jeune[7]. Deuxièmement, ce sont les personnes en emploi de l'an 2020 qui payeront les taxes

7 D. Chenard et J. Serja, *L'indice de l'immigration sur les coûts sociaux du vieillissement de la population*, Conseil économique du Canada, 1992.

nécessaires pour voir aux dépendants. Or, si on connaît la population totale et en âge de travailler prévue par le scénario en cette année, bien futé celui qui oserait prédire le taux d'activité, de chômage et le nombre de personnes occupées en l'an 2020. La formule ci-jointe exprime le rapport dépendants/personnes en emploi en tenant compte des considérations indiquées :

$$\text{Rapport dépendants/personnes en emploi} = \frac{\text{Pop } 14^- + \text{E Pop } 65^+}{(\text{Pop } 15 \text{ à } 64 \text{ ans}) \, t \, (1 - c)}$$

E = ratio des dépenses publiques par aîné sur celles d'un jeune
t = taux d'activité de la population entre 15 et 64 ans
c = taux de chômage

Le tableau 4.4 donne les résultats du calcul du rapport des dépendants par emploi en 1992 et en l'an 2020.

Tableau 4.4 Le calcul du rapport dépendants/personnes employées (les hypothèses sur les paramètres sont indiquées entre parenthèses)

	1992	2020
Nombre des jeunes	20	14
Nombre des aînés	10,5	21,5
Nombre des aînés en fonction de jeunes équivalents	31,5 (E=3)	53,7 (E=2,5)
Nombre équivalent de personnes dépendantes	51,5	67,0
Nombre de personnes entre 15 et 64 ans	69,5	64,5
Nombre de personnes actives	43,4 (t=62,5)	40,3(t=62,5)
Nombre de personnes employées	37,9 (c=12,8)	39,1(c= 3,0)
Ratio dépendants/personnes employées	1,36	1,72

Source : Statistique Canada, *Moyennes annuelles de la population active,* 1992, cat. n° 71-220. Les chiffres ont été fortement arrondis afin de mieux faire ressortir les ordres de grandeur.

Il en ressort, en dépit d'une baisse dans les dépenses publiques par aîné et d'un éventuel retour au plein emploi, que le fardeau des dépendants par personne employée augmenterait du rapport 1,36 en 1992 à 1,72 en 2020. Ce résultat montre toute l'importance de relever le taux de fécondité d'ici l'an 2000 et d'ouvrir toute grande la porte à l'immigration à compter de cette date à supposer que la hausse rapide escomptée ne se réalise pas. Après l'an 2000, toute naissance viendra hausser les dépendants de 2020.

Le déficit des emplois rémunérés

Nous avons vu que le taux d'utilisation de la population totale en âge de travailler s'était beaucoup accru de 1960 à 1990. Pourtant, le Québec

TAUX DE CHÔMAGE OFFICIEL ET DÉFICIT DE L'EMPLOI

Dans l'encadré précédent, nous avons donné la définition de l'EPA de la population active et d'un chômeur. Le taux de chômage officiel (TCO) se mesure donc ainsi:

$$TCO = \frac{Nombre\ de\ ch\^omeurs\ selon\ d\acute{e}finition\ de\ l\ 'EPA \times 100}{Nombre\ de\ personnes\ actives\ selon\ d\acute{e}finition\ de\ l\ 'EPA}$$

Des questions importantes sont souvent soulevées à propos de cette définition du taux de chômage. Premièrement, cette définition exclut les travailleurs découragés, c'est-à-dire tous les travailleurs qui ne cherchaient pas d'emploi au moment de l'enquête parce qu'ils ne croyaient pas être en mesure d'en trouver un qui soit satisfaisant. Ces personnes sont considérées comme inactives dans le calcul du TCO. Des études ont révélé un grand nombre de travailleurs découragés, tant chez les 45 à 64 ans que chez les 15-24 ans. Une certaine proportion des étudiants sont, en fait, des travailleurs découragés. Deuxièmement, l'EPA ne mesure pas le sous-emploi. Une personne qui travaille 5 heures par semaine mais qui souhaiterait en travailler 40 est considérée dans le calcul du TCO comme une personne occupée.

Le TCO donne des signaux trompeurs sur la conjoncture. Ainsi, durant une reprise de l'activité économique, certains travailleurs découragés, auparavant considérés inactifs, reprennent leur recherche d'emploi alors que des travailleurs à temps partiel passent à plein temps. À cause de ces deux phénomènes, la situation de l'emploi de janvier à juin 1993, une année de forte reprise après le creux de 1992 où 52 000 emplois ont été créés, s'est soldée par le maintien du TCO à 11,8 %. Statistique Canada rend disponibles maintenant d'autres mesures du taux de chômage que le TCO. L'une d'elles tient compte des travailleurs découragés qui ne cherchent plus de travail mais qui en cherchaient au cours des six derniers mois.

Un deuxième taux supplémentaire de chômage calcule les heures perdues en raison du chômage et du sous-emploi des travailleurs à temps partiel[8].

Le tableau 4.5 compare le TCO aux deux taux de chômage supplémentaires. Il en ressort clairement que le TCO sous-estime d'un fort pourcentage le déficit des emplois. Le déficit des emplois correspond plus au taux de chômage indiqué par la troisième colonne que par la première.

Tableau 4.5 Indicateurs du déficit des emplois

	Chômeurs officiels (TCO)	Chômeurs plus travailleurs découragés	Nombre de chômeurs incluant les équivalents dus aux heures perdues
1979	9,6	11,4	10,9
1982	13,8	16,7	16,5
1987	10,3	11,7	12,8
1992	12,8	14,2	15,8

8 Voir l'article de George Jackson, « Mesures et concepts supplémentaires du chômage », *La population active*, 71-001, février 1987.

depuis 1960 semble sous-utiliser sa main-d'œuvre. Ce déficit des emplois se manifeste à trois niveaux : un taux de chômage officiel élevé, un taux d'activité sous-optimal depuis 1985, une fréquentation involontaire des études et, enfin, des retraites anticipées plus ou moins volontaires.

Ce déficit des emplois est ressenti davantage par les travailleurs les moins instruits et les plus jeunes. La tableau 4.6 indique le taux de chômage et d'activité selon la scolarisation et le groupe d'âges. En 1992, le groupe le plus touché par le déficit des emplois était celui des jeunes de 15-19 ans ; venaient ensuite les travailleurs n'ayant pas complété leurs études secondaires. Pour ces travailleurs les plus touchés, le taux de chômage atteignait 19,0 %.

Tableau 4.6 Taux de chômage et d'activité selon la scolarisation et le groupe d'âges, 1992, Québec

	Taux de chômage	Taux d'activité
Jeunes entre 15-19 ans	19,1	49,0
Scolarité entre 0 et 8 années	18,9	32,0
Études secondaires partielles	18,8	53,0
Études secondaires complétées	13,2	69,2
Jeunes entre 20-24 ans	13,2	72,8
Études postsecondaires partielles	12,8	71,8
Personnes actives entre 25-44 ans	12,2	81,9
Personnes actives entre 45-64 ans	10,9	61,4
Diplômés d'études collégiales	10,0	79,3
Diplômés d'universités	6,6	85,6
Moyenne pour le Québec	12,8	62,5

Source : Statistique Canada, *Moyennes mensuelles de la population active 1992.*

À l'autre extrémité, les diplômés postsecondaires et les travailleurs les plus expérimentés, soit ceux qui ont entre 45 et 64 ans ont une performance supérieure à la moyenne tant au niveau du taux de chômage que du taux de l'activité[9].

9 Le faible taux d'activité des personnes entre 45-64 ans est le reflet probable d'une retraite anticipée chez les hommes.

Une société qui connaît depuis longtemps un fort taux de chômage finit par s'y adapter et vivre dans un sous-emploi qui cache le taux de chômage véritable. Au tableau 4.7, nous indiquerons comment les jeunes de 15 à 24 ans se sont ajustés. La période 1975-1981 est un sommet au quant à l'arrivée des baby-boomers sur le marché du travail.

Tableau 4.7 Les jeunes de 15 à 24 ans face au marché du travail et aux études, en milliers

	1975	1981	1986	1992
Population	1233	1239	1043	908
Étudiants à temps plein	399	396	371	498
Taux de fréquentation				
des études	32,3	32,0	35,6	54,8
15-19 ans	51,7	53,5	59,0	81,2
20-24 ans	10,9	11,2	16,5	29,0
Jeunes non aux études				
à temps plein	834	843	672	410
en % de la pop. de				
15 ans et +	18,4	17,0	13,2	7,6
Taux de chômage	16,5	20,8	20,7	22,2
dont 15-19	25,6	33,3	26,5	33,5

Source : Statistique Canada, Moyennes mensuelles de la population active 1992.

Il y a, en 1975 au Québec, plus de 1,2 million de jeunes entre 15-24 ans dont 400 000 sont des étudiants à plein temps, ce qui donne un taux de fréquentation des études de 32,3 %. Il reste donc environ 834 000 jeunes disponibles, soit 18,4 % de la population en âge de travailler. Le taux de chômage de ce groupe est de 16,5 % en 1975 ; il monte à 20,8 % au moment de la récession de 1981.

De 1981 à 1986, en dépit d'une reprise économique et d'une baisse importante dans l'arrivage des jeunes sur le marché du travail, le taux de chômage des jeunes de 15 à 24 ans qui ne sont pas aux études reste à 20,7 %. S'amorce alors un très important mouvement de retour aux études, le taux de fréquentation des études des 15 à 24 ans passant de 35,6 % à 54,8 % en 1992. En conséquence, le nombre de jeunes de 15 à 24 ans qui ne sont pas aux études en 1992 (410 000) tombe de moitié par rapport à celui de 1981 (843 000). Rien, semble-t-il, ne peut assainir le marché du travail des jeunes : les jeunes qui ne sont pas aux études font face à un taux de chômage de 22,2 % en 1992 malgré le retrait des étudiants découragés de trouver un emploi.

LES CAUSES DU CHÔMAGE

Les taux de chômage peuvent différer d'une année à l'autre pour un grand nombre de raisons. En s'inspirant de Keynes, on peut distinguer trois types de chômage :

le chômage fonctionnel : chômage lié aux personnes qui changent d'emploi ou de région, chômage jugé inévitable ;

le chômage structurel : chômage qui découle de la non-concordance des structures d'offre et de demande sur le marché du travail ;

le chômage cyclique : chômage imputable aux fluctuations produites par le cycle économique. Les économistes ont cru que le chômage structurel est relativement stable dans le temps et que la plupart des fluctuations observées dans le taux de chômage global résultent de variations du chômage cyclique. Pour combattre le chômage structurel, ils proposaient des programmes d'aide au développement régional, à la formation professionnelle et à la mobilité de la main-d'œuvre. Par ailleurs, la lutte au chômage cyclique devait être menée par l'État qui, en planifiant ses investissements, pourrait offrir un contre-poids aux fluctuations du secteur privé.

Dans une petite économie très ouverte comme l'économie du Québec, le concept du chômage cyclique est beaucoup moins utile que dans un gros pays (au Québec 54,5 % du PIB est exporté). Dans une économie ouverte à ce point, on ne peut jamais être sûr qu'une hausse du chômage a des origines cycliques et qu'elle peut être réduite si l'État stimule la demande intérieure. Dans le cadre adopté ici, le taux de chômage peut varier pour trois types de raisons :

1. l'environnement économique extérieur

2. les facteurs institutionnels propres à la région

3. la structure industrielle et professionnelle de la région.

Dans le chapitre suivant, nous verrons que ces trois facteurs ensemble expliquent assez bien l'évolution du niveau des emplois et du chômage au Québec.

Le capital humain

Nous avons présenté une série de rapports entre le volume de la main-d'œuvre et la population. Il faut se rappeler que la Révolution tranquille marque un virage de 90 degrés dans la politique de la main-d'œuvre du Québec : au lieu de miser uniquement sur la quantité, dorénavant on privilégiera la qualité. Une conséquence immédiate de cette nouvelle orientation fut une baisse dans le taux d'activité des hommes de 15 à 19 ans de 63,8 % en 1951 à 38,6 % en 1971. Durant la même période, le taux d'activité des hommes de 20-24 ans suivit la même trajectoire, passant de 91,3 à 80,2. Parallèlement, le taux de fréquentation collégiale et universitaire exprimé en pourcentage de la population de 18 à 24 ans doubla entre 1961 et 1971, passant alors de 7 % à 14 %.

Pour l'économiste, l'éducation représente un investissement en capital humain. Si l'éducation est conçue comme un investissement, il est possible de recourir à une analyse bénéfices/coûts et, ainsi, de mesurer pour l'individu et la société le bien-fondé de cet investissement. Il s'agit alors de vérifier si les bénéfices dépassent les coûts, le rapport bénéfices/coûts devenant un indicateur du taux de rendement de cet investissement. Comme les bénéfices d'un diplôme s'étaleront sur toute la vie active d'un individu et que les coûts encourus seront concentrés sur trois à quatre ans, il faut trouver un commun dénominateur. L'économiste actualisera alors les bénéfices espérés sur l'ensemble d'une vie active et les comparera aux coûts[10].

La figure 4.3 indique les éléments dont il faut tenir compte dans le calcul bénéfices/coûts. Le bénéfice d'un diplôme de premier cycle universitaire, par exemple, correspond à l'écart entre le revenu annuel d'un détenteur de baccalauréat et à celui d'un diplômé de cégep durant toute la

Figure 4.3 Profil du revenu d'un diplômé universitaire et coûts des études

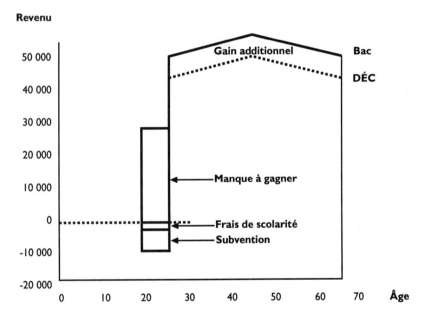

---

10 Pourquoi actualiser et comment on le fait ? On actualise, car 1 000 $ reçus dans une année ont moins de valeur que la même somme reçue aujourd'hui. Nul doute les 1 000 $ reçus aujourd'hui seraient déposés aussitôt à la banque. Dans un an, au taux d'intérêt de 5 % vous disposerez de 1 050 $. Comment actualiser ? Supposons qu'on vous promet un cadeau de 1 050 $ dans un an. Quelle est la valeur actualisée du cadeau ? Multipliez le 1 050 $ par le facteur d'actualisation de 95,24 % et vous obtiendrez la réponse : 1 000 $. D'où vient ce 95,24 % ? C'est la fraction de 1 sur 1,05 où le 1,05 est égal à l'unité plus notre taux d'intérêt de 5 %.

période entre la fin de ses études et sa retraite. Dans la figure 4.2, nous avons supposé que le diplômé universitaire commençait sa vie active à 50 000 $, alors que le diplômé de cégep ne pouvait exiger que 30 000 $ en moyenne pour les trois premières années de sa carrière. Le coût comprend le manque à gagner de l'étudiant durant la durée de ses études et les frais directement reliés à ses études comme les frais de scolarité.

Quoique l'étudiant n'ait pas à prendre en compte l'importante subvention que verse l'État aux universités et qui représente 80 % des coûts d'enseignement de ces institutions, il est important d'en tenir compte si l'on s'intéresse au taux de rendement, non pas de l'étudiant, mais que la société en retire.

Quel est le taux de rendement que suggèrent les chiffres de la figure 4.3 ? Supposons un écart de 10 000 $ par année pour chacun des 42 ans de la carrière (65 ans − 23 ans). Supposons également que le coût total est de 100 000 $. Le taux de rendement annuel moyen, r, se calcule en solutionnant l'équation suivante pour r

$$\text{Coût (100 000 \$)} = \sum_{t-1}^{42} \frac{10\ 000}{(1\ +\ r)^t}$$

Une approximation de la valeur de r est possible en divisant simplement le coût de 100 000 $ par l'écart constant de 10 000 $[11]. Le taux de rendement serait donc de l'ordre de 10 %.

L'exemple est-il réaliste ? Il l'est si on se fie aux plus récentes recherches des économistes. Une difficulté rencontrée par l'économiste dans l'estimation du taux de rendement vient du fait qu'il ne dispose pas de données sur le profil futur des revenus du diplômé. Il contourne cette difficulté en supposant que les écarts actuels de revenus entre un bachelier et un diplômé de cégep pour chaque groupe d'âges demeurent les mêmes dans le futur. Par exemple, si le revenu d'un diplômé universitaire âgé de 40 ans en 1992 est de 20 % supérieur à celui d'un diplômé du cégep du même âge, pourquoi serait-il déraisonnable de supposer que les étudiants universitaires actuels, lorsqu'ils atteindront l'âge de 40 ans, ne bénéficient aussi d'une prime similaire vis-à-vis de ceux qui terminent leurs études avec un DÉC ?

Au tableau 4.8, nous présentons les plus récents calculs sur la rentabilité des études au Québec. La première constatation est que le rendement après 30 ans d'investissement massif est encore bien supérieur à toute

---

11 Si l'on représente le facteur d'actualisation ¹/₁ + r par A, le côté droit de l'équation peut être décrit ainsi : 10 000 (1 + A + A² + ... A⁴²).

Or la parenthèse est une série géométrique dont on peut faire l'approximation par 1/1 - A, c'est-à-dire 1/r.

autre forme d'investissement. Deux remarques s'imposent. Premièrement, ce résultat heureux s'explique en partie par le fait, comme nous
l'avons vu, que le taux de chômage des bacheliers est très inférieur à celui de la moyenne. Deuxièmement, l'hypothèse que la prime observée
aujourd'hui persistera demain est optimiste, compte tenu du taux élevé
de délivrance de diplômes par les universités depuis 1985. L'avenir est
cependant difficile à prévoir.

La loi des rendements décroissants nous amenait à prévoir que l'accroissement énorme des diplômés dans les années 1960 aurait comme
conséquence de faire baisser les rendements des diplômés qui suivraient.
Les économistes rapportent effectivement une baisse de 20% du salaire
relatif des diplômés universitaires de 1968 à 1977[12]. Comment alors expliquer la forte remontée des taux de rendement durant la décennie
1980, comme l'indique le tableau 4.8? L'explication est donnée au tableau 4.9.

Tableau 4.8 Taux de rendement d'un baccalauréat selon le sexe et certains domaines
d'études, 1985

	Hommes	Femmes
Ensemble des baccalauréats	14,9	13,7
Génie	23,0	16,0
Administration	19,6	23,9
Droit, sciences sociales, éducation	10,3	16,3
Arts, Lettres, Histoire, philosophie	0,7	5,5

Source : F. Vaillancourt, Rendement pécuniaire individuel et collectif de la scolarité au Canada, 1985. Conseil économique du Canada, 1992, p. 22. Le taux de rendement d'un baccalauréat est mesuré par rapport à un diplôme d'études
secondaires. Les taux, pour le total des baccalauréats, sont valides pour le Québec alors que ceux des professions sont
valides pour le Canada.

Il faut noter au départ que plus de 65% des gens œuvrant comme
cadres ou professionnels détiennent un diplôme d'études collégiales
(25%) ou un grade universitaire (40%). Uniquement 20% des cols
blancs ont un diplôme d'études collégiales ou plus. Quant aux cols bleus,
ils sont nettement au bas de l'échelle, avec 13% de diplômés de niveau
collégial tout au plus. Il y a donc une forte différence dans le degré
d'instruction entre les trois groupes de professions. Le tableau 4.9
présente la part de chaque groupe dans le total des emplois au Québec en
1981 et 1992. La part des cadres et des professionnels démontre un gain
énorme, passant de 24,5% en 1981 à 32,6% (12,9 + 19,7) en 1992. En
fait, comme l'indique la colonne suivante, plus d'emplois ont été créés au

---

12 J.M. Cousineau (1980), *Le marché du travail des diplômés universitaires du Québec*, Conseil des Universités, Gouvernement du Québec.

Tableau 4.9 Répartition en 1981 et en 1992 des personnes occupées, selon la profession, l'apport à la création nette d'emplois et le pourcentage des personnes ayant un diplôme collégial ou universitaire

	Répartition		Apport à la création nette d'emplois (000)	% des personnes avec diplôme de cégep et plus
	1981	1992		
Cadres et professions libérales	24,5	32,6	+297	65,0
Cols blancs	41,7	39,3	+41	20,0
Travail de bureau		17,2		22,0
Ventes		9,7		23,0
Services		13,1		12,0
Cols bleus	34,8	28,3	-108	13,0
Professions du secteur primaire		3,0		11,0
Professions du secteur de la fabrication		13,3		15,0
Construction		4,4		15,0
Transport et autres		6,8		10,0
Total et moyenne	100	100	+230	30,0

Note et source : Statistique Canada, moyenne annuelle de la population active 1992. Le pourcentage des détenteurs de diplômes de niveau collégial ou universitaire concerne l'année 1987. Il a été tiré de *Revue trimestrielle du marché du travail et de la productivité,* hiver 1988.

profit des gens appartenant à ce groupe (297 000 emplois) qu'il y en a eu de créés pour l'ensemble de l'économie (230 000) entre 1981 et 1992. Le tableau indique que la part des emplois réservés aux cols bleus est tombée de 34,8 à 28,3 % entre 1981 et 1992. En fait, il s'est produit dans ce cas une perte nette d'emplois (108 000). Le chapitre suivant fournit une explication à la chute dramatique des emplois chez les cols bleus.

Si la demande des diplômés universitaires a augmenté plus vite que l'offre et a ainsi produit une hausse du taux de rendement du capital humain dans la décennie 1980, peut-on par le même raisonnement, expliquer les écarts énormes qui existent entre le taux de rendement des diplômés selon les facultés ? Le tableau indique qu'un baccalauréat en lettres, histoire et philosophie ne rapporte aucun gain pécuniaire à son détenteur, alors qu'un diplôme en génie ou en administration donne un taux de rendement de l'ordre de 20 %. Comment expliquer ces écarts ? Une réponse adéquate exige de définir le rôle des universités et de diviser les connaissances qui y sont transmises en deux types. L'université reproduit de tout temps les grandes caractéristiques de la société où elle s'insère. D'abord sous le contrôle étroit de l'Église, nos universités ont été conçues comme des lieux de formation professionnelle: on y formait des médecins, des notaires, des avocats et des théologiens. Puis, avec la Révolution tranquille, elles se sont mises à former des hommes d'affaires, de lettres, de sciences et des spécialistes en sciences humaines, sociales et économiques. En s'ouvrant ainsi, les universités québécoises ont fini par assumer, en plus de leur fonction économique initiale, une fonction sociale et culturelle. Ces deux fonctions additionnelles justifient à toute fin pratique une partie du statut spécial accordé aux universités de par le monde.

Au Québec, la situation, en un sens, est particulière. À cause de sa taille, du fait aussi qu'il forme un enclos francophone en Amérique du Nord, le Québec est placé dans une situation où il lui faut importer les connaissances. Cette situation n'est pas spécifique au Québec: elle est, au contraire, le lot de la majorité des pays. Dans ce contexte, la première tâche de l'université québécoise est de digérer les connaissances produites ailleurs et de les diffuser. Si tout savoir confère des avantages à celui qui le possède, la nature des avantages peut être très différente selon le type des connaissances acquises. L'étudiant inscrit dans une faculté dite professionnelle acquerra des connaissances dont la caractéristique est qu'elles sont monnayables. Quand il parle de capital humain, l'économiste ne pense qu'aux connaissances qui sont appropriables et monnayables par l'individu.

En opposant capital humain et masse des connaissances dans le grand schéma présenté au début de la partie II, nous nous reportions à une acquisition de connaissances qui ne s'incarnent pas dans un individu et que celui-ci ne peut donc monnayer.

Les connaissances en lettres, en histoire, en philosophie, en biologie et en mathématiques ont pour caractéristique d'être difficilement monnayables. Les avantages qu'elles confèrent sont d'une autre nature. C'est d'abord celui de comprendre son environnement (personnel, professionnel, social, politique et environnemental) et celui de pouvoir le modifier. Pas besoin d'aller à l'université pour acquérir ces connaissances, direz-vous, à preuve, nos ancêtres se sont débrouillés sans diplôme. C'est en partie vrai, mais rares sont ceux qui croient que le Québec puisse risquer, dans un monde devenu si complexe, d'opter pour l'ignorance pour voir ce qu'elle rapporterait. Ainsi, si le taux de rendement du capital histoire et biologie est faible, c'est que la première fonction de ces enseignements est de générer un capital qui, par définition, est intangible.

L'économiste est un semi-professionnel qui, dans certaines fonctions, peut obtenir un taux de rendement sur son capital humain avantageusement comparable à celui d'un bachelier en administration. Par ailleurs, le livre que vous avez entre les mains, par exemple, compte tenu de son prix et de tous les coûts encourus, n'aurait pu paraître sans une contribution indirecte importante de l'État. Il n'aurait pas été rentable de le publier, sauf si on considère qu'il aura peut-être une incidence économique et sociale quelconque et qu'il générera un capital intangible venant plus qu'effacer son déficit.

En 1961, les diplômés d'administration et des départements d'économique ne constituaient respectivement que 11,5 % et 1 % du total des diplômés. En 1989, les deux pourcentages correspondants sont de 20,4 % et 2,5 %. Les universités du Québec décernent respectivement 40 % et 15 % de tous les diplômes en administration et en économique au Canada. Ces chiffres expriment, peut-être mieux que tous les autres, le sens de la Révolution tranquille. Il a fallu que les politiques mises en place pour promouvoir l'entrepreneurship et les cadres francophones soient extrêmement efficaces pour soutenir une telle croissance de l'offre.

Les liens entre les générations

L'analyse de la section précédente soulève des questions bien complexes concernant la justice entre les générations. Historiquement, ce problème s'est toujours posé au Québec. Nous avons vu que, au XIXe siècle, l'héritage laissé par les vieilles générations fut insuffisant pour garder au Québec la jeune génération. Par contre, entre 1900 et 1960, les générations qui se succèdent sont de plus en plus importantes en nombre. Malgré cette hausse de population, la croissance de l'économie est si vigoureuse qu'on a pu créer assez de nouveaux emplois pour absorber tous les nouveaux travailleurs, sauf durant la période de la crise des années 1930. Pendant cette période, les aînés étant toujours en petit nombre par rapport aux personnes dans la force de l'âge, leur soutien n'impliquait pas beaucoup de sacrifices pour les générations montantes.

À la fin du présent siècle, à cause de la sous-natalité pendant la période 1960, la situation est complètement renversée : les générations sont de moins en moins nombreuses. Il en sera ainsi à perpétuité aussi longtemps que le taux de natalité restera sous le seuil de 2,1 enfants par femme. Nous vivons présentement une période historique durant laquelle il nous faut faire l'arrimage entre une grosse génération et une petite génération, situation jamais vue depuis la découverte de l'Amérique.

Pour illustrer les problèmes d'arrimage, nous distinguons trois générations, celles des enfants nés entre 1920 et 1940, entre 1940 et 1960 et entre 1960 et 1980. La première génération compte 1,4 million ; la population de la deuxième s'élève à 2,35 millions et celle de la troisième redescend à 2,0 millions de membres. Nous pouvons décomposer le cycle de vie d'une gé-

nération en quatre phases de vingt ans : la jeunesse, l'ascension de l'adulte
— qui se produit de l'âge de 20 à 40 ans — la maturité, entre 40 et 60 ans,
et la vieillesse. La population actuelle du Québec est surtout composée
d'aînés nés aux alentours de 1930, de baby-boomers qui entrent dans leur
phase de maturité et de jeunes adultes qui sont nés après 1960.

Nous avons parlé de la justice entre les générations. Y a-t-il des mécanismes pour la faire respecter ? Ce rôle d'arbitre revient aux parents[13].
Les adultes entre 20 et 60 ans ont plein pouvoir. Ils décident du nombre
d'enfants qu'ils auront et donc de la taille de la génération qui les suivra.
Ils jouent aussi un rôle déterminant dans le niveau de vie de leurs parents
quand ceux-ci entrent dans la phase vieillesse. Il existe donc des personnes, des parents, qui vont chercher à rendre comparable la consommation d'une génération à l'autre. Cette tâche n'est pas facile, car l'économie est cyclique à long terme. Une période de prospérité peut justifier
une consommation qui sera peut-être le triple de celle qui serait justifiable dans une période de crise.

Parlons maintenant de chacune des trois générations (voir tableau
4.10) actuelles. La première génération est née au moment de la crise des
années 1930. Les parents avaient un revenu à peine suffisant pour nour-
rir leur famille si celle-ci n'était pas trop nombreuse, et ils ne disposaient
pas d'assez de capital pour garder leurs enfants longtemps aux études.
Ceux-ci se présenteront sur le marché du travail comme cols bleus.
Quelle joie pour un fils de constater que, en cinq ans de travail, il était
déjà devenu aussi riche que son père. Cette génération, qui était dans sa
phase d'ascension après la guerre, est celle qui engendra le baby-boom.
Ceux que l'on a appelés les baby-boomers furent donc élevés par des parents dont le pouvoir d'achat et la consommation s'accroissaient. Les
premiers baby-boomers se présentèrent sur le marché du travail dans la
décennie 1960 et purent commander des salaires jamais payés au Québec : ils étaient plus instruits que leurs parents, et le Québec misait sur
eux. Les baby-boomers qui se présentent sur le marché du travail durant
la décennie 1970 rencontrent un certain engorgement, mais les choses
finissent par se tasser.

À l'instar de tous les enfants des pays industrialisés nés dans les années qui suivirent la fin de la Deuxième Guerre mondiale, les baby-boomers du Québec décident d'avoir peu d'enfants. Cette décision leur permet d'offrir à leurs parents l'un des programmes de sécurité de la
vieillesse des plus généreux, de doter leurs enfants d'un stock inégalé de
capital humain et de mettre de côté, souvent dans des fonds privés, de
l'épargne en prévision de leur éventuelle retraite.

---

13 Cette section a profité considérablement d'une lecture de G.S. Becker et K.M. Murphy, « The Family and the
State », *Journal of Law and Economics*, avril 1988.

Tableau 4.10 Les ressources humaines. Les liens entre les générations[14]

Nom de la génération	Les aînés	Les baby-boomers	Les jeunes
Nombre	1re génération	2e génération	3e génération
Période	1,4 million	2,35 millions	2,0 millions
1930-50	JEUNESSE Pauvreté Peu d'instruction Travail ardu		
1950-70	ASCENSION Pénurie de main-d'œuvre Salaire en forte hausse Forte natalité	JEUNESSE Une éducation complète Longues études	
1970-90	MATURITÉ Capital investi dans les enfants	ASCENSION Haut salaire des hommes Ruée des femmes sur le marché du travail Natalité faible	JEUNESSE La plus instruite des générations
1990-2010	VIEILLESSE Perception de vivre richement	MATURITÉ Salaire stagnant Retraite anticipée	ASCENSION Chômage Salaire en baisse ?
2010-2030		VIEILLESSE Vivra de son capital accumulé ?	MATURITÉ Pénurie de main-d'œuvre ? Salaire en hausse ?

14 L'appellation des générations ainsi que le choix des périodes laissent beaucoup de place à de l'arbitraire, car la réalité est immensément plus complexe.

Quand les enfants des baby-boomers se présentent à leur tour sur le marché du travail à compter des années 1980, l'économie mondiale est à bout de souffle, les emplois sont rares, précaires et mal payés. Ces jeunes s'en sortent quand même en prolongeant leurs études, mais, à la fin de leur phase ascension, ils auront probablement accumulé une dette importante. Celle-ci pourra être effacée de deux façons : par un transfert d'actifs en provenance de la génération précédente et par une forte récupération des salaires lorsque les baby-boomers se retireront du marché. L'investissement en capital humain est le principal mécanisme de transfert intergénérationnel. Comme l'État a un déficit budgétaire bien supérieur aux sommes investies dans l'éducation, on doit considérer que la troisième génération n'a rien reçu sur ce plan. Les transferts d'actifs se font généralement au décès des parents, mais, en examinant comment font les agriculteurs lorsque le fils qui prendra la relève arrive à l'âge de fonder une famille, on pourra connaître d'autres mécanismes ingénieux.

La grande question est de savoir si la troisième génération aura les moyens de corriger les erreurs de tir de la deuxième, c'est-à-dire de relever le taux de fécondité au-dessus du seuil de la reproduction. Nous avons déjà souligné que la période de 1994 à 2000 constituait un moment unique pour atteindre cet objectif puisque, lorsque les baby-boomers atteindront l'âge de la retraite, il est bien possible que les jeunes couples ne disposent plus d'assez de ressources pour se payer le nombre d'enfants désirés.

Conclusion

L'actuel déficit démographique du Québec est un événement dont on ne retrouve pas d'exemple dans l'histoire du Québec. Ce déficit, qui apparut avec la Révolution tranquille, n'aura de conséquences sérieuses qu'à compter de l'an 2020. À ce moment, le Québec risque de connaître une hausse de la proportion des aînés dans la population totale avec l'implicite élévation du fardeau fiscal des personnes occupées et la baisse appréhendée de la population. Si ce déficit n'est pas éliminé d'ici l'an 2000, le Québec entrera dans un cercle vicieux où le fardeau des aînés constituera un obstacle à la natalité.

À cause d'une hausse du taux d'activité combinée aux effets du baby-boom, le taux de croissance de la main-d'œuvre fut l'un des plus élevés au monde de 1960 à 1980. Cette période est aussi celle où la qualité de la main-d'œuvre, mesurée par le niveau moyen de sa scolarité, a crû le plus vite. La décennie 1980 est décevante sur plusieurs plans. On y déplore une faible croissance du volume et de la qualité de la main-d'œuvre, un taux de chômage officiel à la hausse, un recul du taux d'activité des jeunes et des personnes de 45 à 64 ans et, enfin, un déficit des emplois, dont le taux de chômage officiel n'est qu'un faible reflet.

Les jeunes entre 15 et 24 ans furent les grands perdants de cette décennie. Pour le quart d'entre eux, l'université constitue un lieu plaisant où l'on peut attendre un emploi bien rémunéré. Les dernières études suggèrent que l'éducation supérieure s'avère encore un bon investissement. En toute logique, toutefois, une baisse du taux de rendement du capital humain est une possibilité.

Si les cinq années à venir se révélaient aussi mauvaises que les cinq dernières, le déficit démographique apparaîtrait insoluble à moins d'une intervention ingénieuse des parents. Ceux-ci, dont le rôle est d'assurer la continuité entre les générations, devront trouver des solutions quant au plan individuel tout en cherchant les modifications nécessaires aux politiques.

Schéma-synthèse Les ressources humaines

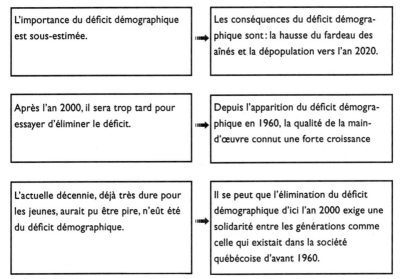

L'importance du déficit démographique est sous-estimée.

➦ Les conséquences du déficit démographique sont : la hausse du fardeau des aînés et la dépopulation vers l'an 2020.

Après l'an 2000, il sera trop tard pour essayer d'éliminer le déficit.

➦ Depuis l'apparition du déficit démographique en 1960, la qualité de la main-d'œuvre connut une forte croissance

L'actuelle décennie, déjà très dure pour les jeunes, aurait pu être pire, n'eût été du déficit démographique.

➦ Il se peut que l'élimination du déficit démographique d'ici l'an 2000 exige une solidarité entre les générations comme celle qui existait dans la société québécoise d'avant 1960.

Questions et choix multiples

1. Quelle est la période où la démographie est passée par deux phases (la décennie 1960 servant de charnière) ? Donnez les caractéristiques de chacune des deux phases sur le plan des taux de natalité, de mortalité, d'immigration et d'émigration.

2. Définissez :
- Taux synthétique de fécondité
- Seuil de reproduction de la population
- Taux net de reproduction
- Taux d'activité des femmes
- Taux d'accroissement naturel
- Taux de dépendance
- Taux annuel moyen de croissance
- Loi des rendements décroissants
- Population en âge de travailler

3. Lequel des deux éléments déterminant l'accroissement de la main-d'œuvre joue un rôle prédominant dans les périodes suivantes : 1910-1950, 1951-61, 1971-81 ?

105

4. Qu'est-ce que le capital humain ? Jusqu'où faut-il investir dans ce type de capital, compte tenu de la loi des rendements décroissants ?

5. Quels pourraient être les éléments du problème d'ajustement qui se pose lorsqu'une génération est suivie par une génération moins nombreuse ?

6. Cochez l'erreur :
   Le rapport des emplois sur la population totale reflète...
   ☐ le taux d'activité des hommes ;
   ☐ le taux de chômage des jeunes de 15 à 19 ans ;
   ☐ la proportion des dépendants ;
   ☐ la capacité maximum de production du pays.

7. Comment expliquer que, malgré un taux synthétique de fécondité (1,6) inférieur au seuil de remplacement des générations (2,1), le taux d'accroissement naturel puisse être positif ?
   Cochez la bonne réponse.
   ☐ Le taux de mortalité est anormalement bas.
   ☐ Le taux synthétique de fécondité est un concept abstrait qui ne reflètepas toutes les facettes de la réalité.
   ☐ Le nombre de femmes entre 14 et 49 ans représente présentement uneproportion anormalement élevée de la population totale.
   ☐ Il faut distinguer entre le taux de natalité et le taux de fécondité.

8. Cochez l'erreur :
   Le taux d'activité de la main-d'œuvre s'est accru beaucoup au Québec entre 1970 et 1992 parce que...
   ☐ le taux d'activité des hommes de moins de 55 ans est resté stable ;
   ☐ les femmes ont augmenté leur taux d'activité ;
   ☐ le nombre d'enfants par femme a diminué ;
   ☐ le taux de chômage a diminué par rapport à la décennie 1960.

PARTIE III

LA PRODUCTION, LA CONSOMMATION ET LES DÉFICITS

Nous avons vu que le volume de la production d'un pays dépendait de son capital physique, de sa main-d'œuvre, du savoir-faire de sa population et de la quantité disponible de ses ressources naturelles. Chacune des ressources peut être directement ou indirectement exportée. C'est ce troc qui détermine la structure de la production d'un pays. L'étude de la structure industrielle du Québec a fait l'objet du chapitre V. Cette structure est déterminée simultanément par notre dotation relative en ressources et la demande étrangère pour nos produits. Les ressources du Québec doivent être bien gérées pour maximiser la production, non pas pour elle-même mais pour favoriser le bien-être économique de l'ensemble des citoyens. À cet égard, l'État joue un rôle essentiel au bon fonctionnement d'une société. L'État a la responsabilité de veiller à ce que la consommation nationale de biens et services ne surpasse pas la production nationale. L'État doit d'abord montrer l'exemple et assumer ses propres finances. Le chapitre VI porte sur les difficultés financières du secteur public québécois.

Comme il y a un lien très étroit entre le déficit extérieur et le déficit public, il est important de définir l'un par rapport à l'autre. La comptabilité nationale distingue quatre agents économiques : les ménages, les entreprises, l'État et les étrangers. Un agent peut avoir une dette envers un autre tout en détenant des avoirs nets sur un autre. La dette du secteur public est la somme nette due par l'État aux ménages, aux entreprises et aux étrangers. En revanche, la dette extérieure du Québec est égale à la somme due par les ménages québécois, par les entreprises localisées au Québec et par l'État à des étrangers.

Il y a donc un double comptage en ce qui concerne la dette de l'État envers les non-résidants. Il faut en conséquence être prudent dans l'interprétation des chiffres publiés. Le public semble surtout préoccupé à juste titre par le rythme auquel augmente la dette publique. Toutefois, en conclusion de cette partie, on rappelle qu'une dette publique n'est vraiment menaçante que le jour où elle se répercute sur la dette extérieure.

CHAPITRE V

STRUCTURE INDUSTRIELLE ET DÉFICIT EXTÉRIEUR

Ce chapitre contient six sections. La première explique pourquoi l'économie du Québec semble de plus en plus orientée vers les services alors que, en réalité, il n'en est rien. La deuxième pose les problèmes nombreux et insolubles rencontrés par un pays qui veut se doter d'une stratégie industrielle. La troisième compare les structures industrielles du Québec à celles de l'Ontario, du Centre-Atlantique et du Sud-Est des États-Unis. Dans la quatrième section, on analyse le déclin industriel du Québec par rapport à l'Ontario de 1960 à 1988. La stratégie des grappes industrielles est discutée dans une cinquième section. Enfin, on mesure le déficit extérieur du Québec, et on peut conclure que ce qui apparaît être un déclin dans la force industrielle est, en fait, une manifestation d'un déficit extérieur.

Les grands secteurs de l'économie et leur évolution depuis 1960

Le tableau 5.1 oppose le secteur des services à celui des biens. Ce dernier secteur est décomposé en deux sous-secteurs, le primaire et le secondaire, alors que les services sont regroupés en trois sous-secteurs (voir encadré p. 112).

En 1961, le secteur des biens détenait 45,9 % des emplois. Le reste des emplois, soit 54,1 %, se retrouvaient évidemment dans le secteur des services. En 1990, le secteur des services était passé à 73,4 %. On obtient une meilleure vue de la transformation profonde de la machine de production du Québec lorsqu'on répartit cette dernière en cinq secteurs. Le poids du secteur primaire, au niveau tant des emplois que de la production, diminue de moitié entre 1961 et 1990. Le secteur secondaire suit, affichant une perte d'un tiers dans son poids relatif.

En revanche, le sous-secteur des services aux ménages et aux entreprises (enseignement, santé, hébergement, restauration, bureaux d'ingénieurs, d'avocats, etc.) connaît une ascension fulgurante, doublant presque son poids relatif entre 1961 et 1991. Pendant ce temps, dans la même foulée, le sous-secteur comprenant les administrations publiques et les institutions financières accaparait 23,4 % de la production en 1990 comparativement à seulement 16,7 % en 1961. Des cinq sous-secteurs, celui du transport, des communications et du commerce sera le seul à conserver une part stable de la production et des emplois tout au long des trente années étudiées.

Comment expliquer le recul du secteur des biens devant celui des services ? Quels sont les véritables fondements des changements que nous venons de souligner ? Il y a plusieurs théories sur le sujet. Retenons-en quatre. Trois d'entre elles avancent des explications structurelles, alors que la quatrième explique le recul du secteur des biens par la présence d'un déficit extérieur.

1. La théorie de la maturité

Selon la théorie de la maturité, le changement structurel, déplacement de la production du secteur des biens vers celui des services, ne constitue qu'un élément normal du processus de croissance du niveau de vie. En effet, en économie, on explique les réallocations de ressources par le jeu de la demande. Dans une société riche, la demande de certains services est beaucoup plus forte. La théorie de la maturité concentre son explication sur la demande des ménages.

Tableau 5.1 Part relative de l'emploi et de la production (PIB au coût des facteurs) des grands secteurs dans l'économie du Québec, 1961 à 1990

	1961		1981		1990	
	emploi	PIB	emploi	PIB	emploi	PIB
Secteur des biens	45,9	43,4	31,1	32,8	26,6	27,5
primaire	11,4	6,4	4,8	4,5	4,5	3,1
secondaire	34,5	37,0	26,3	28,3	22,1	24,4
Secteur des services (tertiaire)	54,1	56,6	68,9	67,2	73,4	72,5
Transport, communications et commerce	23,1	25,8	25,6	21,5	25,3	23,8
Institutions financières et administrations publiques	9,1	16,7	12,3	21,2	12,6	23,4
Services aux ménages et entreprises	21,9	13,9	30,8	24,6	35,2	25,2

Source : Statistique Canada, *Statistiques historiques du Canada*, n° 115-16 et Bureau de la Statistique du Québec, *Le Québec, chiffres en main*, éd. 1992-93.

Remarque : Les données auraient dû être écrites en dollars constants, mais nous ne disposions pas des indices de prix nécessaire. En conséquence, les chiffres PIB peuvent refléter des changements autant dans les prix relatifs que dans le volume des activités. On doit noter que l'électricité, l'eau et le gaz naturel sont inclus dans ce tableau dans le premier des trois sous-secteurs du secteur tertiaire.

2. Théorie de la croissance différenciée de la productivité selon les secteurs

Entre 1961 et 1990, la productivité du secteur des biens augmenta plus rapidement que celle du secteur des services[1]. Ainsi, pourquoi la productivité de l'enseignant ou du coiffeur ne s'est pas développée au même rythme que celle de l'ouvrier des usines?

C'est qu'un service exige un contact de personne à personne. La qualité du service augmente fréquemment avec le temps qu'y consacre son dispensateur. Par contre, dans le secteur des biens, un ouvrier est plus en intéraction avec une machine qu'avec une personne. Il y est donc très facile d'introduire des innovations qui réduisent le temps de travail sans que la qualité du produit souffre.

En conséquence, alors que depuis 1960 les emplois dans le secteur des biens diminuaient, ceux du secteur des services augmentaient. Cela est reflété dans les sociétés modernes par les coûts de la santé, de l'éducation et des services policiers, par exemple, qui se gonflent de plus en plus, alors que le prix des automobiles, des ordinateurs et des autres biens est comparativement stable.

Mais cette théorie qui a de solides fondements ne s'applique pas à tous les services. En effet, on a récemment observé dans le sous-secteur des banques et des communications, des hausses de productivité supérieures à celle des biens[2].

3. La théorie de la réorganisation des entreprises et des ménages

À mesure que le temps avance, les entreprises manufacturières traditionnelles font appel à des services externes pour remplacer des services internes tels que la comptabilité, le marketing, les services juridiques. La production et l'emploi semblent alors se déplacer, à l'œil du statisticien, du secteur des biens vers celui des services. En plus, depuis cette brisure, la productivité des spécialistes qui offrent des services aux entreprises ne s'est pas accrue au même rythme que celle des travailleurs du secteur des biens. Ainsi, en se délestant des fonctions qui ne relevaient pas de sa compétence propre, le secteur des biens aurait mis le statisticien sur une fausse piste. Les chiffres du tableau 5.1 sont le reflet d'un simple effet statistique.

La même illusion statistique aurait résulté de la transformation de la famille. Depuis l'entrée de la femme sur le marché du travail, la famille

---

1 Si la productivité de la main-d'œuvre dans un sous-secteur se mesure par le ratio production/main-d'œuvre, la productivité relative d'un sous-secteur peut se mesurer en divisant le poids de ce sous-secteur dans la production par son poids dans le total des emplois du pays. Ainsi, le taux de productivité du sous-secteur des services aux ménages et aux entreprises ne représente que 71,5 % de la moyenne des autres secteurs. En revanche, le secteur manufacturier détient une avance de 10 % quant à sa productivité relative.

2 Pour vérifier ce fait, on n'a qu'à diviser le poids de la production par le poids du sous-secteur institutions financières et administrations publiques dans le total des emplois au Québec. En 1981, la productivité relative de ce sous-secteur était de 72,3 % plus élevée que la moyenne ; en 1991, le pourcentage correspondant était 85,7 %.

moderne a deux gagne-pain et elle achète de plus en plus de services de toutes sortes, de garderie, de restauration, loisirs, entretien ménager. Ces services étaient généralement fournis autrefois par la personne qui prenait à sa charge la garde du foyer domestique. Le recours à des services externes par le ménage crée un effet statistique qui laisse croire en une hausse réelle dans la quantité de services utilisés. La raison en est simple : le statisticien ne comptabilise pas les services échangés au sein d'une famille, mais il les compte lorsque ces mêmes services sont achetés sur le marché.

LA DÉFINITION DE LA PRODUCTION ET LE CLASSEMENT DES ENTREPRISES

Qu'entend-on par la valeur de production d'une usine ? C'est la différence entre le revenu tiré de la vente des produits et le coût des biens et des services intermédiaires achetés. Cette différence, appelée valeur ajoutée, comprend toutes les dépenses dites primaires (salaires payés, profits, frais d'intérêt, amortissement). La production est dite intermédiaire quand elle est destinée à être encore transformée avant d'être achetée par un ménage, par un gouvernement ou par une entreprise à des fins d'investissement. À ce dernier stade de transformation, on dit que le bien est fini.

Comme l'amortissement représente une pure perte, et donc une somme qui n'est pas reçue par les facteurs primaires de production, on parle de production interne nette (PIN) ou de revenu interne net (RIN) au coût des facteurs lorsque l'amortissement est déduit de la valeur ajoutée. Le PIN ou le RIN au coût des facteurs est la somme de la production nette de toutes les entreprises. Si ces dernières ont reçu des subventions de l'État, il faut soustraire ces subventions et ajouter les taxes indirectes pour obtenir le PIN au prix du marché. Les taxes indirectes doivent être ajoutées à la production estimée au coût des facteurs, car elles créent un écart entre le prix chargé par l'entreprise et celui que paie l'acheteur.

Le PIN se transforme en PIB (produit intérieur brut) si l'amortissement n'a pas été déduit de la valeur ajoutée des entreprises. Ce dernier concept est le plus fréquemment utilisé étant donné que, selon les entreprises et les pays, son application dans le calcul de l'usure du capital laisse une bonne place à l'arbitraire.

On peut regrouper les activités de production des différentes entreprises de bien des façons. D'un regroupement en deux secteurs, les biens et les services, on peut passer à une division en cinq secteurs comme on le fait au tableau 5.1. Ces cinq secteurs regroupent les quelque 1 000 industries distinguées par Statistique Canada. Le secteur primaire comprend les activités liées aux ressources naturelles : agriculture, pêche, forêt, mines et, dans certains cas, électricité, eau et gaz[3]. Le secteur secondaire, qui accomplit la transformation finale des ressources naturelles ou des biens intermédiaires importés, comprend lui-même deux secteurs, le secteur de la construction et le secteur manufacturier. Après avoir franchi tous les

3 Statistique Canada fait une distinction entre le secteur tertiaire et celui des services. La production d'électricité, de gaz naturel et la distribution de l'eau est incluse dans le secteur des biens mais, selon la classification à trois secteurs, elle l'est dans le secteur tertiaire.

stades nécessaires de transformation, le bien sera consommé, exporté ou acheté par une entreprise à des fins d'investissement mais seulement après avoir été transporté. Le transport est une activité du secteur tertiaire. En fait, le secteur tertiaire comprend tout ce qui n'est pas considéré comme un bien tangible, soit un nombre d'activités hétéroclites allant de la coupe de cheveux à la défense nationale en passant par Radio-Canada. Statistique Canada regroupe généralement les services en cinq secteurs.

Partant de là, nous avons opté pour le regroupement en trois sous-secteurs (tableau 5.1) dans le but de faire ressortir les contrastes au sein même du secteur tertiaire. Le dernier sous-secteur, appelé services aux ménages et aux entreprises, comprend les services d'enseignement, de santé, d'hébergement et de restauration, en plus des services aux entreprises. Ne sont classés sous la rubrique institutions financières et administrations publiques que les services constitués des membres des forces armées, des juges, des policiers et des employés de la fonction publique.

Dans sa cueillette des données sur l'emploi et la production, Statistique Canada retient comme unité d'observation l'usine ou l'entreprise, selon le cas. Quand une usine fabrique plusieurs biens différents, la production la plus importante sert à la classer. Cette méthode de recherche de données peut avoir des effets trompeurs sur l'évaluation de la taille relative des secteurs. Imaginons les conséquences sur l'évaluation de la production d'une industrie lorsque les entreprises qui la composent donnent en sous-traitance leur production secondaire.

Dans l'encadré p. 42-43, nous avons indiqué deux méthodes pour calculer le PIB et nous en avons présenté une troisième ici. Cette dernière a l'avantage de nous permettre de suivre l'évolution de la production et de l'emploi entre le secteur des biens et des services, alors que la première méthode, celle de la somme des dépenses, peut nous servir à suivre l'évolution des dépenses selon ces deux secteurs. Deux économistes, D.C.A. Curtis et K.S.R. Murphy, ont décomposé les dépenses faites au Canada en biens et en services[4]. Les dépenses pour l'achat de biens correspondent à la somme des dépenses de consommation de biens, d'investissements et d'exportations de biens moins les dépenses d'importations de biens. Ces économistes sont arrivés à un résultat important : au Canada, entre 1967 et 1986, la répartition des dépenses finales entre les biens et les services est restée complètement stable. En 1986, les dépenses se répartissent ainsi : 57 % pour l'achat de biens et uniquement 43 % pour l'achat de services. C'est exactement le même pourcentage qu'en 1967.

4. Le déficit extérieur

La caractéristique des services est que, à l'opposé des biens, ils sont, en général, difficilement transportables. En conséquence, les exportations et les importations d'un pays sont composées de biens plutôt que de services. Ainsi, dans le cas du Québec, les exportations de biens représentent au moins 75 % de ses exportations totales. À cause de la prédomi-

---

4 D.C.A. Curtis et K.S.R. Murthy, *Les changements structurels dans les secteurs des biens et des services et la croissance économique canadienne : 1967-1986*, Conseil économique du Canada, 1991, p. 4.

nance des biens dans le commerce extérieur d'un pays, un déficit de ce pays dans ses échanges extérieurs aura pour impact de favoriser un tertiarisation de l'économie de ce pays puisque la chute dans la production de biens n'est pas accompagnée par une chute correspondante dans la production de services.

Les déplacements de la production, du secteur des biens vers celui des services, ont été, depuis 1960, particulièrement prononcés au Québec en comparaison de ceux qui se sont produits dans les autres régions canadiennes. Ainsi, en 1961, le Québec détenait 30 % de la production du secteur secondaire au Canada. En 1990, le pourcentage correspondant tombait sous 25 %. Par ailleurs, la part du Québec dans la production du secteur tertiaire du Canada restait stable à environ 25 %. Ces chiffres suggèrent la présence d'un déficit extérieur plus prononcé au Québec qu'ailleurs au Canada.

L'option d'une théorie parmi les quatre précédentes pourrait être facilitée par quelques données nouvelles sur la demande finale et les dépenses effectuées au Québec. Seulement 43 % des dépenses finales faites au Québec (voir l'encadré ci-dessous), allaient aux services dans les années 1960. Il est encore de 43 % aujourd'hui. Ainsi, la stabilité des achats finaux de services disqualifie la première théorie, appuie la deuxième sans infirmer la troisième.

L'hypothèse d'une saturation dans la consommation de biens étant éliminée, la réorganisation des entreprises qui se délestent de leurs services internes, la réorganisation des ménages et le faible taux de croissance de la productivité de certains services pourraient constituer les principales causes du déplacement apparent des emplois vers les services.

L'information apportée plus haut quant à la disproportion entre les revenus tirés de la production et la demande de services a une autre importante implication : elle réhabilite le secteur des biens dans tout son rôle pour équilibrer les comptes extérieurs du pays. Si 57 % des sommes dépensées au Québec sont destinées à l'acquisition de biens, il y a de fortes chances, puisque la consommation interne est maintenant plutôt orientée vers les services, que la demande étrangère au Québec aille plutôt vers les biens. Les exportations de biens et de services représentent 55 % du PIB du Québec. Un très grand nombre de services sont de nature intermédiaire, en ce sens qu'ils sont achetés par le secteur des biens. En conséquence, nous allons nous concentrer sur le secteur des biens dans le reste de ce chapitre.

Le secteur des biens et la stratégie industrielle

Le tableau 5.2 présente plus de vingt industries de biens; chacune y est analysée sous 9 aspects différents[5]. Ces industries sont aussi regroupées en cinq secteurs, sur la base de la principale ressource qu'elle utilise, soit le secteur ressources (naturelles), le secteur main-d'œuvre ou travail, le secteur technologie, le secteur à forte intensité en capital et enfin un secteur regroupant des industries diverses.

Toute région rêve d'avoir une structure industrielle dont les principales industries verseraient de hauts salaires, seraient tournées vers l'exportation et seraient dominées par de grosses entreprises aux mains d'autochtones. On peut aussi légitimement souhaiter que toutes les industries soient peu cycliques et qu'aucune d'entre elles ne vive dans une enclave. Rares sont cependant les régions qui réalisent pleinement leur rêve, car aucune, prise isolément, ne possède toutes les caractéristiques recherchées.

Le secteur technologie, qui comprend les produits du transport et de la machinerie, les produits chimiques et électroniques, a toujours exercé une fascination au Québec. Dans ce secteur, les usines sont grosses, et on y verse des salaires supérieurs de 20 % de la moyenne. L'Ontario, dont l'économie est basée sur ce secteur (l'automobile), a connu l'un des plus hauts taux de croissance en Amérique du Nord depuis 1960. Par contre, ce secteur est sous contrôle étranger et il est cyclique. Au Québec, l'assemblage d'automobiles génère très peu de liens intersectoriels.

Comme le secteur technologie, le secteur main-d'œuvre est très exportateur, le premier étant tourné vers le marché des États-Unis, le second vers le marché du reste du Canada. Quant au secteur à forte intensité en main-d'œuvre, il est caractérisé par de petites et de moyennes entreprises sous contrôle anglophone. Les salaires qui y sont payés, comme leurs taux de croissance de la consommation, y sont largement inférieurs à la moyenne. Par ailleurs, la valeur ajoutée au Québec du secteur main-d'œuvre est des plus élevées, et le secteur produisant des biens non durables est peu cyclique.

Ni les sous-secteurs axés sur les ressources naturelles ou le capital ni le sous-secteur regroupant les industries diverses ne sont composés d'industries aussi homogènes que les industries incluses dans les sous-secteurs main-d'œuvre et technologie. Néanmoins, en général, les industries liées aux ressources naturelles et au capital versent les plus hauts salaires, mais certaines d'entre elles sont très cycliques. Enfin, à l'exception des pâtes et papiers et de l'industrie de la première transformation

5 Cette liste de caractéristiques n'est pas exhaustive. Par exemple, la localisation à l'intérieur de la région et la capacité de limiter les importations étrangères sont aussi des caractéristiques importantes.

Tableau 5.2 Les industries de biens selon diverses caractéristiques

Sous-secteurs et industries	Ressource principale et client			Organisation			Autres caractéristiques	
	Principale ressource	Clients	Destination	Principal propriétaire	Taille de l'entreprise	Croissance annuelle de la demande	Taux de salaire	Durabilité du produit
Secteur ressources naturelles								
Agriculture	R	—	Q	Q	F	F	M	N
Mines	R	—	U	C	E	E	E	D
Électricité, gaz, eau	R	—	Q	Q	E	E	E	N
Bois	R	—	Q	Q	F	M	F	D
Papier	R	—	U	U	F	M	E	N
Métaux (1re transformation)	R	—	U	C	E	M	E	D
Produits non métalliques	R	—	Q	Q	M	F	E	D
Secteur travail								
Vêtement	T	C	C	C	F	F	F	N
Textile	T	I	U	U	E	F	F	N
Cuir	T	C	U	C	F	F	F	N
Meubles	T	C	C	Q	F	M	F	D
Secteur-technologie								
Machinerie	H	I	Q	C	F	M	F	D
Produits électriques	H	C	U	U	E	E	E	D
Produits de transport	H	C	U	U	E	E	E	D
Produits chimiques	H	I	C	U	E	E	E	D
Secteur capital								
Tabac	K	C	C	U	E	F	E	N
Produits du pétrole	K	I	Q	U	M	M	E	D
Autres industries								
Aliments, boissons	—	C	Q	Q	M	F	M	N
Imprimerie et édition	—	C	Q	Q	F	M	M	N
Caoutchouc et plastiques	—	C	C	Q	M	M	M	N
Produits du métal	—	C	Q	C	F	F	M	D

R : ressources naturelles c : le consommateur final D : durable E : élevé F : faible H : technologie I : industries K : capital

M : moyen N : non durable Q : Québec T : travail U : pays étrangers —: absence de spécificité quant aux ressources

Note : Une bonne dose d'arbitraire fut inévitable tant dans le regroupement des industries que dans l'identification des caractéristiques de chaque industrie. Cependant, le secteur main-d'œuvre correspond à ce que certains appellent le secteur mou, et le secteur technologie est assimilable à une définition du secteur à haute technologie laquelle est souvent utilisée au Québec. Voir, par exemple, « La restructuration industrielle et la dynamique du marché du travail » dans Le marché du travail, janvier 1992.

116

des métaux, la plupart des industries hors des secteurs main-d'œuvre et technologie ont une faible performance à l'exportation puisqu'elles desservent surtout le marché local. Ces caractéristiques des industries incitent souvent un État à adopter une stratégie industrielle.

Une stratégie industrielle[6] est un ensemble de moyens qui a pour but de modifier l'importance relative d'un sous-secteur dans une économie. Une région peut vouloir adopter une stratégie industrielle pour accroître la demande des diplômés d'université, diversifier ses industries en vue de réduire les risques, diminuer le degré de dépendance à l'égard d'un autre pays, réduire le taux de chômage. Les méthodes utilisables sont innombrables et elles pourraient être différentes selon l'objectif poursuivi. Ainsi, pour réduire le chômage, l'État subventionnera d'une façon ou d'une autre le secteur qui a la possibilité de créer le plus d'emplois, soit celui de la main-d'œuvre. Par ailleurs, l'État privilégiera les industries qui exportent ailleurs que dans un seul pays, s'il veut réduire sa dépendance envers cet autre pays.

Le Québec doit-il se doter d'une stratégie industrielle ? Peu de Québécois n'ont pas souhaité, à un moment ou à un autre, que leur économie ait la même structure industrielle que celle de l'Ontario, soit une structure industrielle dominée par le secteur technologie. Cette structure semble en effet avoir permis à cette province de distancer le Québec jusqu'à tout récemment. Dans la section suivante, nous allons vérifier si toutes les régions nord-américaines similaires à l'Ontario ont eu le même taux élevé de croissance et si les régions nord-américaines similaires au Québec ont, quant à elles, connu une croissance plus faible.

La structure industrielle du Québec : une comparaison

Le tableau 5.3 compare la structure industrielle du Québec à celle de l'Ontario et à celles de deux régions des États-Unis, le Centre-Atlantique et le Sud-Est. La comparaison porte sur les 23 industries comprises dans le secteur des biens, incluant la production et la distribution de l'électricité. Pourquoi inclure le Sud-Est des États-Unis ? Parce que cette région a une structure industrielle qui, comme celles de l'Ontario et du Centre-Atlantique, est tout à fait semblable à celle du Québec (voir encadré p. 133).

Examinons le poids occupé dans ces quatre régions par les sous-secteurs. Le secteur primaire et l'électricité (industries 1, 2 et 3), génèrent ensemble 19,13 % de la production québécoise des biens. Ce poids est inférieur à celui du Sud-Est mais supérieur à celui de l'Ontario et du

---

6 A. Breton, *Les fondements théoriques d'une stratégie industrielle*, Conseil économique du Canada, 1974.

Tableau 5.3 La structure industrielle du Québec comparée à celles de l'Ontario et de deux régions des États-Unis (Centre-Atlantique et Sud-Est): pourcentage de la production d'une industrie dans le total de la production des biens

Industries		Québec	Sud-Est	Ontario	Centre-
N°	Nom				Atlantique
I	Agriculture, pêche et exploitation forestière	5,86	7,40	4,20	3,17
2	Mines, carrières et puits de pétrole	2,45	6,50	4,54	1,04
3	Électricité, gaz et eau	10,82	9,88	7,26	11,03
4	Aliments et boissons	7,16	5,00	7,50	5,73
5	Tabac	0,99	4,10	0,27	0,11
6	Produits de caoutchouc et de plastique	2,07	2,41	2,29	1,57
7	Cuir et produits connexes	0,41	0,16	0,32	0,28
8	Textiles et produits textiles	2,40	4,47	1,41	0,83
9	Habillement	3,42	2,31	1,07	2,68
10	Bois	2,85	2,81	1,24	1,02
11	Meubles et articles d'ameublement	1,39	1,62	1,27	0,71
12	Papiers et produits connexes	7,14	3,96	3,78	2,88
13	Imprimerie et édition	3,62	3,08	4,16	7,73
14	Première transformation des métaux	6,96	2,10	5,09	3,08
15	Produits en métal	3,52	3,11	5,24	3,83
16	Machinerie	1,68	4,24	3,17	5,69
17	Matériel de transport	5,02	4,88	12,56	3,56
18	Produits électriques et électroniques	4,50	4,54	6,07	5,90
19	Produits minéraux non métalliques	1,89	1,77	2,55	1,97
20	Produits raffinés de pétrole et charbon	0,17	2,00	0,71	1,53
21	Produits chimiques	4,63	6,29	5,98	10,43
22	Autres produits et instruments	2,57	1,39	2,13	5,45
23	Construction	18,50	15,99	17,20	19,79
	Total: Industries des biens	100	100	100	100

Source: Statistique Canada, *Produit intérieur brut provincial par industries* n°s 61-202; Gross State Products 1963-86, *Survey of current Business, 68,* 1988; Gross State Products 1977-89, *Survey of current Business 71,* 1991.

Centre-Atlantique. Le Québec occupe le premier rang des quatre régions dans la production de l'habillement (3,42%); il est suivi par le Centre-Atlantique (2,63%). Par contre, dans la production du textile primaire, c'est le Sud-Est des États-Unis qui est bon premier. Les industries des pâtes et papiers et de la première transformation des métaux (aluminium et cuivre) ont une part de la production au Québec qui est deux fois supérieure à celle des régions des États-Unis. En revanche, le Québec et le Sud-Est des États-Unis se démarquent nettement de l'Ontario et du

118

Centre-Atlantique par le faible poids du secteur technologie (industries 16, 17, 18 et 21 du tableau 5.3) dans leur économie.

UN INDICE DE SIMILARITÉ DES STRUCTURES INDUSTRIELLES

Il existe une formule bien connue pour comparer la similitude entre les structures industrielles de différentes régions[7]. C'est l'indice de similitude (I.S.), qui est défini par l'équation suivante :

$$IS = \sum_{j\,:\,1}^{23} (max\ aj - min\ a'j)$$

ou

aj = la part de l'industrie j au Québec dans la production totale des 23 industries considérées

a'j = la part de l'industrie j dans région de référence dans la production totale des 23 industries considérées

Cette formule donne un chiffre qui correspond à la somme des différences entre les parts des 23 industries considérées. Si la part aj de l'industrie j au Québec est plus élevée (c'est-à-dire si elle est max), on soustrait de celle-ci la part de la même industrie dans la région de référence (min a'j). Si les deux structures étaient parfaitement identiques, chaque (max aj) serait égal à chaque (min a'j), et l'indice aurait la valeur zéro. Donc, plus l'indice est élevé, moins les structures industrielles sont similaires Elles sont donc plus complémentaires.

Le tableau 5.4 présente l'indice de similarité entre la structure industrielle du Québec et celles des 12 autres régions de l'Amérique du Nord. Même si nous avons déjà noté quelques différences, nos calculs confirment que l'économie du Québec a plus de ressemblance avec celles du Sud-Est des États-Unis, de l'Ontario et du Centre-Atlantique qu'avec celles de toutes les autres régions. Les structures industrielles qui seraient les plus éloignées de celle du Québec, selon ces calculs, seraient celles des Provinces atlantiques et des Prairies. Ce résultat est la conséquence de l'absence quasi complète d'entreprises manufacturières dans ces deux dernières régions canadiennes.

Quoique nous ayons noté que la structure industrielle du Québec est très semblable à de celle du Centre-Atlantique et de l'Ontario, une différence importante a été soulignée : le faible poids relatif du secteur technologie au Québec. Faut-il en conclure qu'une modernisation et une transformation de la structure industrielle du Québec seraient souhaitables ?

La figure 5.1 donne pour chacune des régions deux éléments d'information : le pourcentage de la production provenant du secteur technologie en 1988 et le taux de croissance réel du PIB pour la période de 1960 à 1988. La figure indique nettement une corrélation négative entre le poids du secteur technologie et le taux de croissance du PIB de chaque région. Par exemple, c'est la région des Grands Lacs, où le poids du secteur

---

7 D'après la formule de J.M. Finger et M.E. Kreinin, « A measure of export similarity and its possible uses », *The Economic Journal,* décembre 1979, pages 905-912.

Tableau 5.4 Indice de similarité entre la structure industrielle du Québec et celles des autres régions du Canada et de l'Amérique du Nord, 1988

Sud-Est des États-Unis	17,42
Ontario	18,07
Centre-Atlantique des États-Unis	21,46
Plaines et Montagnes des États-Unis	24,35
Grands-Lacs des États-Unis	25,27
Pacifique sud des États-Unis	25,97
Nouvelle-Angleterre	26,48
Sud-Ouest des États-Unis	31,74
Colombie-Britannique	31,78
Pacifique nord des États-Unis	31,82
Provinces atlantiques	42,11
Prairies	42,18

Sources : Statistique Canada, *Produit intérieur brut provincial par industries*, n° 61-202. U.S. Bureau of Economic Analysis, Gross State Products 1963-86, *Survey of current Business 68*, 1988, Gross State Products 1977-89, *Survey of current Business, 71*, 1991.

technologie est le plus élevé, qui détient le plus faible taux de croissance. Le Centre-Atlantique suit avec le deuxième plus faible taux de croissance ; il se situe même au cinquième rang des régions quant à sa performance dans le secteur technologie. Dans sept des neuf régions ayant un taux annuel moyen de croissance supérieur à la moyenne, une part de la production en provenance du secteur technologie est inférieure à la moyenne[8].

Comment expliquer cette corrélation négative ? Le tableau 5.5 nous offre une réponse. Il indique le taux de pénétration des importations dans les principales industries du secteur main-d'œuvre et du secteur technologie. Le taux de pénétration des importations se calcule par référence à la consommation apparente. Pour obtenir la consommation dite apparente, on soustrait les exportations des livraisons totales d'une industrie, ce qui donne les ventes acheminées à l'intérieur du pays, auxquelles on ajoute les importations.

Il ressort du tableau 5.5 que les importations de biens provenant du secteur technologie se sont accrues davantage que les importations de tout autre produit. Si l'on combine cette dernière information à celle qui a déjà été donnée, à savoir que le secteur main-d'œuvre est un petit secteur (7 % de la production) comparativement au secteur technologique (25 % de la production), on comprend qu'il est normal que la région des

---

8 Nous avons calculé un coefficient de corrélation de -0,684 entre le taux de croissance des régions et la part du secteur technologique dans la production de biens des régions.

Figure 5.1 Lien entre le poids du secteur technologie et le taux de croissance de la région, 1960 à 1988

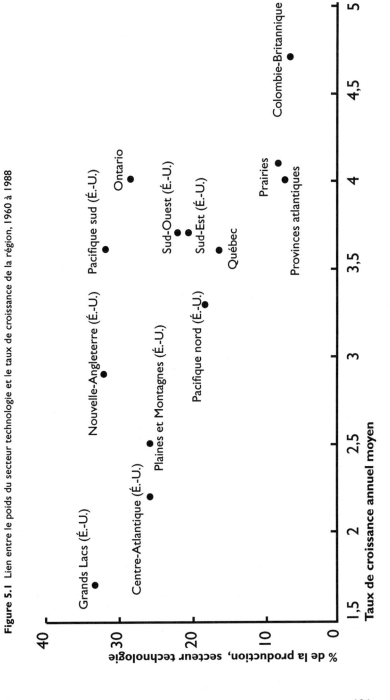

Grands Lacs américains, spécialisée dans le secteur technologie, ait connu le plus faible taux de croissance, surtout que le taux de pénétration des importations s'est accru à un rythme supérieur aux États-Unis qu'au Canada.

Tableau 5.5 Importations en pourcentage de la consommation apparente et variation, de 1971 à 1988, au Canada et aux États-Unis

Canada	1971	1988	Différence
Textile et vêtements	21,0	30,0	9,0
Produits électriques	30,9	61,3	30,4
Produits de transport	56,5	70,1	13,6
Total du secteur manufacturier	25,8	36,3	10,5
États-Unis			
Textile et vêtements	5,5	17,5	12
Produits électriques	10	42	32
Produits de transport	12	26,4	14,4
Total du secteur manufacturier	7,5	22,5	15

Source : Au Canada. P.S. Rao et T. Lampriere, *An analysis of the linkages between Canadian trade flowes productivity, and costs*, Conseil économique du Canada, 1992. Aux États-Unis, les taux ont été calculés à partir des données publiées dans *U.S. Industrial Outlook*, U.S. Department of Commerce, diverses publications.

Quelle conclusion peut-on tirer de l'analyse présentée ci-dessus ? Premièrement, un secteur compétitif aujourd'hui peut se montrer non concurrentiel demain. Deuxièmement, la reconversion de l'économie d'une région vers le secteur technologie n'est pas en soi une stratégie gagnante : la région qui opère un tel changement doit s'assurer qu'elle conservera l'exclusivité de la technologie qu'elle a développée. Troisièmement, toute industrie est composée de biens à technologies banale, intermédiaire et avancée. L'industrie du vêtement elle-même contient un important segment de haute technologie. Les fabricants des vêtements de mode, qui rassemblent souvent dans une seule ville une main-d'œuvre hautement spécialisée (designers, mannequins), dépendent d'un approvisionnement spécifique en matières premières (tissus rares et variés) et d'une information privilégiée sur les intentions des plus grands couturiers du monde.

Ces remarques sur l'industrie du vêtement ne constituent pas un plaidoyer pour la défendre mais plutôt une pétition pour une nouvelle définition et une nouvelle appellation du secteur technologie.

Un État peut exiger de ses entreprises qu'elles soient à la frontière des connaissances dans leur domaine, qu'elles produisent un bien ou un service. L'adaptation au Québec d'innovations faites ailleurs et la recherche en vue de créer un bien ou un service amélioré sont des opérations vitales pour la production au Québec de certains biens. Dans ces cas, les entreprises ont tendance à se concentrer dans une seule ville en vue d'établir un réseau d'informations. Désignons par «secteur de pointe» tous les produits et services qui exigent une information à la fine pointe des connaissances. Selon cette définition, les produits de l'aéronautique, de l'électronique, les ordinateurs, les appareils à vocation scientifique et les équipements pharmaceutiques sont produits par des industries de pointe. Le design devrait faire partie de ce groupe, mais cette activité est souvent ignorée[9].

Le parallélisme Québec-Ontario

Du tournant du siècle jusqu'à aujourd'hui, le Québec et l'Ontario ont, ensemble, toujours conservé autour de 80% des emplois manufacturiers du Canada. Cependant, avec le début des années soixante, le partage de ces emplois entre les deux provinces centrales du Canada est complètement bouleversé. De 1900 à 1960, le Québec détient, bon an mal an, 41% des emplois manufacturiers du Canada central. Dans cette section, ce bris dans le parallélisme entre le Québec et l'Ontario est analysé.

Le tableau 5.6 présente l'évolution de la part québécoise des livraisons canadiennes pour la période 1961 à 1988. Les industries y sont regroupées par secteurs. Dans le secteur main-d'œuvre, chacune des quatre industries du Québec se porte bien durant la décennie 1960, sauf peut-être le textile, dont la part du marché diminue de 57,8% à 53% du marché canadien. Cette diminution s'explique par la substitution de fibres synthétiques produites en Ontario aux fibres naturelles auparavant importées de l'étranger. La position du Québec s'est fortement détériorée depuis 1970. De 1971 à 1988, on enregistre une baisse de 6 à 7 points de pourcentage dans la part du marché canadien dans chacune des industries du secteur main-d'œuvre.

Dans le secteur technologie, la position des industries québécoises a évolué de façon plus disparate. Dans les produits électriques et la machinerie, on peut dire que le Québec a pratiquement conservé sa part du marché. Dans l'industrie chimique, on observe une perte due au départ du Québec de l'industrie des produits du pétrole et de la pétrochimie. Par ailleurs, la part du Québec rétrécit de 16,2% à 9,2% dans les produits du transport.

Enfin, le tableau indique la performance remarquable du Québec dans l'industrie de première transformation des métaux. L'aluminium produit au Québec est en train de supplanter l'acier de l'Ontario comme matière première principale dans bon nombre d'industries.

---

9 Le secteur haute technologie, tel que défini par l'Organisation de coopération et de développement économique (OCDE), comprend les industries énumérées mais exclut celle du design.

Tableau 5.6 Livraison québécoise en pourcentage des livraisons canadiennes et variation de 1961 à 1988

	Québec en % du Canada			Variation en %
	1961	1971	1988	1961/1988
Secteur main-d'œuvre				
Vêtements	65,2	66,8	59,2	-9,2
Textile	57,8	53	50,6	-12,4
Cuir	47,2	46	39,3	-16,7
Meuble	36	39	30,7	-16,1
Secteur technologie				
Produits chimiques	28,2	27,6	24,0	-14,2
Produits électriques	26,8	25,8	25,1	- 6,3
Produits du transport	16,2	15,6	9,2	-45,0
Machinerie	16,3	13,9	16,3	—
Autres industries				
Transformation des métaux	25,7	25,9	32,7	+27,2
Produits du pétrole	31,2	28,7	20,2	-35,5
Pâtes et papiers	36,1	35	32	-11,3
Aliments	26,7	27,1	24	-10,1
Secteur manufacturier	30,4	28,2	22,7	-25,3

Source : Statistique Canada, *Industries manufacturières du Canada : niveaux national et provincial,* n⁰ˢ 31-203.

Quelles régions canadiennes ont hérité des parts de marché cédées par le Québec ? Parmi les dix cas où le Québec a perdu du terrain, l'Ontario semble avoir récupéré la totalité des points perdus dans cinq cas : l'industrie des produits de transport, évidemment, et les quatre du secteur main-d'œuvre. Dans trois autres cas seulement (pâtes et papiers, produits du pétrole, aliments), ce n'est pas l'Ontario qui en a hérité.

Le tableau 5.7 présente les modifications à la structure industrielle qui résultèrent des performances décrites. En proportion du total des emplois dans le secteur manufacturier, le poids du secteur main-d'œuvre tomba de 28,2 % en 1971 à 22,8 % en 1988, estompant considérablement la différence entre le Québec et l'Ontario dans ce sous-secteur. Dans le secteur technologie, la poussée de l'automobile en Ontario permet à cette dernière de se distancer encore plus du Québec. En dépit de cette dernière tendance, l'indice de similarité indiqué au bas du tableau annonce quand même un rapprochement des deux structures industrielles, reflet de la situation dans les secteurs main-d'œuvre et métaux.

La figure 5.2 (p. 127) trace l'évolution observée de 1961 à 1989 dans le ratio des emplois au Québec et en Ontario dans le secteur manufacturier. Le ratio est présenté sur la base d'un indice commençant à 100 en

Tableau 5.7 Modifications à la structure industrielle du Québec et à celle de l'Ontario, de 1961 à 1988

	1960	1978	1981	1988
Secteur main-d'œuvre				
Pourcentage des emplois de la région				
Québec	30,3	28,2	28	22,8
Ontario	13,3	11,1	13,6	10,5
Différence	+17,0	+17,1	+14,4	+12,3
Secteur technologie				
Pourcentage des emplois de la région				
Québec	19,4	21,5	19,9	22,8
Ontario	28,1	33,3	32,7	37,1
Différence	-8,7	-11,8	-12,8	-14,3
Métaux et produits en métal				
Pourcentage des emplois de la région				
Québec	11,1	13,1	13,8	12,4
Ontario	18,1	19	19,1	15,1
Différence	-7,0	-5,9	-6,3	-2,7
Indice de similarité	22,1	23,6	22,1	21,1

Source : Statistique Canada, *Industries manufacturières du Canada : niveaux national et provincial*, nᵒˢ 31-203.

1961 et atteignant 86,5 en 1988. La figure présente aussi l'évolution du ratio des salaires Québec-Ontario (courbe du haut) ainsi que l'évolution d'une variable qui reflète bien le contexte extérieur difficile qui s'observa à compter de 1960, soit la part du Québec dans les exportations du Canada.

La formation du Marché commun européen en 1958, suivie aussitôt par la création de l'Association européenne de libre-échange et l'introduction par le gouvernement fédéral, dès 1960, d'une subvention à l'exportation d'automobiles vers les États-Unis sont trois événements qui marquent bien les difficultés du marché international du Québec dans la décennie 1960. L'entrée de la Grande-Bretagne, notre principal client européen, dans le Marché commun européen en 1973 marque probablement la fin de cette période difficile. Dans la figure 5.2, la courbe inférieure reflète l'évolution de la part des exportations canadiennes chargées au Québec et les mutations dans le contexte extérieur[10]. Situé à 30 % en moyenne durant la décennie 1950, le pourcentage des exportations canadiennes chargées au Québec descendit graduellement pour se stabiliser en 1974 autour de 17 %. Ainsi, comme on le voit dans la figure 5.2,

10 Afin d'assurer une continuité dans la série sur les exportations chargées au Québec et de faire en sorte qu'elle reflète mieux les exportations du Québec, les énormes ventes de céréales produites dans l'Ouest et seulement en transit au Québec ont été retranchées pour les années 1963 et 1964. Bureau de la Statistique du Québec, *Évolution du commerce international du Québec* de 1978 à 1989, et *Annuaire du Québec* de 1964 à 1970.

un indice (1961 = 100) reflète la chute des exportations internationales du Québec : celle-ci passe de 100 à 55 en 1989.

Au moment où le contexte international se stabilisait, les salaires au Québec amorçaient une poussée qui allait persister jusqu'au milieu de la décennie 1980. Avant 1975, le taux horaire moyen des salaires dans le secteur manufacturier était de 20% inférieur à celui de l'Ontario. Au milieu de la décennie suivante, cet écart n'était plus que de 8%. En réalité, un si faible écart du taux horaire moyen signifie, compte tenu de la différence entre les deux structures industrielles, que les travailleurs du Québec étaient mieux payés que ceux de l'Ontario[11]. Les entreprises ont évidemment réagi par des licenciements, ce qui a augmenté la productivité du Québec. Les coûts unitaires en travail ont quand même effectivement augmenté, car la hausse de la productivité fut moindre que celle des taux de salaires[12].

La courbe du haut de la figure 5.2 indique cette évolution dans le ratio des salaires moyens du Québec par rapport à l'Ontario. Ce ratio est exprimé sous la forme d'un indice ayant pour valeur 100 en 1961.

Combien d'emplois nouveaux une baisse des salaires au Québec pourrait-elle créer ? Lequel des deux effets négatifs fit perdre le plus d'emplois manufacturiers au Québec ? L'économiste a développé des méthodes pour résoudre de tels problèmes. Retournons un instant à la figure 5.1. Prenons une règle et traçons une seule ligne, celle qui refléterait le mieux la tendance qui se dégage des 13 points. Cette ligne, qui peut être mise sous la forme d'une équation, peut nous permettre de quantifier l'impact de l'une des deux variables sur l'autre[13]. L'adoption de cette méthode donne les résultats suivants :

1. Les deux forces ont eu un impact égal, soit de trois points de pourcentage. Ainsi, en 1960, le Québec détenait 41% des emplois du Canada central, 38% après le choc dû à la chute du commerce nord-atlantique et 35% seulement après l'ascension des salaires.

2. Entre 100 000 et 125 000 emplois directs dans le secteur manufactu-

---

11 Le taux du salaire horaire moyen, hors des heures supplémentaires, est tiré de Statistique Canada, *Emplois, gains et durée du travail*, cat. n° 72002.

12 Illustrons cette assertion par un exemple. Supposons que, d'une part, 60% des emplois au Québec soient dans le secteur léger et 40% dans le secteur lourd et que, d'autre part, la répartition soit à l'inverse en Ontario. Supposons aussi que le taux de salaire au Canada soit de 20$ l'heure dans le secteur lourd et de seulement 10$ dans l'autre secteur. À partir de ces données calculons le salaire moyen : il serait de 16$ en Ontario et de 14$ au Québec, créant un écart de 14,3%. Supposons maintenant que les taux des salaires restent constants en Ontario mais qu'ils montent au Québec de 20$ à 22$ dans l'un des secteurs et de 10$ à 11$ dans l'autre secteur. Le salaire moyen de l'Ontario reste à 16$, mais celui du Québec monte à 15,4$. Il y a encore un écart de près de 7% au profit de l'Ontario, mais les ouvriers du Québec pris un à un sont tous mieux payés qu'en Ontario.

13 La régression dégage l'équation suivante : Emploi au QC par rapport à celui de l'Ont. = 137 - 0,67 multiplié par le salaire au QC par rapport à celui de l'Ont. - 0,27 multiplié par le pourcentage des exportations canadiennes provenant du QC.

Figure 5.2 La chute des emplois manufacturiers au Québec par rapport à l'Ontario et
ses déterminants

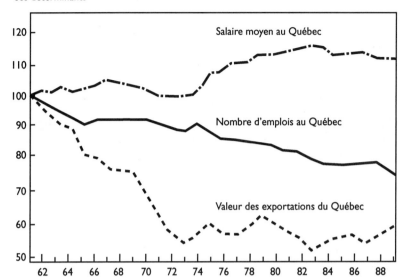

rier auraient été perdus à cause de la hausse des salaires au Québec
par rapport à l'Ontario.

3. Comme la perte d'un emploi dans le secteur manufacturier implique
une sortie d'argent frais du Québec, d'autres pertes ont suivi. Une
estimation conservatrice du nombre total d'emplois perdus serait probablement entre 150 000 et 200 000.

4. La hausse de salaire aurait donc causé une perte d'emploi correspondante située entre 4 % et 7 % de l'emploi total[14].

La figure 5.3 est trompeuse: alors que, à partir de 1985, le salaire
moyen au Québec commence à croître moins vite que celui de l'Ontario,
le secteur manufacturier québécois semble ne pas récupérer.

La figure 5.3 jette un meilleur éclairage sur la période de 1985 à 1993,
qui coïncide avec le sommet du cycle précédent et le creux du nouveau.
Partie à 35 % des emplois manufacturiers du Canada central, la part du
Québec atteindra 37 % en 1989 et 38,2 % en 1993.

Comment expliquer cette récupération du Québec ? En plus des
écarts de salaires qui lui furent favorables, l'année 1989 marque l'entrée
en vigueur de l'Accord de libre-échange Canada–États-Unis (ALE). Cet

14 Pour des résultats similaires calculés avec une autre méthode, voir Pierre Fortin, « La question de l'emploi au
Québec », ch. 4, de *Éléments d'analyse économique pertinents à la révision du Statut politique et constitutionnel du Québec*, Commission sur l'avenir politique et constitutionnel du Québec, Gouvernement du Québec, 1991.

Figure 5.3 Évolution de l'emploi dans le secteur manufacturier, Québec et Ontario de 1985 à 1993 (1966 = 100)

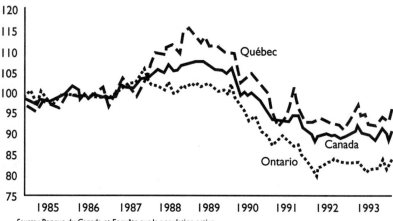

Source : Banque du Canada et Enquête sur la population active.

accord peut fort bien avoir fait plus mal à la base manufacturière de l'Ontario qu'à celle du Québec. La raison en est simple : dans le secteur manufacturier ontarien, le nombre de succursales de firmes multinationales américaines est beaucoup plus élevé qu'au Québec. Ce choix de localisation des firmes aurait été fait, d'une part, dans l'intérêt de communications efficaces entre le siège social américain et les succursales canadiennes et, d'autre part, pour favoriser les échanges entre les succursales canadiennes et les autres entreprises américaines localisées dans la ceinture industrielle allant de Chicago à New York. Ces investissements directs furent surtout concentrés dans ce que nous appelions le secteur technologie, qui constitue la force de l'Ontario.

La stagnation des régions américaines adjacentes, particulièrement celle des Grands Lacs, alors que l'Ontario était en pleine croissance, ne pouvait qu'inciter le gouvernement américain à rechercher un nouveau partage de la production entre le Canada et les États-Unis. L'ALE peut réaliser ce nouveau partage de deux façons : en éliminant les entreprises d'outre-mer qui concurrencent, à partir du Canada, les entreprises américaines et en rapatriant aux États-Unis certaines usines des succursales canadiennes. L'ALE peut atteindre les deux objectifs. En éliminant les droits de douane entre le Canada et les États-Unis, certaines firmes américaines pourraient être incitées à rapatrier leur production aux États-Unis. De plus, l'ALE fixe un contenu nord-américain de produits intermédiaires très élevé pour qu'une filiale d'une multinationale d'outre-mer puisse exporter aux États-Unis en franchise de droit. C'est cette clause qui explique la fermeture de l'usine Hyundai à Bromont. Cependant, alors qu'on n'en fermait qu'une au Québec, le choc semble avoir été bien plus considérable dans la région de Toronto.

La stratégie des grappes industrielles et l'aide fournie par Innovatech

Au début des années 1970, un grand consensus existait chez les économistes québécois sur le bien-fondé d'une stratégie industrielle qui favoriserait le secteur à haute technologie. Ce consensus s'appuyait sur trois raisons. Premièrement, l'économie du Québec opérait quasiment au plein emploi depuis une décennie. Deuxièmement, la percée des pays d'Asie dans le mur protectionniste canadien nous laissait croire que le secteur main-d'œuvre au Québec était très malade et que la maladie allait s'aggraver. Troisièmement, le vent de changement insufflé par la Révolution tranquille nous invitait à croire en la possibilité de créer un solide secteur de pointe versant des salaires élevés et qui serait capable d'offrir des postes à la jeune génération bien plus scolarisée que la précédente.

Cette prise de position des économistes québécois n'a pas empêché le gouvernement fédéral d'essayer de colmater les brèches dans la protection accordée au secteur main-d'œuvre du Canada. En cela, Ottawa ne fit que suivre Washington, comme l'indique le tableau 5.5 (p. 122). D'ailleurs, rares étaient les économistes québécois qui souhaitaient que la maison soit démolie avant qu'une autre ne soit construite. Du côté du gouvernement du Québec, l'accueil réservé aux idées des économistes fut des plus chaleureux. On voyait la restructuration de l'économie et la création d'emplois dans les secteurs à hauts salaires comme un prolongement naturel de la Révolution tranquille.

Avec le temps, l'enthousiasme en faveur d'une importante restructuration industrielle s'est estompé. Premièrement, plusieurs études démontrèrent qu'une restructuration n'est pas une panacée pour accroître la productivité et éliminer le chômage. Ces études montraient aussi que, même si le Québec avait la même structure industrielle que l'Ontario, la restructuration n'éliminerait tout au plus que le tiers des écarts de productivité et de chômage entre les deux provinces[15]. Deuxièmement, il appert que la structure industrielle d'une région est extrêmement difficile à changer, puisqu'elle est dictée par des variables hors du contrôle de l'État, comme la dotation en ressources, les déplacements de la demande extérieure et parfois même les aléas de l'histoire.

Dans l'élaboration d'une stratégie industrielle, un pays a un problème

---

15 L'étude la plus récente dans cette catégorie est de Andrew Burns, *La disparité des taux de chômage : analyse de l'impact de la structure*, n° 20, 1991, Conseil économique du Canada.

de choix entre le court et le long terme, entre le plein emploi et la recherche d'emplois mieux rémunérés, entre l'implantation d'industries en
région et leur concentration dans la métropole. Le choix entre les objectifs et leur pondération a évidemment un caractère politique.

Il faut convenir qu'il est passablement difficile pour un État d'identifier les secteurs de son économie qui seront gagnants ou perdants au
cours des prochaines décennies, car l'environnement extérieur dans lequel s'insère une petite économie comme celle du Québec se modifie rapidement et, souvent, de façon imprévisible. Par ailleurs, l'État dispose
de moins d'informations que certaines entreprises sur l'évolution possibles des industries dans lesquelles s'insèrent ces entreprises. Nous vivons dans une économie de marché : l'entrepreneurship et la nécessité de
prendre des risques est plus l'apanage des entreprises que celui de l'État.

C'est l'une des caractéristiques de la structure industrielle du Québec
d'avoir des industries qui sont juxtaposées plutôt qu'intégrées ou inter-
dépendantes. La juxtaposition signifie que la croissance d'un secteur n'a
pas d'effet d'entraînement important sur les autres. Le tout est égal à la
somme des parties. En Ontario, avec une structure industrielle très intégrée, le tout est supérieur ou inférieur à la somme des parties selon que
l'industrie dominante (l'automobile) est en croissance, comme de 1960 à
1988, ou en décroissance, comme depuis 1989.

Dans la décennie 1970, le gouvernement du Québec avait exploré la
notion de filières de production dans le but d'intégrer les secteurs. Une
filière englobait souvent plusieurs industries à divers stades de production. Cette définition très globale d'une filière avait pour objectif d'accroître les relations intersectorielles et interrégionales[16]. En décembre 1991, le
gouvernement modernise cette approche en identifiant 13 grappes industrielles. Au sein de chaque grappe, le gouvernement s'engage à favoriser
la concertation entre les entreprises. Ce qui distingue cette nouvelle version de la première, c'est que maintenant la définition d'une grappe industrielle est très étroite. L'approche est d'abord au niveau des entreprises au
lieu d'être au niveau des secteurs ; elle vise à favoriser l'émergence d'entreprises québécoises de calibre international. Cinq exemples de grappes
sur les 13 identifiées sont l'aéronautique, les produits pharmaceutiques, la
mode et le textile, la transformation des métaux et des produits forestiers.

On retrouve donc des grappes à consolider à la fois dans les secteurs
main-d'œuvre, technologie et ressources naturelles. Comme une stratégie industrielle est l'identification de secteurs que le gouvernement souhaite stimuler et de secteurs dont il veut faciliter la disparition, la stratégie
des grappes n'en est pas une. C'est une politique qui vise à favoriser une

---

16 Office de planification et de développement du Québec, *Filières de production et développement régional,* 1977.

concertation entre toutes les entreprises d'une grappe. Donnons un exemple emprunté à la grappe mode-textile de ce que pourrait faire le ministère de l'Industrie et du Commerce du Québec. Les fabricants québécois de vêtements et l'entreprise Dominion Textile, qui fabrique la quasi-totalité du tissu au Canada, sont à couteaux tirés depuis des décennies. Les fabricants de vêtements veulent du tissu de meilleure qualité sans le payer plus cher. Dominion Textile, au contraire, cherche à produire en série un tissu qui lui rapportera des profits. Pour créer, entre le client et le fournisseur, une synergie qui accroîtrait la capacité concurrentielle de l'un ou l'autre ou des deux, comment le gouvernement peut-il procéder? Les cas de non-concertation dans les différentes grappes sont nombreux, et c'est précisément le rôle d'un gouvernement que de les éliminer.

La politique industrielle du Québec dispose d'une autre pièce maîtresse pour stimuler l'innovation technologique. C'est la société Innovatech. Créée en 1992, cette société dispose de crédits de 300 millions sur cinq ans. Elle a pour mandat de financer une partie de la recherche et du développement des entreprises de la région de Montréal. Les secteurs d'activités qui ont reçu en 1993 les plus grandes parts des fonds sont les technologies de l'information (23%), les biotechnologies (18%), la métallurgie, la chimie et l'aéronautique (13% chacun); 30% des fonds restants ont été éparpillés. L'imprimerie, qui traverse une période de mécanisation accélérée, a été une importante bénéficiaire. L'aide à l'imprimerie, qui n'est pas une industrie qui fait de la recherche et du développement, suggère qu'Innovatech détienne un mandat axé sur l'innovation, peu importe le secteur où elle se réalise, à condition qu'elle soit technologique.

Le déficit et la dette extérieure du Québec

Comme les flux commerciaux et financiers ne sont mesurés qu'à l'échelle du Canada, il n'existe aucune donnée officielle sur le déficit extérieur du Québec. Sans données, pas de diagnostic. On ne peut cependant conclure qu'il n'y a pas de problème, si on considère les difficultés sans cesse croissantes du contexte international, comme nous le décrivons au premier chapitre. Dans la présente section, nous résumons d'abord brièvement la documentation sur le déséquilibre de la balance des paiements d'une région[17].

---

17 Pour une analyse plus complète de cette question, voir Daniel Racette, « Quelques réflexions sur le problème d'ajustement du déficit au compte courant d'un Québec souverain », Commission d'étude des questions afférentes à l'accession du Québec à la souveraineté, volume 4, Assemblée nationale, 1992.

L'ajustement à un déficit extérieur

Un pays dont le compte extérieur est déficitaire est un pays qui s'endette. Si un pays ne vend des biens que pour une somme de 85 milliards et qu'il achète pour une somme de 100 milliards, il doit à ses clients évidemment 15 milliards au moment de la fermeture des livres; les fournisseurs détiennent donc une créance comme si le pays avait emprunté les 15 milliards. On peut interpréter cette créance comme un investissement ou un placement des étrangers dans le pays. On peut aussi dire que le pays souffre d'une insuffisance d'épargne nationale (voir encadré p. 133). Si le déficit se perpétue année près année et que le pays s'endette de plus en plus, les marchés financiers commenceront à s'inquiéter de la proportion des titres de ce pays dans les portefeuilles internationaux et ils pourront dégrader la cote de crédit du pays. Plus une cote de crédit est basse, plus l'emprunteur doit offrir des taux d'intérêt élevés pour amener les investisseurs à acheter ses obligations.

Comme dans le cas d'un individu qui dispose à la banque d'une épargne accumulée, l'apparition soudaine d'un déficit dans une région canadienne a d'abord pour effet de réduire les dépôts dans les banques de la région. Lorsque le compte de l'individu est vide, il peut être renfloué par un emprunt auprès du gérant de la banque. L'individu dispose alors de nouvelles liquidités. La rencontre avec le gérant devrait cependant lui faire comprendre que sa situation financière à long terme est peut-être insoutenable et qu'il devrait éliminer son excédent de dépenses. Si la voie d'une hausse dans ses revenus est exclue, il ne lui reste plus qu'à réduire son train de vie. C'est alors que les problèmes deviennent complexes. Le seul fait qu'il ait emprunté une somme à la banque implique une baisse de son train de vie puisqu'il doit payer des frais d'intérêt qui n'entraient pas auparavant dans ses dépenses.

Au niveau d'une région ou d'un pays, le problème d'ajustement est plusieurs fois plus complexe que pour un individu. L'apparition du déficit peut être due à un choc défavorable ou à une hausse trop grande des salaires. Le client qui délaisse une région pour s'approvisionner ailleurs non seulement est la cause du déficit extérieur mais il y crée du chômage dans cette région. La demande plus faible pour les produits de la région s'accompagnera nécessairement de mises à pied. Le déficit va donc entraîner une hausse du taux de chômage laquelle, à son tour, exercera une pression pour la modération dans les demandes de hausse des taux de salaires. Cette baisse dans les revenus de travail peut, dans certaines circonstances, éliminer le déficit extérieur. Dans un pays ayant sa propre monnaie, il est plus facile d'obtenir une baisse dans les salaires réels par une dépréciation de la monnaie que par une attaque directe des salaires nominaux. Nous verrons plus loin par quel mécanisme une baisse du revenu de travail peut produire une réduction suffisante des dépenses pour effacer le déficit.paiements du Canada. Elles sont très complètes.

LA CONTRAINTE INTERNATIONALE

Quelle est la signification de l'expression « vivre au-dessus de ses moyens » ? *Représentons par D l'ensemble des dépenses internes des résidants du Québec, soit la consommation, les investissements et les dépenses gouvernementales (C + I + G). En comptabilité, D représente la demande intérieure finale. On peut donc réécrire l'équation du PIB (voir l'encadré p. 42), calculée à partir des dépenses, de la manière suivante :*

1 $PIB - D = X - M = PIB - (C + I + G)$

Cette identité exprime le fait que la balance extérieure, soit les exportations moins les importations (X - M), est toujours égale à l'excédent de la production nationale sur les dépenses intérieures finales des résidants (PIB - D). Ce n'est donc qu'en empruntant à l'étranger qu'une région peut financer un déficit extérieur et consommer plus de production qu'elle n'en génère.

Le principe fondamental ci-dessus énoncé peut être reformulé pour montrer toute l'importance de l'épargne. Décomposons l'épargne en ses deux composantes : l'épargne privée et l'épargne publique. Si on définit T comme étant l'ensemble des impôts directs nets (c'est-à-dire moins les transferts retournés) perçus par l'État, on peut le modifier sans influencer la valeur de l'équation du PIB calculée à partir des dépenses pour obtenir :

2 $PIB - T - C - I + T - G = X - M$

L'épargne intérieure a été définie au chapitre III comme étant égale à PIB - C - G. L'épargne en provenance du secteur privé E^p se définit comme

$E^p = PIB - T - C$

et l'épargne publique (E^g) comme

$E^g = T - G$

On peut maintenant récrire l'équation 2 comme suit :

3 $E^p + E^g - I = X - M$

Cette dernière équation dit qu'un pays vivant au-dessus de ses moyens, c'est-à-dire ayant des importations supérieures à ses exportations (M > X), est nécessairement un pays où l'épargne intérieure composée de l'épargne privée (E^p) et de l'épargne publique (E^g) est insuffisante pour couvrir les investissements privés (I > EP + Eg).

Il est possible de reformuler le principe fondamental sous une forme qui fait ressortir les aspects financiers des déficits :

4 *Déficit extérieur (M - X) = besoins financiers nets du secteur privé*

(I - E^p) + déficit budgétaire de l'État (G - T)

Cette équation démontre que le déficit budgétaire peut être une cause du déficit extérieur. Pour suivre l'évolution du déficit extérieur, nous disposons des données sur la balance des paiements au canada. Elles sont très complètes.

La balance des paiements enregistre des transactions entre un pays et le reste du monde. Lesrecettes et les déboursés sont inscrits sous deux grands postes, soit la balance courante et la balance des capitaux. Le compte courant[18] comprend la balance commerciale (ou de biens), la balance des invisibles (ou de services), ce qui comprend notamment le service de la dette étrangère nette, le solde des voyages et les transferts. La balance du compte capital comprend les transactions de portefeuilles — soit les achats de titres de créances et de titres boursiers — ainsi que les investissements directs. Dans le cas des investissements directs, l'entrée de fonds est durable et répond à certaines considérations d'une entreprise. Dans le cas des placements de portefeuilles, par contre, l'argent est volatile et sensible aux taux d'intérêts. On peut établir l'identité suivante qui est toujours vraie et cette identité signifie simplement qu'un pays qui dépense plus à l'étranger que ce qu'il y vend doit emprunter la différence :

solde de la balance courante + solde du compte capital = 0.

En 1992, on avait les chiffres suivants en milliards de dollars pour le Canada :

solde de la balance courante : - 27,6

solde du compte capital : + 27,6

Un déficit de 27,6 milliards représente 4 % du PIB. En contrepartie, la dette extérieure nette du Canada s'est accrue de 27,6 milliards pour se rapprocher de 300 milliards. Le service de la dette étrangère nette s'élève à 24,2 milliards, soit à 3,5 %.

Dans le jargon des économistes, la différence entre le déficit courant et le service de la dette est appelée déficit primaire. Ce concept est important, car il indique le transfert net des ressources réelles. On vient de voir que le Canada a un déficit plus élevé que le service de la dette, ce qui signifie qu'il s'est produit un nouveau transfert net de ressources réelles du reste du monde vers le Canada et que les Canadiens n'ont pas eu à se serrer la ceinture pour rencontrer le service de la dette extérieure en 1992. La seule façon de stabiliser une dette est d'avoir un solde primaire en équilibre, ce qui implique un déficit au compte courant qui ne dépasse pas le coût du service de la dette.

Si les frais financiers versés à des non-résidents d'un pays deviennent importants, comme c'est le cas au Canada et au Québec, le PIB est un concept qui perd de sa valeur comme indicateur de bien-être. Deux critères permettent d'estimer la production d'une région : le lieu où résident les facteurs primaires et le lieu de la production elle-même. Le PIB mesure la production à l'intérieur des frontières géographiques du Québec. Ainsi, les salaires versés aux fonctionnaires qui travaillent dans un bureau situé à Ottawa mais qui résident à Hull ne sont pas inclus dans le PIB du Québec. Quand l'autre critère est utilisé, soit le lieu de résidence des facteurs, on ne parle plus alors de PIB mais de produit national brut (PNB). Les frais d'intérêts nets versés à des non-résidents creusent un fossé entre le PIB et le PNB, étant donné que le PNB est égal au PIB qu'on a soustrait des paiements nets de revenus de placements aux non-résidents. Au Canada, en 1992, le PNB était à près de 5 % inférieur au PIB. L'écart entre le PIB et le PNB représente une baisse dans le pouvoir d'achat des résidents d'une région à cause des sommes empruntées à l'extérieur dans le passé.

18 Dans ce livre, l'expression *déficit extérieur* a été préférée à celle du *déficit au compte courant* pour éviter la confusion avec le déficit budgétaire des gouvernements.

Supposons que cette méthode automatique de réduction de déficit ne soit pas efficace pour une raison ou une autre, et que l'État doive intervenir. L'État dispose de deux voies: la réduction additionnelle des revenus de travail ou la réorientation des dépenses de la région. Si le déficit n'a pas été suffisamment réduit par la tendance à la hausse du chômage, ce peut être à cause de la rigidité des salaires dans les industries exportatrices et celles qui concurrencent les importations. Quant aux politiques de réorientation des dépenses, outre celles qui portent sur les salaires, elles consistent dans la mise en place de politiques capables de réduire directement les importations ou de hausser directement les exportations. Les barrières tarifaires ou non tarifaires et les subventions à l'exportation sont deux exemples d'instruments capables de réduire le déficit extérieur ainsi que le taux de chômage.

Supposons maintenant que le déficit est éliminé et que le plein emploi est retrouvé. Le pays n'en est pas au bout de ses peines pour autant: il doit alors rembourser l'intérêt et le capital emprunté durant la période où le déficit existait. Pour effectuer ce remboursement, le pays doit nécessairement continuer à se serrer la ceinture, car il doit prendre les moyens pour avoir un surplus extérieur, une dette extérieure ne se payant en fin de compte que par un transfert de ressources réelles du pays débiteur aux pays créanciers. Durant toute la période où un surplus sera nécessaire, il doit y avoir une sous-consommation, c'est-à-dire une consommation qui est inférieure à celle qui serait normale, compte tenu du PIB de la région.

Le déficit extérieur du Québec

Les données que nous avons rassemblées pour calculer le déficit extérieur du Québec sont présentées au tableau 5.8. La balance commerciale du Québec, en 1992, a un solde négatif de 1,3% du PIB. Selon notre source d'information, le déficit de 1,3% se décompose ainsi: un déficit au niveau du commerce international de 4,3%, effacé en partie par un surplus commercial de 3,0% sur le plan du commerce interprovincial. Le Canada dans son entier est en meilleure posture que le Québec avec un surplus commercial de 1,3%.

Quant aux composantes de la balance des invisibles, les paiements nets d'intérêts et de dividendes seraient proportionnellement plus faibles au Québec que dans le reste du Canada. Le Québec ne détient que 21% du stock de capital du Canada et il est la province où le contrôle des entreprises par les résidants est le plus élevé. Le poste des revenus de placements demeure quand même le poste le plus déficitaire de la balance des paiements du Québec, avec un déficit de 3,0% du PIB. Selon plusieurs

Tableau 5.8 Balance des paiements du Canada et hypothèses quant à celle du Québec, 1992

	Canada	Québec
Balance commerciale	+1,3	-1,3
Balance des invisibles	-5,2	-4
Revenus de placements	-3,5	-3
Transferts nets	—	+0,8
Tourisme et autres services	-1,8	-1,8
Balance extérieure	-3,9	-5,1

Source : Les données pour le Canada sont tirées de la *Revue de la Banque du Canada*. Quant aux données sur le Québec, elles viennent de plusieurs sources et découlent de certaines hypothèses. Celles qui traitent de la balance commerciale proviennent de la division entrées-sorties de Statistique Canada ; elles portent sur l'année 1989. Les soldes sont exprimés en pourcentage du PIB. Nous avons supposé que les pourcentages de 1989 étaient valides en 1992. Les revenus de placement nets ont été estimés en prenant en compte, d'une part, que le Québec ne détient que 21 % du stock de capital du Canada et que, d'autre part, la proportion des entreprises au Québec sous contrôle de non-résidents est bien meilleure au Québec que dans le reste du Canada. Le Conseil économique suggère, dans son rapport annuel de 1991, que le Québec aurait des actifs nets vis-à-vis du reste du Canada et bénéficierait par le fait même d'un influx net de frais d'intérêts en provenance du reste du Canada. En conséquence, 20 % des revenus de placements versés par des Canadiens à des non-résidents ont été imputés au Québec, et la sortie de 3,5 % du Canada a été multipliée par 85 % pour obtenir celle du Québec. Le transfert net de 0,8 % au profit du Québec en provenance du gouvernement fédéral est une moyenne des évaluations de P. Fortin et J. Mc Callum. Au seul poste tourisme, le Québec a un déficit, année après année, de l'ordre de 200 à 400 millions de dollars ; il est raisonnable de supposer que le déficit du Québec au poste tourisme et autres services est comparable à celui du Canada.

études, le gouvernement du Québec a reçu un transfert net en provenance du gouvernement fédéral. Nous l'avons estimé à 0,8 % du PIB. Le régime de péréquation du Canada est précisément conçu pour aider les régions qui connaissent les plus gros déficits extérieurs.

Enfin, au poste tourisme et autres services, nous avons supposé que le Québec avait, comme le Canada, un déficit de 1,8 % de son PIB.

Le déficit extérieur du Québec serait donc de l'ordre de 5,1 %, comparativement à 3,9 % pour le Canada. Nous avons calculé le déficit poste par poste. Selon une autre méthode, celle des Comptes économiques provinciaux, on arrive à un déficit encore plus élevé pour l'année 1992. Dans ce document, les exportations nettes plus l'erreur résiduelle représentent -3,2 % du PIB. Ce pourcentage est celui qu'il faut ajouter pour que le PIB estimé selon les dépenses soit égal au PIB calculé selon les revenus. Il correspond, en fait, à tous les postes du tableau 5.8, à l'exception du poste des revenus d'intérêts nets à des étrangers. Il en est ainsi, car le PIB est calculé en fonction du lieu de production. Il faut donc ajouter le déficit de 3,0 % des revenus de placement au pourcentage de 3,2 % pour obtenir le déficit extérieur selon cette méthode. Le résultat est donc un déficit extérieur de 6,2 %. C'est énorme.

Résumons l'essentiel. À cause des emprunts passés, 3 % du PIB est perdu par les Québécois. La somme impliquée ne peut être dépensée au

Québec, même si elle est le fruit de la production québécoise. Cette fuite abaisse-t-elle les dépenses faites au Québec par des Québécois? Normalement elle le devrait. Mais pour l'année 1992, la réponse est négative, car le Québec a emprunté en 1992 une somme deux fois supérieure, soit d'environ 6% du PIB. Il lui a bien fallu faire de tels emprunts, car son déficit extérieur fut entre 5,1 et 6,2% du PIB[19].

La figure 5.4 compare le taux de croissance de la production réelle par habitant avec le taux de croissance de la consommation réelle par habitant. La consommation est définie au sens large pour inclure les dépenses des gouvernements. Les dépenses de santé et d'éducation, les services policiers, etc., sont donc considérés ici comme des services reçus par les ménages[20]. Comme nous avons exprimé nos variables en fonction du taux de croissance, la ligne de 45 degrés délimite deux zones: en haut de la ligne, le Québec vit au-dessus de ses moyens; au-dessous, sa consommation croît plus lentement que sa production (il y a une sous-consommation qui est due à une fuite de fonds pour payer les intérêts sur la dette extérieure).

La figure 5.4 indique que, durant la décennie 1960, le Québec se situait juste sous la ligne, avec une consommation et une production par habitant qui croissaient aux taux de 3,3 et 3,5% en moyenne par année. Durant la décennie 1970, le Québec continuait de consommer au même rythme sans tenir compte du fait que le taux de croissance de la production était tombé à 2,5% en moyenne. Cet excédent de la consommation sur la production fut financé par des emprunts extérieurs. Dans la décennie 1980, à cause de l'importante fuite que constitue le service de la dette extérieure, le taux de la croissance de la consommation par habitant tombe. Cette fuite de fonds hors du Québec exerce aussi une pression sur les taux de salaires et le chômage; mais le Québec achète du temps par recours au crédit international.

Les données les plus récentes, soit celles de l'année 1992, sont inquiétantes. Non seulement le Québec emprunte la somme nécessaire pour payer les frais d'intérêts sur sa dette, mais il emprunte à nouveau comme dans les années 1970, strictement pour bénéficier d'une surconsommation à court terme.

19 Pour une analyse approfondie du déficit extérieur du Canada, voir Pierre Fortin, « L'endettement extérieur croissant du Canada », Université du Québec à Montréal, 1993, paru également dans les actes du congrès de l'ASDEQ, 1993.

20 Cette façon de faire semble en contradiction avec l'idée émise que les dépenses d'éducation sont un investissement en capital humain plutôt qu'une consommation. Si on comptabilise l'éducation comme un investissement en capital humain, il faut être logique jusqu'au bout et déprécier ce capital humain pour tenir compte des décès et des maladies laissant des handicaps. Selon cette approche, l'investissement net en capital humain serait beaucoup plus faible et pourrait même devenir négatif lorsque la proportion des aînés sera plus élevée. Tout compte fait, il vaut mieux suivre la tradition et ne pas comptabiliser les dépenses d'éducation comme des investissements.

Figure 5.4 Illustration de la règle : « Vivre selon ses moyens »

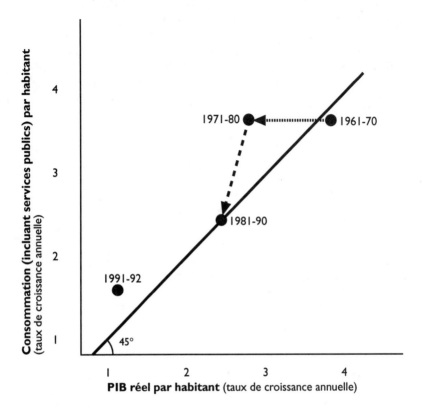

Source : Statistique Canada, Comptes économiques provinciaux et calculs de l'auteur.

Remarque : Le point représentant l'année 1991-92 dans la figure 5.4 se situe à un taux de croissance d'environ 1 %. En réalité le taux de croissance du PIB en 1992 a été négatif. Il est déplacé ici pour faciliter la lecture du graphique.

La recette d'une lutte au déficit extérieur et ses ingrédients

Que doit faire le Québec pour éliminer son déficit extérieur ? Il est facile de dire quoi faire, mais l'économiste est perplexe sur le comment.

Quoi faire ? La figure 5.5 reproduit une partie du tableau 2.4 (p. 43). Elle fournit la réponse fondamentale à cette question. Nous y décomposons la production du Québec (le PIN au coût des facteurs) en éliminant tout ce qui n'est qu'accessoire. Les taxes indirectes et les dépenses d'amortissement y ont été éliminées, les dépenses de consommation et les dépenses gouvernementales de biens et de services y sont regroupées, et le nouveau poste est appelé consommation au sens large.

Figure 5.5 Impact du déficit extérieur sur la répartition des dépenses et revenus au Québec

---

I Situation avec déficit

Dépenses Consommation : 87 + invest : 19 = 106

Revenus Salaire : 83 + profit : 6 + autres : 11 = 100

II Situation sans déficit

Dépenses Consommation : 84 + invest : 19 = 103

Revenus Consommation : 84 + profit 8 + autres 11 = 103

Note : Les chiffres, ont été présenté comme des poucentages mais on pourrait aussi les considérer comme des chiffres exprimant des dollars. Par exemple, on pourrait dire que la lutte au déficit à réduit la consommation de 87 $ à 84 $, soit de 3.45 % alors que le PIB s'est accru de 100 $ à 103 $ soit de 3 %.

Ces corrections étant faites, on peut voir le déficit extérieur comme un déséquilibre entre les dépenses et les revenus. Dans la partie supérieure, qui montre la situation d'un pays ayant un déficit extérieur, la répartition des dépenses et des revenus est indiquée : 87 % des dépenses va à la consommation, 19 % aux investissements, et le déficit extérieur est de 6 % (6,2 % arrondi). Les dépenses sont donc de 6 % supérieures aux revenus. Le revenu des salariés n'est que de 83 %, et les profits ne sont que de 6 % du revenu total. Les autres revenus sont des frais d'intérêts dont une partie est versée aux étrangers détenant des titres du Québec. Pour éliminer le déficit extérieur, quelles dépenses faut-il réduire ? On a le choix entre la consommation ou les investissements. Or, comme les investissements sont les emplois de demain, on ne veut pas toucher à ces derniers. Il faut donc retrancher 6 % aux dépenses de consommation. Comme celles-ci constituent déjà 87 % des dépenses totales, la consommation ne devra plus représenter, une fois le déficit éliminé, que 81 % des dépenses. Cette réduction de la consommation est absolument nécessaire, sinon, jamais le déficit ne pourra être éliminé.

Comment réduire la consommation en proportion des dépenses totales ? La réponse à cette question relève autant de la technique que de la science. Dans le cas du Québec, les considérations suivantes semblent appropriées :
1. Le Canada a un déficit extérieur de 4 %, et le Québec de 6 %. Les deux tiers du déficit (4 ÷ 6) pourraient être éliminés par une dépréciation du dollar canadien[21]. Celui-ci valait 87 cents américains en 1991 ; il est tombé à 77 cents en 1992 et, en 1994, il ne vaut plus que 74 cents. Une telle dépréciation semble jugée suffisante par les marchés financiers pour un retour à l'équilibre dans le solde extérieur du Canada.

---

21 Une dépréciation a pour effet d'abaisser le salaire réel ou le pouvoir d'achat des consommateurs canadiens et québécois. Les prix, en dollars canadiens, des produits qui s'importent et s'exportent, s'élèvent alors par rapport aux prix payés pour les biens et services exclus du commerce extérieur.

2. Il reste un déficit de 2 points de pourcentage à effacer par une action du gouvernement du Québec. Un gel des salaires des employés des secteurs public et parapublic, accompagné d'une baisse des salaires des employés de la construction a de bonnes chances d'être perçu par les travailleurs du secteur manufacturier, soit le secteur clé dans une lutte au déficit extérieur, comme un feu rouge[22].

L'efficacité des deux moyens envisagés ci-haut sera toutefois très faible si la main-d'œuvre du Québec ne veut rien entendre d'une baisse dans son salaire réel. Or, cette baisse des salaires réels est inévitable. En effet, pour éliminer le déficit, il faut réduire les importations en nous mettant à produire nous-mêmes les biens que nous importions. Il faut aussi accroître les exportations par des coûts de production plus faibles. Si la main-d'œuvre du secteur manufacturier dispose de moyens politiques suffisants pour faire dévier sur d'autres les retombées des mesures prises, les effets de la dépréciation et du gel seront complètement nuls. Ainsi, l'économie du Québec tournerait en rond[23].

Quelle sera la durée des mesures d'austérité? Ces mesures pourront être levées quand le taux de chômage aura fléchi sous un niveau acceptable et que la part des profits dans le revenu national aura augmenté. (Celle-ci passe de 6 à 8 % dans la figure.) Cette hausse est inévitable, mais, encore une fois, elle n'aura aucune incidence sur le déficit extérieur si les profits ne sont pas réinvestis au Québec même.

Dans la partie inférieure de la figure 5.5, les nouveaux chiffres, après l'effacement du déficit, sont indiqués. La baisse dans le taux de chômage aura eu pour effet d'accroître le PIB de 3 %. Cet accroissement de la production effacera 50 % du déficit extérieur. L'autre source de l'assainissement des finances est la baisse dans la consommation. Celle-ci tombant de 87 à 81 pour finalement remonter à 84 après la prise en compte de la baisse du taux de chômage Pour chaque tranche de cent dollars allant à la consommation, près de trente dollars sont dépensés à l'étranger et ces importations constituent près du tiers des importations totales du Québec. Évidemment, plus la baisse dans le taux de chômage sera forte, moins la baisse dans la consommation sera nécessaire.

La dette extérieure du Québec est, selon notre estimation, de l'ordre de 60 milliards, un montant égal à 20 % de la dette extérieure du Canada et à près de 40 % du PIB du Québec. Le tableau 5.9 fournit des données

---

22 Le gel des salaires réduit le salaire réel en autant que le taux d'inflation n'est pas nul. Une dépréciation de la monnaie le réduit aussi en provoquant une hausse du prix des biens.

23 Dans un pays qui ne respecte pas ses engagements internationaux, le cercle vicieux peut être arrêté par une intervention directe sur les importations et les exportations. Les États-Unis, comme nous le verrons au chapitre X, sont fortement tentés par cette voie. Au Québec une telle politique de réorientation de dépenses n'est pas possible ni souhaitable. Lorsqu'un gouvernement se met à adopter une multitude de mesures spécifiques pour contourner le fait qu'il ne peut régler un problème à la source, les risques d'entrer dans un cercle vicieux sont élevés.

intéressantes sur la dette nette du Canada, la composition ainsi que les principaux pays qui prêtent au Canada. À la fin de 1992, la dette extérieure nette du Canada était de 301 milliards (une dette brute de 541 milliards moins des avoirs à l'étranger de 240 milliards). À cause du recours accru des gouvernements au marché étranger, la part des investissements directs dans la dette a fortement diminué ; elle n'était plus que de 25 % en 1992, alors qu'elle s'élevait à 58 % en 1960. Parallèlement, le Canada

Tableau 5.9 Dette extérieure nette du Canada, pays d'origine et composition, 1960-1992

| | Dette nette | Pays d'origine | | | Composition | |
| | milliards $ | % | | | % | |
Année		Royaume-Uni	États-Unis	Autres pays	Investissements directs	Placements de portefeuille
1960	16,1	19	75	6	58	42
1970	30,0	9	79	12	53	47
1980	110,1	6	68	26	37	63
1990	252,1	12	46	42	27	73
1992	301,3	12	47	41	25	75

Source : Statistique Canada, *Bilan des Investissements Internationaux du Canada. Données historiques de 1926 à 1992*, n° 67202

peut compter aujourd'hui sur une source plus diversifiée de fonds. En 1992, les États-Unis ne détenaient que 47 % de la dette totale canadienne et uniquement le tiers des obligations canadiennes détenu à l'étranger. Le Japon et l'Europe de l'Ouest sont aujourd'hui d'aussi importants acheteurs d'obligations canadiennes que les États-Unis. Sans une stabilisation de cette dette, le Québec devra un jour faire comme certains pays d'Amérique latine et revendre à des étrangers des entreprises qui étaient enfin passées sous le contrôle des Québécois et même vendre des parties de territoire. Dans une société unie, la radiation d'un déficit extérieur est une opération facile, car tout le monde se tient les coudes ; on accepte temporairement de consommer moins et de mettre à l'œuvre une plus grande proportion de la population active.

Conclusion

Nous avons tous besoin de comprendre pourquoi un malheur nous arrive. L'économie est un monde complexe, et souvent l'information n'est que parcellaire. Dans ce contexte, les risques de viser la mauvaise cible sont grands.

Trois facteurs d'égale importance expliquent le nombre élevé de chômeurs au Québec : d'abord, un environnement extérieur qui était défavorable de 1960 à 1975 ; ensuite, à compter de cette dernière date, une
poussée des salaires qui porta la consommation largement au-dessus du
niveau tolérable et, enfin, un chômage structurel qui résulte d'une non-
concordance entre les qualifications requises des travailleurs et les qualifications demandées par les employeurs.

Si, par miracle, il était possible de mettre au travail tous les chômeurs
et chômeuses du Québec tout en conservant la consommation au niveau
actuel, nous pourrions ainsi accroître le PIB et rembourser notre dette
extérieure sans trop réduire la consommation. Cette prospérité pourrait
provenir d'une hausse des exportations et d'une production domestique
se substituant aux importations.

La force du Québec repose sur deux piliers : d'une part, un sentiment
collectif d'insécurité qui fait que les groupes et les personnes consentent
plus facilement qu'ailleurs à des sacrifices et, d'autre part, la petitesse de
son économie par rapport à l'économie mondiale. Le Québec n'a pas suffisamment capitalisé sur sa petitesse dans le passé. Cet avantage signifie,
comme nos exportations représentent moins de 3 % des importations totales des États-Unis et moins de 1 % des importations de l'Europe et du
Japon, qu'il y a peu de limites à une hausse de nos exportations, sauf
celles qu'impose la contrainte de l'offre au Québec même et notre capacité de nous organiser.

L'élimination du déficit extérieur et le remboursement de la dette extérieure demeurent donc des objectifs atteignables. Cependant, comme
nous l'avons souligné, le déficit extérieur ne peut être dissocié du déficit
budgétaire que nous étudierons dans le prochain chapitre.

Schéma-syntèse

On a assisté depuis 1950 à un transfert de ressources du primaire vers le tertiaire.	La structure industrielle du Québec est caractérisée par trois secteurs : un secteur important de ressources naturelles, un secteur main-d'œuvre fort, un secteur technologie faible.	Une stratégie industrielle consiste à favoriser un secteur. Le choix du secteur privilégié est difficile.
Le secteur technologie a connu depuis 1970 de grandes difficultés à cause de la concurrence des pays d'Asie.	Toutes les industries du Québec, sauf celle de la première transformation des métaux, ont connu une baisse dans leur part du marché canadien.	Cete baisse fut particulièrement notable dans le secteur main-d'œuvre.
La perte du marché s'explique par deux facteurs, le déplacement du centre de gravité du commerce mondial et la poussée des salaires au Québec.	La stratégie des grappes industrielles est une stratégie pour développer la concertation des entreprises.	Le Québec a une dette extérieure ainsi qu'un déficit extérieur importants.
Le chômage est exacerbé par une sortie de fonds du Québec sous la forme de paiement d'intérêts à des non-résidants.	Une baisse des salaires et de la consommation de biens privés et de services publics est nécessaire pour éliminer le déficit extérieur et réduire le chômage.	Grâce à sa petitesse, le Québec pourrait mieux s'adapter et accroître facilement ses exportations pour éliminer son déficit extérieur.

143

Questions et choix multiples

1. Le secteur tertiaire est devenu le secteur prédominant des pays industrialisés. Expliquez cette assertion.

2. Comparez la structure industrielle du Québec à celle de l'Ontario et du Sud-Est des États-Unis.

3. Expliquez les avantages et les désavantages d'une stratégie de restructuration industrielle en vous inspirant du cas des régions des États-Unis.

4. La production industrielle du Québec a reculé par rapport à celle de l'Ontario depuis vingt ans. En vous basant sur l'approche adoptée au chapitre V, un rattrapage du Québec est-il possible?

5. Définissez les expressions suivantes:
- indice de similarité
- dette extérieure du Québec
- stratégie des grappes industrielles
- taux de pénétration des importations
- secteur secondaire

6. Cochez l'erreur. Le poids relatif du secteur tertiaire s'est accru de 1950 à 1992 pour les raisons suivantes:
- ☐ le secteur tertiaire fournit des biens et services nécessaires et essentiels;
- ☐ l'industrie des services aux entreprises se détacha du secteur manufacturier;
- ☐ la croissance dans l'offre des femmes fut plus élevée que celle des hommes;
- ☐ les services sont très intensifs en main-d'œuvre.

7. Cochez l'erreur. La structure industrielle du Québec présente les caractères suivants:
- ☐ une faible intégration entre les grandes grappes;
- ☐ un déclin dans la part de la production allant aux produits des ressources naturelles;
- ☐ des industries qui, en moyenne, ont une plus faible productivité qu'en Ontario;
- ☐ un secteur technologique qui a effectué un énorme rattrapage par rapport à l'Ontario.

8. Cochez la liste de produits qui ne comprend pas uniquement des produits du sous-secteur main-d'œuvre (mou) du secteur manufacturier :

❑ les pantalons, les tapis, les chaussures

❑ les chemises, le mobilier de salon et de cuisine

❑ les manteaux, les gants en cuir, le tourisme

❑ les robes de haut de gamme, les draps, les oreillers

9. Cochez la bonne réponse. Le Québec a moins de 20 % de la production canadienne dans l'industrie manufacturière suivante ?

❑ la transformation des métaux

❑ le meuble

❑ les aliments

❑ les produits du transport

CHAPITRE VI

L'ÉTAT ET SON ENDETTEMENT[1]

La Révolution tranquille n'a pas seulement contribué à redéfinir une société en fonction des évolutions économiques amorcées à des époques plus ou moins lointaines, elle a aussi déclenché des forces et engendré des attentes qui, aujourd'hui, constituent peut-être des freins à l'adaptation de l'économie du Québec à un contexte mondial en rupture avec celui qui existait dans la décennie 1960. Pour certains, le processus enclenché en 1960 apparaît comme un mouvement vers une société plus juste ; pour d'autres, il conduit à la souveraineté politique du Québec.

Si ces deux grandes visions s'affrontent encore aujourd'hui sur la place publique, les partisans de l'égalité sociale et ceux d'un pouvoir accru pour le gouvernement du Québec doivent reformuler leurs arguments. C'est qu'aujourd'hui l'économie dans laquelle nous vivons n'est que l'ombre de celle que nous connaissions au moment où ces deux visions opposées ont été élaborées.

En effet, l'économie du Québec n'a pas échappé à la tendance mondiale qui prévaut depuis la décennie 1970. À partir de ce moment, la conjoncture mondiale est caractérisée par une baisse de la croissance et une hausse des taux d'intérêts. Les recettes fiscales diminuant et les dépenses publiques augmentant, les gouvernements ont commencé à déclarer des déficits. À l'instar de ce qui se passe dans bien des pays, l'accumulation répétée de déficits au Canada et au Québec a fini par produire un endettement dont l'évolution récente est devenue dangereuse. Cet endettement est en train de saper les rêves des Québécois et des Québécoises de tous les milieux.

Plusieurs des thèmes abordés dans cette introduction seront repris dans les prochains chapitres. Le chapitre VI met l'emphase sur l'endettement public. Il comprend cinq sections. La première porte sur le rôle de

---

1 Ce chapitre emprunte quelques paragraphes aux notes de cours de Mario Fortin, particulièrement au chapitre VIII, intitulé « La politique économique »

l'État et le secteur public du Québec; la deuxième, sur le problème engendré par des dépenses publiques croissantes dans une économie cyclique; la troisième, sur l'évolution et la dimension actuelle de la dette publique du Québec. Les deux dernières parties analysent trois questions importantes: le fardeau réel de la dette, les règles d'une bonne gestion et les plans financiers des gouvernements.

Le rôle de l'État et les paliers du secteur public québécois

Adam Smith et Karl Marx étaient deux économistes honnêtes et compétents qui se battaient pour la même cause. Pourtant, l'un voulait un État minimal; l'autre, une société socialiste. Lequel des deux avait raison? Quel est le rôle de l'État: juge, redistributeur de richesse, stabilisateur de l'économie, entrepreneur…? Tous admettent que la première fonction de l'État est d'énoncer des règles équitables et de faire régner la justice. Le rôle redistributeur de l'État n'est pas accepté avec autant de ferveur dans tous les pays, mais, même aux États-Unis, il existe une redistribution des revenus. Presque tous les pays, sauf peut-être l'Allemagne et le Japon, ont déjà cru aux préceptes keynésiens qui constituent le marche pied de l'État stabilisateur. Aujourd'hui, les États essaient, sans grande conviction toutefois, de stabiliser leur économie. Keynes a certes contribué à allonger la longue période de croissance de l'après-

Tableau 6.1 Budget consolidé du secteur public, Québec 1992 (milliards de dollars)

I Recettes	Gouv. féd.	Gouv. du Q.	Gouv. locaux	Total
Impôts directs	18 640	17 939	2 720	39 299
Taxes indirectes	7 931	11 213	5 340	24 484
Revenus d'intérêts	2 462	3 209	2 340	8 011
Recettes totales	29 133	32 090	10 581	71 804
Transferts intergouv.	-7 704	-5 433	13 137	• •
Recettes nettes	21 429	26 657	23 703	71 804
II Dépenses				
Dépenses courantes	5 878	12 282	17 080	35 240
Paie. de transferts	14 935	13 163	4 185	32 283
Serv. dette publique	7 411	5 842	1 695	14 948
Investissements	42	318	887	1 247
Dépenses totales	28 266	31 404	24 048	83 718
III Déficit	6 837	4 732	345	11 914

Source: Statistique Canada, *Comptes économiques provinciaux*, cat. 13-213.

─────────── LE BUDGET CONSOLIDÉ DU SECTEUR PUBLIC DU QUÉBEC

Représentons-nous le secteur public du Québec comme une famille traditionnelle composée de trois membres : mon oncle Antoine, Blanche, et leur fils René. Antoine jouera le rôle du gouvernement fédéral, Blanche, son épouse, celui du gouvernement du Québec, et René, leur fils, celui des gouvernements locaux.

Antoine, Blanche et René sont tous trois collecteurs de comptes non payés. L'entreprise qui leur refile le plus de comptes impayés s'appelle « Québec inc. ». En 1992, Antoine collecta des impôts directs qui lui rapportèrent 18 640 $ (ou 18 640 000 000 $ si vous préférez). Blanche retira 17 939 $ de son travail de collecte des impôts directs, et René seulement 2 720 $. Blanche est la meilleure en ce qui concerne les revenus tirés des taxes indirectes. À elle seule, elle tire 11 213 $, comparativement à 24 484 $ pour l'ensemble de la famille. La dernière source de revenus est le revenu d'intérêts sur le compte d'affaires que chacun détient à la banque. L'argent, une fois récupéré, peut être gardé deux mois à la banque avant d'être retourné à Québec inc. Le revenu de placement de la famille est donc tiré des fonds en transit dans leurs comptes d'affaires. Le revenu total de Blanche est de 32 090 $; celui d'Antoine, de 29 133 $; celui de René, de 10 581 $. Au total, la famille a un revenu de 71 804 $ (ou de 71 804 milliards si vous préférez).

Au sein de la famille, il y a beaucoup de solidarité. Comme René est encore étudiant malgré ses 28 ans accomplis et qu'il a un enfant, Blanche lui transfère 13 137 $ à même son revenu total. Ensuite, elle se retourne vers Antoine pour recevoir à son tour un transfert de 7 704 $. Blanche dispose donc d'un revenu net de 26 657 $ et Antoine de 21 429 $.

Comment se répartissent, entre les trois gagne-pain, les dépenses de la famille ? Antoine a des dépenses courantes d'uniquement 5 878 $ par année (dépenses reliées à l'automobile, à la bière, aux cigarettes). Blanche consacre la presque totalité de ses dépenses courantes à l'alimentation. René a des dépenses courantes très élevées (frais de scolarité, auto, voyages, loisirs, etc.). Dans sa comptabilité, Antoine appelle «paiement de transfert» toutes les dépenses faites pour le bien-être des dépendants de la famille. Il y en a trois : l'enfant de René, le père d'Antoine et Évelina, la fille de Blanche et d'Antoine. Celle-ci a besoin de soins médicaux coûteux, et ces dépenses relèvent du budget de Blanche. Si Antoine dépense une somme aussi importante que 14 935 $ pour son père, c'est que celui-ci est dans une résidence de personnes âgées en Floride. Au 35 240 $ de dépenses courantes s'ajoutent donc des paiements de transfert de 32 283 $, ce qui donne un budget de fonctionnement de 67 523 $ par rapport à un revenu total de 71 804 $. Dans son jargon, Antoine dit que la famille a un surplus primaire de 3 681 $ (71 804 - 67 523). Dans les faits, cependant, la famille d'Antoine est endettée jusqu'au coude, comme le dit si bien Blanche.

La famille verse en intérêts sur sa dette la jolie somme de 14 948 $, ce qui fait plus qu'effacer ce qu'Antoine appelle le surplus primaire de la famille. En fait, le déficit de la famille fut de 11 914 $ en 1992 si on inclut les investissements faits pour embellir l'appa-rence de la maison. C'est ainsi depuis des années. Québec inc. est bonne avec ses employés ; elle prête sans poser de conditions. La dette accumulée de la famille d'Antoine et de Blanche s'élève déjà à 150 000 $, et ils se demandent s'ils pourront toujours continuer à payer leurs comptes avec une dette deux fois plus élevée que le revenu total de la famille.

guerre, mais au prix peut-être d'une plus longue période de stagnation que celle qu'on aurait eue sans ses remèdes. Le cycle économique est un phénomène encore inexpliqué. On prétend que l'État entrepreneur est à la source du miracle japonais, mais l'État russe se retire pour voir ce que pourrait donner le marché. Bref, il ne faut pas être dogmatique sur le rôle de l'État.

Qui est l'État au Québec, au juste? C'est le gouvernement du Québec, le gouvernement fédéral et celui des municipalités. Le tableau 6.1 (p. 148) indique les recettes et les dépenses des trois paliers de gouvernement en 1992.

Des dépenses publiques croissan-tes dans une économie cyclique

Pour comprendre comment une dette publique deux fois supérieure aux recettes du secteur public du Québec a bien pu apparaître, il est nécessaire de savoir que les recettes des gouvernements sont très cycliques alors que les dépenses publiques sont peu flexibles. Dans cette section, le caractère cyclique de la production et du revenu personnel (voir encadré p. 150) sera mis en relief. Comme le revenu personnel constitue l'assiette fiscale des gouvernements, on verra que des fluctuations du revenu personnel engendre des fluctuations dans les recettes publiques. Enfin, nous tenterons d'expliquer le caractère non cyclique des dépenses.

La période étudiée sera de 1945 à 1992. Nous essayerons de mettre en contraste la situation d'avant et celle d'après 1974. Dans la première période (1950 à 1974), la croissance des revenus s'est mise à s'accélérer. Au début, la consommation au sens large du terme, c.-à-d. incluant les dépenses publiques, a très peu bougé. Le Québec avait alors un surplus extérieur; des études indiquaient même une sorte d'épargne du Québec[2]? À compter de 1974, la consommation au sens large rattrapa les revenus; elle restera à un niveau élevé en dépit des récessions de 1974-1975, de 1981-1982 et de 1991-1992.

Évolution du niveau de vie et le rôle accru de l'État

La figure 6.1 présente l'évolution de trois courbes. Celle du haut indique la hausse dans la production brute par habitant de 1961 à 1992. La courbe du milieu reflète l'évolution du revenu personnel réel de 1940 à 1992. En plus des salaires, le revenu personnel comprend les revenus de placements (intérêt, dividendes, loyers) et les transferts en provenance de l'État, incluant les intérêts reçus sur la dette publique.

2 André Ryba, « Le secteur financier et le développement économique du Québec », *Actualité économique*, n° 3, 1974.

150

Figure 6.1 Revenu personnel, revenu disponible et PIB réel par habitant, Québec 1941-1992 (1986 = 100)

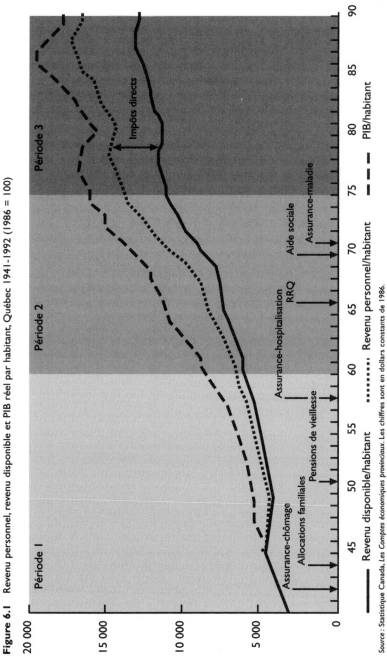

Source : Statistique Canada, *Les Comptes économiques provinciaux.* Les chiffres sont en dollars constants de 1986.

151

LE REVENU PERSONNEL ET DISPONIBLE

Le revenu personnel est un concept important pour deux raisons : c'est un indicateur du bien-être matériel des ménages et, contrairement au PIB, son calcul remonte au début du siècle. Dans l'encadré 5.1, nous avons évalué le produit ou revenu national net (PNN) au coût des facteurs comme étant les salaires, les profits et les intérêts versés à des Québécois uniquement. Le revenu personnel est aussi défini sur une base nationale plutôt qu'intérieure. Il comprend les salaires, les transferts reçus de l'État (pensions, aide sociale... et les intérêts reçus sur la dette publique) ainsi que les revenus de placements en provenance des entreprises (intérêts, dividendes et loyers). Si vous mettez ensemble toutes les définitions données jusqu'à présent, vous pourrez déduire la relation suivante entre le PIB au prix du marché et le revenu personnel du Québec.

PIB au prix du marché moins . Amortissements

. Taxes indirectes

. Revenu net de placements versé à des non-résidants

égale PNN plus . Transferts reçus de l'État

. Revenu de placement en provenance des entreprises

égale Revenu personnel

moins Impôts directs

égale Revenu disponible

Le revenu disponible est le revenu personnel dont on a soustrait les impôts directs payés. Il est égal à la somme des dépenses consacrées à la consommation marchande plus la partie épargnée du revenu. Le tableau 6.1 présente des chiffres sur une base par habitant pour le Québec en 1992.

Tableau 6.2 Le revenu personnel par habitant et ses variantes au Québec, 1992 (dollars)

PIB (au prix du marché) par habitant	21 964
Revenu personnel par habitant	20 648
Revenu disponible par habitant	15 438
Épargne personnelle par habitant	1 502

Source : Statistique Canada, *Comptes économiques provinciaux*, cat. 13-213.

Qu'est-ce qu'une consommation, ou un service marchand ? Un service marchand est un service offert par le secteur privé. Il faut en payer le prix pour l'obtenir. À l'opposé, l'État fournit surtout des services non marchands qui sont financés par des taxes indirectes ou des impôts directs.

Peut-on avoir un PIB croissant et un revenu personnel stagnant ? Certes, c'est possible aussi longtemps que la région verse des revenus de placement à des non-résidants. Peut-on avoir un revenu personnel croissant et un revenu disponible stagnant ? Oui, si la part du revenu personnel versé en impôt direct est croissante.

152

La courbe du bas de la figure 6.1 trace l'évolution du revenu disponible qui se définit comme le revenu personnel après impôt. La période étudiée coïncide avec l'introduction de nombreux nouveaux programmes de l'État : l'année de leur mise en vigueur est aussi indiquée.

Plusieurs observations découlent de la figure 6.1 :

1. Comme les trois courbes sont des indices à la fois de la production et de la consommation par habitant, la hausse dans le niveau de vie des Québécois fut remarquable durant la période. Par exemple, le revenu personnel par habitant au-dessous de 5 000 $ en 1950 s'élève, pour largement dépasser les 15 000 $ en 1992.

2. Le revenu disponible par habitant, un indicateur de la consommation marchande, fait plus que doubler durant la période. La hausse est moindre que celle du revenu personnel à cause des impôts directs nécessaires au financement de la consommation non marchande (services gouvernementaux, programmes sociaux, éducation).

3. L'espace entre le revenu personnel et le revenu disponible, qui reflète le fardeau des impôts directs, s'agrandit constamment, suggérant que les dépenses de l'État croissent plus vite que tout le reste.

4. On peut considérer l'espace entre le PIB et le revenu personnel qui se rétrécit comme le reflet du poids accru des transferts (intérêts sur la dette publique versés à des Québécois inclus) en provenance de l'État. L'espace s'accroît quand le service de la dette extérieure du Québec cesse d'être financé par de nouveaux emprunts extérieurs et qu'il y a un transfert de ressources réelles du Québec vers l'extérieur.

Tableau 6.3 Les composantes de la hausse par période dans le Revenu personnel réel par habitant (taux de croissance annuel moyen)

	Rev. pers. réel par habitant	Taux de salaire réel	Autres éléments
	%	%	%
1946-60	2,5	4,6	-2,1
1961-76	5,2	4,6	+0,6
1976-90	1,6	1,0	+0,6

Source et note : Statistique Canada, *Comptes économiques provinciaux* n° 13-213. Voir l'annexe technique pour la méthode de décomposition.

Le tableau 6.3 décompose, selon trois périodes, les taux de croissance du revenu personnel réel par habitant. Entre 1946 et 1960, le taux de croissance annuel moyen fut de l'ordre de 2,5 %. Cette croissance vient d'une croissance dans la productivité et du taux des salaires réels de 4,6 % en moyenne par année. Cette période est caractérisée par une baisse dans le revenu net des agriculteurs et par une baisse du taux d'activité global. Ces deux éléments expliquent pourquoi il faut soustraire 2,1 % de la hausse de 4,6 % des salaires pour obtenir un taux de croissance de 2,5 % par année du revenu personnel.

La période de 1961 à 1976 fut sans doute celle où le Québec connut dans toute son histoire la croissance économique la plus intensive. Le taux annuel moyen de croissance y fut de 5,2 %. Ce taux très élevé était le résultat du taux des salaires qui s'élevaient encore au rythme de 4,6 % par année et d'une hausse de 25 % dans le rapport emploi/population totale. Durant cette période, le niveau de vie des Québécois doubla. C'est dans cette période d'euphorie que l'État introduisit la plupart de ses nouvelles politiques.

La dernière période, qui s'étale de 1976 à 1990, se démarque de la précédente par un rythme de croissance du revenu personnel d'uniquement 1,0 %. La baisse est essentiellement le résultat d'un effondrement dans le taux de croissance des salaires à uniquement 1 % en moyenne par année. Durant cette période, les revenus d'intérêts gonfleront assez le revenu personnel pour que celui-ci atteigne un taux de croissance supérieur à celui des salaires.

En résumé, le dernier demi-siècle fut celui de transformations majeures qui s'opérèrent dans une période où le niveau de vie doublait et où les générations se chevauchaient. Face à une production dont le rythme de croissance fluctuait, la consommation tarda d'abord à s'adapter, mais, lorsque la consommation atteignit un équilibre par rapport à la production, cette dernière s'affaissa. Dans son élan, la consommation continuera à croître, engendrant un fort déficit extérieur pour le Québec.

Il semble donc qu'il y a un long délai avant que le niveau de consommation s'adapte au niveau du revenu. Un train en pleine marche ne peut s'arrêter d'un coup sec ; plus sa vitesse est grande, plus le temps d'arrêt sera long. Comment arrêter un train fou qui se dirige droit sur un rocher ? Il faut être mécanicien et savoir à quoi sert chaque manette. Ce savoir peut s'acquérir en étudiant l'évolution historique de la hausse des dépenses du secteur public.

Évolution historique des dépenses gouvernementales

La figure 6.1 identifie les principaux programmes gouvernementaux instaurés surtout dans la première phase de la période. Ce sont l'assurance-chômage (1942), les pensions de vieillesse (1952), l'assurance-hospitalisation (1958), l'assurance-santé (1966) et l'aide sociale (1966). À ces programmes, qui constituent le filet de sécurité du Canada, il faut ajouter les dépenses liées au remplacement des collèges classiques par des cégeps et à l'introduction de la gratuité scolaire à l'université.

Le leadership dans l'introduction de ces programmes est venu du gouvernement fédéral, le gouvernement du Québec ne suivant parfois qu'avec réticence. Dans les années 1950, le gouvernement était le porte-parole du clergé, qui occupait déjà les champs de l'aide sociale, de la santé et de l'éducation. Ensuite, soit que le programme fût jugé inadapté pour le Québec (réforme de l'assurance-chômage en 1970) ou qu'on jugeât qu'il constituait une entorse à la constitution[3]. Le retard de plus de deux ans du Québec à implanter un régime d'assurance-hospitalisation dès 1959 et un régime d'assurance-santé dès 1967 engendra une perte de subventions fédérales pour la province[4].

Deux mécanismes, une formule particulière de financement et un effet de cliquet, vont jouer en faveur d'une forte expansion des dépenses reliées à ces programmes et des dépenses publiques en général :

1. L'éducation, la santé et l'aide sociale furent jusqu'en 1977 financées à 50 %-50 % par les deux paliers de gouvernements. Cette formule de financement conjoint va inciter les gouvernements provinciaux, voulant aller chercher leur part des fonds fédéraux, à surdépenser dans ces programmes et implicitement à sous-investir ailleurs. À cause de ce financement conjoint, les dépenses de santé et de bien-être social passèrent de 25 % en 1959 à 40 % en 1979 des dépenses totales du gouvernement du Québec.

2. Si les dépenses reliées à ces programmes sont très extensibles, elles se montrèrent par ailleurs très difficilement compressibles lorsque la modification dans la formule de financement allait ouvrir cette possibilité. D'une part, les provinces devaient à ce moment-là rattraper le temps perdu dans des secteurs qu'elles avaient délaissés, comme l'entretien des routes et l'environnement. D'autre part, le nombre de bénéficiaires des programmes sociaux s'était multiplié. Un effet de cliquet jouait fortement en faveur d'un maintien intégral des programmes. Ainsi, au moment où les dépenses reliées aux programmes sociaux auraient pu être quelque peu abaissées pour financer de nouveaux besoins réels, on avait créé de telles attentes chez certains groupes que l'équilibre budgétaire était devenu impossible. Bref, l'erreur fondamentale est sans doute celle d'avoir cru que la croissance des années 1960 pourrait se poursuivre indéfiniment.

En pourcentage des dépenses totales du Québec, celles du secteur public passeront d'environ 20 % en 1946 à 52,5 % en 1992, soit un gain de 32,5 points de pourcentage. À chaque décennie, à partir de celle de 1950 jusqu'à celle de 1970, le poids des dépenses de l'État augmenta d'un tiers. Quel fut le poids des recettes dans le PIB ? La décennie 1970 est

3 Claude Morin, *Le pouvoir québécois*, 1972 et *Le combat québécois*, 1973, Boréal Express.

4 J.L. Migné et G. Bélanger, *Le prix de la santé*, Hurtubise, HMH, Montréal, 1972, p. 126.

une année charnière : avant 1971, les dépenses sont inférieures ou au pire égales aux recettes ; durant la période de 1971 à 1976, les dépenses passeront de 36,9 à 41,7 du PIB alors que les recettes resteront à 36,0 %. La baisse des impôts concédée dans les années 1970, conjuguée à une forte récession, fera passer le déficit budgétaire du secteur public québécois à 10 % du PIB en 1981. En 1987, à cause d'une forte reprise et d'importantes compressions de dépenses, le déficit recula, de 10 % qu'il était en 1981, à 6,6 %. Cependant, en 1992, le déficit se situait toujours à 6,8 % malgré une importante hausse de la taxation, faisant passer les recettes de 40,3 % du PIB en 1987 à 45,7 % en 1992. C'est à nouveau l'effet d'une récession sur le poids des dépenses de l'État qui annula les bienfaits d'une taxation plus élevée.

Les récessions de 1974-1975 et de 1981-1982 marquent des années charnières où l'on appliqua les préceptes de la lutte contra-cyclique. Du seul fait des deux déficits accumulés durant ces deux récessions et de la hausse des taux réels d'intérêts au cours de la période, la totalité du déficit de 6,8 % du PIB en 1992 est totalement explicable par les frais d'intérêts sur les emprunts antérieurs. Ces frais d'intérêts furent financés à 10 % par le dégagement d'un surplus primaire au budget de fonctionnement ou encore au budget des programmes, le restant, soit 90 %, étant financé par de nouveaux emprunts.

L'évolution et la dimension de la dette du secteur public québécois

Il existe trois mesures du déficit d'un État et au moins autant de définitions d'une dette publique. Le choix de la définition dépend de l'optique adoptée et des contraintes sur le plan des données. Les trois mesures d'un déficit d'un gouvernement sont la définition des comptes nationaux (CN), celles des comptes publics (CP) et celle des besoins financiers (BF). Lors du dépôt d'un budget à la Chambre des communes ou à l'Assemblée nationale dont les rôles sont de contrôler les dépenses, toutes les dépenses prévues sont scrutées sans exception, même les engagements qui n'impliquent aucun décaissement pour l'année à venir comme, par exemple, la contribution que doit verser le gouvernement au régime de retraite des fonctionnaires. Cette contribution n'étant qu'une écriture engageant le gouvernement pour les années à venir, elle n'est pas prise en compte dans le calcul du déficit CN. La raison en est simple : l'objectif recherché dans les comptes nationaux est de mesurer l'argent que le gouvernement a injecté dans l'économie durant l'année en cours. Ainsi, le déficit CN ignore non seulement les contributions purement fictives du gouvernement au compte de retraite, mais le surplus à ce

Tableau 6.4 Évolution des dépenses et des recettes publiques en % du PIB, Québec 1951 à 1992

	Dépenses	Variation en % par décennie	Recettes	Variation en % par décennie	Surplus (-) Déficit (+)
1951	20,0		28,0		-8,0
1961	26,3	31,5	28,8	2,8	-2,5
1971	36,9	40,3	35,6	27,1	+1,3
1976	41,7		36,0		+5,7
1981	49,7	34,5	39,7	8,7	+10,0
1987	46,9		40,3		+6,6
1992	52,5	5,6	45,7	15,1	+6,8

Source : Comptes économiques provinciaux, cat. n° 13-213. Les données pour 1951 ont été estimées par l'auteur sur la base des données canadiennes.

compte (contributions des fonctionnaires eux-mêmes moins les prestations de retraite versées par le gouvernement et injectées dans l'économie) sera en plus déduit du déficit CP.

Le déficit BF est calculé à peu près de la même façon que le déficit CN. L'objectif de ce calcul est de mesurer les besoins financiers nets du gouvernement, c'est-à-dire la somme à emprunter sur les marchés financiers. Deux éléments pourraient amener des différences entre les déficits BF et CN. Un gouvernement va souvent emprunter au nom d'une de ses sociétés d'État au lieu de la laisser se présenter elle-même sur le marché. Le gouvernement fédéral pourrait aussi théoriquement recourir à la Banque du Canada pour financer son déficit CN, ce qui réduirait d'autant son déficit BF.

Pour l'exercice 1991-92, le gouvernement fédéral déclarait un déficit CP de 31,4, un déficit BF de 27,5 et un déficit CN de 26,2 milliards[5].

Comme une dette publique est la somme des déficits passés, il y a autant de définitions de la dette que de mesures du déficit. Retenons les définitions suivantes :

1. **Dette directe :** valeur des obligations, des bons du trésor non échus et des autres titres producteurs d'intérêts détenus par le public. La dette directe du gouvernement du Québec était de l'ordre de 35 milliards en 1992, alors que celle du gouvernement fédéral s'élevait à 350 milliards.

2. **Dette totale :** dette directe plus la dette du gouvernement envers les comptes de retraite des fonctionnaires. En 1992, cette dette était près de 470 et de 50 milliards respectivement pour le gouvernement fédéral

---

5 Ministère des finances, *Quarterly Economic Review*, mars 1992.

et le gouvernement du Québec. La dette brute du gouvernement fédéral atteindra 600 milliards en 1994.

3. **Dette nette :** dette brute, soustraite de la valeur des actifs des gouvernements, dont la valeur financière peut être calculée (édifices publics). Cette déduction réduit la dette fédérale de 470 à 420 milliards en 1992.

4. **Dette garantie :** dette qui ajoute à la dette totale l'ensemble des créances émises par des sociétés d'État, des commissions scolaires, des centres hospitaliers, des municipalités, des cégeps et des universités ainsi que des prêts garantis par des institutions financières à des particuliers (les prêts du programme de prêts et bourses par exemple).

Tableau 6.5 Les dettes du secteur public québécois en 1992 (milliards de $ et % du PIB)

	Gouv. Qué.	Gouv. féd.	Total	
	$	$	$	% du PIB
Dette directe	35	82	117	74,5
Dette totale	50	100	150	95,5
Dette nette	46	89	135	86,0

Source et notes : Gouvernement du Québec, *Vivre selon ses moyens*, 1993 et autres publications. Le Québec détient 23,4 % de la production canadienne. Nous avons donc supposé que le Québec assume 23,4 % de la dette fédérale et de l'actif financier. La dette nette du Québec fut calculée en supposant que le rapport actif financier/dette totale était comparable à celui du gouvernement fédéral.

Au tableau 6.5, on retrouve les trois premiers concepts de dette pour chacun des deux paliers de gouvernement. La dette nette du gouvernement du Québec en 1992 était de l'ordre de 46 milliards. La dette nette du secteur public québécois provenant du gouvernement fédéral dans ses activités au Québec a été estimée par l'auteur à environ 89 milliards. Celle-ci s'ajoutant à l'autre, la dette nette du secteur public serait donc de 135 milliards et s'élèverait à 86 % du PIB.

La dette directe est constituée des titres émis et des emprunts faits par les gouvernements. Les titres peuvent être classés en trois grandes catégories, soit les obligations, les bons du Trésor et les obligations d'épargne. Les premières sont des titres de créance négociables ayant un terme supérieur à un an, en moyenne de cinq ans. Les bons du Trésor se distinguent des obligations négociables par le fait qu'ils ont une échéance de moins d'un an. La moitié, uniquement, de la dette du gouvernement fédéral est constituée d'obligations. La dette du gouvernement du Québec, composée surtout d'obligations, a une échéance moyenne plus longue que celle du gouvernement fédéral puisqu'elle comporte une fraction plus faible de bons du Trésor. Elle est à 75 % en dollars canadiens et à 25 % en monnaies étrangères. Par ailleurs, la dette fédérale est à 100% payable en dollars canadiens.

Ces informations sur l'échéance et la dénomination des dettes sont importantes pour la bonne gestion de ces dettes. À cause de son échéance plus courte, le service de la dette d'Ottawa est beaucoup plus sensible à une hausse du taux d'intérêt que celui de Québec. En revanche, une dépréciation du dollar canadien n'affecte aucunement la taille et le fardeau de la dette fédérale, mais elle peut produire un gonflement de la dette provinciale et de son fardeau. En effet, les sommes dues en monnaies étrangères augmentent de 15% lorsque le dollar canadien descend de 87 à 74 cents américains. La dette totale ajoute à la dette directe l'ensemble des engagements du gouvernement envers le fonds de retraite des employés de l'État.

Cette dette envers le fonds de retraite représente l'accumulation des engagements que le gouvernement a contractés en tant qu'employeur envers ses employés. Le gouvernement n'a pas déposé ces sommes dans un compte; il a plutôt comptabilisé ses engagements et il paie un intérêt sur ces sommes. À la fin de l'année 1992, le gouvernement du Québec devait 15 milliards au compte de retraite des employés de l'État. Pour dire les choses autrement, le gouvernement a financé le tiers de sa dette totale en s'appropriant les cotisations des employés, en ne payant pas ses cotisations d'employeur et en ne versant pas les intérêts sur la dette accumulée envers le compte de retraite. Ce n'est cependant en rien malhonnête, car le gouvernement reconnaît cette créance et comptabilise les intérêts qui s'accumulent. Tout au plus peut-on s'interroger sur la qualité de la diversification du portefeuille garantissant les retraites des fonctionnaires.

La figure 6.2 présente l'évolution de la dette brute du secteur public en pourcentage du PIB du Québec de 1945 à 1992[6]. La courbe du bas, qui présente l'évolution de la dette publique du gouvernement du Québec, descend de 1945 à 1960. Durant ces 15 années, la discipline budgétaire stricte du gouvernement ainsi que la croissance du PIB sont les raisons qui expliquent la baisse dans le ratio dette/PIB. Quoique l'année 1960 marque un renversement de tendances, ce n'est qu'en 1975 que les finances publiques du gouvernement du Québec commencent à se dégrader rapidement sous l'action combinée d'un faible taux de croissance du PIB, d'un taux d'intérêt élevé et d'une discipline budgétaire moins stricte.

Le rôle des taux d'intérêts et de la croissance est encore plus visible dans les finances du gouvernement fédéral pour ses activités au Québec.

---

6 La part de la dette fédérale tout au long de la période a été supposée égale à la part du PIB québécois dans celui du Canada.

De 100% en 1945, le ratio dette/PIB descend sous le seuil du 40% en 1975 pour remonter, à partir du moment où la conjoncture se détériore, à 70% du PIB du Québec en 1992. Pour exprimer la dette des deux paliers de gouvernement en pourcentage du PIB, disons que les finances publiques sont en 1992 dans un aussi mauvais état qu'en 1945, année qui marqua la fin de la Deuxième Guerre mondiale et de la longue crise économique qui débuta en 1929.

Ce constat est d'autant plus inquiétant que nous ne vivons plus de toute évidence dans le même monde que celui de 1945 à 1975. On ne peut plus compter aujourd'hui sur la croissance et les faibles taux d'intérêt pour éliminer les conséquences financières des déficits budgétaires qui s'accumulent depuis quinze ans. Une gestion serrée de la dette est devenue une nécessité.

Le tableau 6.6 compare le Québec à quelques pays européens sur le plan du ratio de la dette nette en pourcentage du PIB. Le Québec est loin en avant de la Belgique mais, aussi, loin derrière la Suède et la Norvège, deux pays dont les États détiennent tellement d'actifs que la valeur de ces derniers dépasse la dette publique.

Quant au plan de la cote de crédit, fixée par des institutions spécialisées dont le rôle est de déterminer le juste taux d'intérêts à imposer, le Québec se classe en fin de liste. Pourquoi? Ces institutions se servent de quatre critères pour fixer leur cote:

Figure 6.2 Dette brute du gouvernement du Québec, du gouvernement fédéral dans ses opérations au Québec et dette totale du secteur public au Québec en % du PIB du Québec, 1945-1990

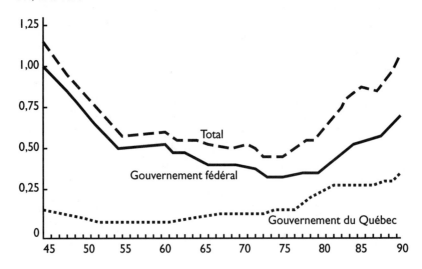

1. le ratio de la dette publique en pourcentage du PIB;
2. la préséance accordée par le pays à la discipline budgétaire de son État;
3. la diversification de la base économique du pays;
4. la valeur des actifs financiers de l'État pouvant servir de contre-partie aux prêts.

Le Canada, jouit de la cote AAA, alors que le Québec n'à que AA-[7]. Pourtant, le Québec n'est pas loin derrière le Canada en ce qui concerne le ratio de la dette au PIB. Alors, pourquoi cette cote? Est-ce le fait que le Québec n'est pas un pays souverain? Le gouvernement du Québec aurait-il accordé moins d'importance à la discipline budgétaire que le gouvernement fédéral? Il faut comprendre que la cote du Québec est fixée par une équipe d'experts; la cote proposée relève autant de leur jugement que de leur science. La cote du gouvernement fédéral est supérieure à celle du Québec principalement parce que l'assiette fiscale du gouvernement fédéral est géographiquement plus diversifiée que celle du Québec. En effet, le gouvernement fédéral tire ses recettes du Québec et des quatre autres régions du Canada.

Tableau 6.6 Dette publique nette (en % du PIB) et cote de crédit. Petits pays de l'Europe, 1990

	Dette	Cote de crédit
Belgique	120,0	AA+
Pays-Bas	58,8	AAA
Québec	45,9	AA-
Canada	43,4	AAA
Danemark	26,6	AA+
Finlande	-3,0	AAA
Suède	-7,0	AAA
Norvège	-22,1	AAA

Source : Commission d'études des questions afférentes à l'accession du Québec à la souveraineté, *Projet de rapport,* Assemblée nationale, 1992, p. 193. Les chiffres correspondants pour les États-Unis, le Japon, l'Allemagne et la France sont présentés au chapitre X.

La gestion d'une dette et la stratégie financière

Nous avons dit que la dette publique totale du Québec était en 1992 de l'ordre de 150 milliards, un chiffre égal à 85 % du PIB. Le but de cette section est d'avancer un cadre pouvant servir à la gestion de cette dette,

---

7 La cote de crédit du Québec, comme celle de la plupart des provinces canadiennes, a été abaissée en 1993.

ce qui est difficile, sinon impossible sans faire un peu de mathématiques.

Une dette à la fin de l'année t, soit D_t, est égale à la somme des déficits des années antérieures ou à la dette au moment t-1, soit D_{t-1} à laquelle il faut ajouter le déficit de l'année courante, soit G - T (G = dépenses, T = recettes fiscales).

(1) $D_t = D_{t-1} + (G - T)_t$

Le déficit de l'année courante peut à son tour être décomposé en deux éléments : le service de la dette (SD_t) et le solde de fonctionnement ou solde primaire (SF_t). Ce solde de fonctionnement est égal à la différence entre les dépenses hors versements d'intérêts (G - SD) et les recettes, T. On peut donc réécrire (1) comme suit :

(2) $D_t = D_{t-1} + SD_t + SF_t$

On peut s'arrêter ici pour tirer de l'équation (2) des leçons sur les étapes à franchir pour opérer un retour vers une saine situation financière. Si l'on veut ralentir la hausse de l'endettement, la première étape consiste évidemment à cesser de faire des déficits primaires ou de fonctionnement. Lorsque cette étape est franchie, SF_t passe d'un signe positif à zéro, et le budget de fonctionnement cesse d'alimenter l'endettement. La deuxième étape est de rencontrer le service de la dette. Pour y arriver, il faut dégager un surplus primaire (SF_t précédé d'un signe négatif) au moins aussi élevé que le service de la dette. Le cas échéant, $SD_t = -SF_t$, et la dette est stabilisée par rapport à son niveau de l'année précédente ($D_t = D_{t-1}$).

L'application de cette règle peut être sans douleur ou devenir un cauchemar selon le contexte et l'évolution des événements. Cette dynamique peut être prise en compte en réexprimant la dette publique en pourcentage du PIB. Puisque le PIB peut être considéré comme l'ultime garant de la capacité de l'État à rembourser ses dettes, le ratio dette/PIB constitue un chiffre crucial. Ce qui fait évoluer ce ratio est essentiellement la différence entre le taux d'intérêt et le taux de croissance du PIB. Si le taux de croissance du PIB est élevé et que le taux d'intérêt est faible, l'application de la règle sera sans douleur ; dans le cas contraire, elle sera très difficile à réaliser.

Une explication intuitive de cette situation est possible. Supposons que l'État a un ratio dette/PIB égal à 100 % et qu'il déclare un déficit égal à la totalité des intérêts à payer sur sa dette passée. À quel rythme augmentera alors la dette publique ? Son taux d'augmentation sera égal au taux d'intérêt puisque le déficit, par définition, est égal à l'augmentation de la dette. Si la dette publique est de 150 milliards au début de l'année, et le taux d'intérêt à 5 %, la dette sera de 157,5 milliards à la fin de l'année. Par ailleurs, regardons quel est le taux de croissance du PIB. Supposons qu'il fut de 10 %, le PIB passe alors de 150 à 165 milliards, et le ratio dette/PIB tombe à 95,5 % (157,5/165). Par contre, si le taux de croissance du PIB n'est que de 2,5 %, le PIB à la fin de l'année sera de 153,7 milliards, et le ratio dette/PIB aura cru de 100 % à 102,5 %. À ce faible taux de croissance, des compressions auraient été nécessaires pour stabiliser le ratio dette/PIB.

L'exemple précédent montre qu'un déficit budgétaire peut être d'autant plus élevé que la croissance est forte, sans que le ratio dette/PIB n'augmente. Le tableau 6.7 indique le surplus primaire requis pour stabiliser la dette publique du Québec selon différentes hypothèses quant au taux d'intérêt et au taux de croissance du PIB. Il a été construit au moyen de la formule suivante :

$$\text{Dette en \% PIB} = \left(\frac{1}{\text{t. actualisation}} \right) \text{surplus primaire en \% du PIB}$$

Dans cette équation, l'expression entre parenthèses est désignée par le taux d'actualisation. Ce taux est, en fait, égal au taux d'intérêt moins le taux de croissance du PIB. En connaissant la dette en pourcentage du PIB pour chaque palier de gouvernement et en faisant des hypothèses quant au taux d'actualisation, on peut calculer les surplus primaires nécessaires pour stabiliser le ratio dette/PIB[8].

La première colonne du tableau 6.7 nous indique le ratio dette/PIB actuel du gouvernement provincial, du gouvernement fédéral et des deux gouvernements pris ensemble. Comme il est impossible de prévoir ce que sera le taux d'actualisation au cours des prochaines décennies, quatre différents scénarios sont avancés.

Tableau 6.7 Le surplus requis pour stabiliser la dette publique

Paliers de gouvernements	Dette en % PIB	Surplus primaire requis en % du PIB selon différents taux d'actualisation			
		- 2 %	1 %	3 %	4 %
Gouvernement provincial	30	- 0,6	+ 0,3	+ 0,9	+ 1,2
Gouvernement fédéral	50	- 1,0	+ 0,5	+ 1,5	+ 2,0
Total	80	- 1,6	+ 0,8	+ 2,4	+ 3,2

La première hypothèse est celle d'un taux d'actualisation négatif ; elle correspond à la situation qui a prévalu, en gros, de 1945 à 1975 au Canada. Avec un taux d'actualisation de - 2,0, un gouvernement n'a pas à dégager un surplus primaire. Il peut même, à condition de ne pas dépasser

---

8 Cette équation est similaire à celle qui est utilisée pour calculer le taux de rendement de l'éducation. Au lieu de se demander quel est le taux de rendement d'une prime de 10 000 $ par année durant 42 ans à la suite d'une dépense de 100 000 $ dans les études, on aurait pu, alors, calculer la prime exigible par l'étudiant compte tenu de la dette de 100 000 $ et du taux d'intérêt payable sur cette dette.

les limites fixées dans le tableau, faire un déficit primaire année après année sans que le ratio dette/PIB n'augmente. Si les gouvernements ne déclarent pas des déficits d'une telle ampleur, le ratio dette/PIB diminue. C'est la situation que nous avons déjà décrite pour la période 1945 à 1975.

Les trois autres hypothèses consistent en des taux d'actualisation positifs de 1 %, 3 % et 4 %. Dans tous les cas, une longue suite de déficits primaires est impossible, le marché financier devant couper le crédit avant que la dette n'explose. La seule stratégie financière responsable est de dégager une suite de surplus budgétaires primaires au moins suffisants pour couvrir le service de la dette. Le tableau indique la taille des surplus primaires requis selon les paliers de gouvernement. Si, en 1992, le taux d'actualisation avait été de 3 %, le gouvernement du Québec aurait dû dégager un surplus primaire de près de 1 % au lieu de 0,7 %, alors que le gouvernement fédéral dans ses opérations au Québec aurait dû dégager un surplus de 1,5 % du PIB au lieu du 0,4 % réalisé.

Le surplus primaire doit augmenter chaque fois que le taux d'actualisation s'élève. Il est donc essentiel de comprendre ce qui influence le taux d'actualisation d'une dette. La figure suivante décompose le taux d'actualisation en plusieurs éléments.

On voit que le taux d'actualisation se définit comme le taux d'intérêt réel soustrait du taux de croissance du PIB. Plus le taux d'intérêt réel monte et que le taux de croissance du PIB diminue, plus le taux d'actualisation s'accroît et plus la discipline budgétaire doit être rigoureuse. Par ailleurs, le taux d'intérêt réel est égal au taux nominal retranché du taux

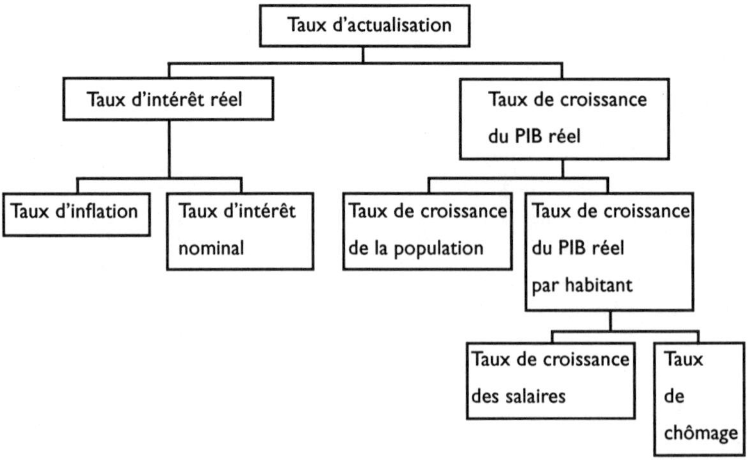

Figure 6.3 Le taux d'actualisation et les déterminants du fardeau de la dette publique

d'inflation. Quant au taux de croissance du PIB, il est influencé par une multitude de facteurs. Ceux qui sont identifiés à la figure 6.3 ont déjà fait l'objet d'une analyse dans les pages précédentes. Comment les nouveaux éléments que nous venons d'introduire agissent-ils sur le fardeau de la dette ? Tous ont déjà été analysés, sauf le taux d'inflation.

Dans un contexte d'inflation, un changement de la valeur nominale d'une dette surestime l'accroissement de la valeur réelle de cette même dette. Par exemple, supposons que l'inflation est de 5 %, que la dette est de 500 milliards de dollars et que le déficit est de 40 milliards de dollars. Il résulterait de cette situation que, un an plus tard, la dette se serait accrue pour atteindre 540 milliards de dollars. Pendant la même période, les prix auront cependant augmenté de sorte que la valeur réelle de la dette, l'année suivante, sera de 540/1,05, soit de 514 milliards de dollars. Le déficit corrigé de l'inflation serait donc de seulement 14 milliards de dollars. En pratique cela signifierait que le gouvernement aurait remboursé un montant de 26 milliards de dollars en raison de la dépréciation réelle de la valeur nominale de la dette.

Une hausse du taux d'inflation, à un taux d'intérêt nominal constant, allège le fardeau de la dette en termes réels au détriment des créanciers qui sont taxés s'il arrive que la hausse des prix les prenne par surprise. En effet, s'ils pressentent une poussée inflationniste, les détenteurs des obligations de l'État exigeront un rendement suffisant pour compenser la perte attendue de la dépréciation de leurs créances, ce qui veut dire que les taux d'intérêts nominaux monteront. Au Canada, cette crainte est élevée, car la prime de rendements exigés sur les obligations fédérales à long terme est forte.

Éventuellement, cette crainte de voir le gouvernement dévaluer sa monnaie (sur le plan intérieur par une hausse des prix et, sur le plan extérieur, par une dépréciation du dollar canadien) peut amener les créanciers à refuser les titres de créances en dollars canadiens. Lorsque les dangers évoqués au paragraphe précédent deviendront plus imminents, le gouvernement devra se mettre à emprunter une fraction de plus en plus grande en monnaie étrangère, disons en dollars américains. Les marchés financiers se trouvent alors à dire au gouvernement que les risques de fluctuations du taux de change devront dorénavant être assumés par le gouvernement lui-même. Dans un tel contexte, la dévaluation et l'inflation ne sont évidemment plus une porte de sortie. La cessation de paiement, ou le rééchelonnement de la dette, devient alors possible. Nous n'en sommes évidemment pas encore là et souhaitons ne jamais y arriver. Tout cela explique pourquoi la Banque du Canada vise l'objectif « zéro inflation », étant donné qu'un taux d'inflation très faible sur une longue période a un effet cumulatif équivalent à celui d'une inflation élevée sur une courte période.

Quel serait le taux d'actualisation le plus approprié au Québec pour fixer les surplus primaires à dégager au cours des prochaines décennies ? Nous disposons déjà de certains éléments de réflexion :

1. Le taux de croissance des salaires réels fut de 1,2 de 1976 à 1990, et le taux de chômage devrait descendre au cours des prochaines décennies. Peut-être est-il réaliste de supposer un taux de croissance du PIB par habitant de 1,5 % par année.

2. Une projection des tendances actuelles telles qu'indiquées au chapitre 4 suggère que, en l'an 2025, la population du Québec sera d'environ 7 millions d'habitants, le même chiffre qu'en 1992. Ainsi faut-il supposer que le taux de croissance de la population sera nul.

3. Le taux d'intérêt réel moyen au cours des 15 dernières années fut de l'ordre de 4,5 %. Nous supposons que celui-ci restera à ce niveau pour les prochaines décennies.

Ces considérations suggèrent qu'un taux d'actualisation de trois pour cent (4,5 - 1,5) est une hypothèse justifiable pour l'analyse de stratégies financières du gouvernement. Il faudrait donc que les deux gouvernements dégagent un surplus primaire de 2,4 %, alors qu'ils n'ont pu faire mieux que de dégager un surplus primaire de 1,1 % du PIB avec 0,7 % au provincial et 0,4 % au fédéral.

La figure 6.4, qui trace l'évolution des soldes primaires du gouvernement fédéral et provincial de 1961 à 1992, montre que les deux gouvernements étaient pourtant sur la bonne voie, de 1986 à 1990, avec des surplus primaires supérieurs à ceux qui étaient requis. Cette situation avantageuse s'explique par la forte croissance du PIB durant cette période. Cependant, une longue période de ralentissement économique amorcée en 1990 a transformé ces surplus en 1993 en des déficits primaires, comme durant les récessions de 1975-1976 et de 1981-1982. L'histoire se répète : en période de récession, on emprunte pour payer des dépenses additionnelles ; en période de prospérité, on dégage des surplus primaires insuffisants pour défrayer la totalité des frais d'intérêts. Chaque année, la dette monte, sauf lorsque le PIB connaît un taux de croissance exceptionnel.

Les gouvernements, tant fédéral que provincial, ont pris des engagements face à la réduction du déficit. Le premier promet de réduire son déficit en 1996 sous la barre de 3 % du PIB ; le gouvernement du Québec croit possible quant à lui de retrouver l'équilibre budgétaire au cours de cette même année. Ces projets sont-ils vraisemblables ? En 1992, le déficit du secteur public en pourcentage du PIB est de 6,8 %. Si ce pourcentage doit descendre sous 3 % en 1996, que faut-il faire ? Comme il est rai-

Figure 6.4 Soldes primaires des gouvernements fédéral et provincial en % du PIB, 1961-1992

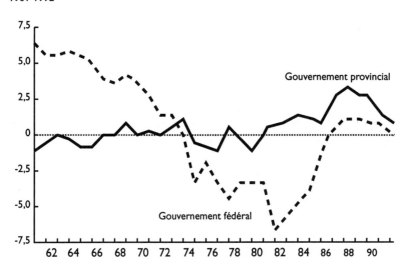

sonnable de supposer que les frais d'intérêt sur la dette représenteront alors 9 % du PIB, il faudra dégager un surplus primaire de l'ordre de 6 % du PIB, alors que celui-ci n'est que d'environ 1 % en 1992. Est-il nécessaire de dire que la réalisation d'un surplus de cet ordre exigera des compressions nouvelles, une hausse de taxes, une conjoncture favorable et une étroite collaboration entre les paliers de gouvernement ? Si l'objectif était atteint, la dynamique serait définitivement changée : au lieu d'une hausse à chaque année dans le ratio dette/PIB, ce ratio resterait stationnaire ; il pourrait même, éventuellement, diminuer.

Le fardeau de la dette

Quels sont les perdants lorsque l'État s'endette ? Qui profite le plus d'un déficit budgétaire ? Quels sont les grands principes qui doivent présider à l'allocation des fonds publics ? Enfin, existe-t-il une façon de réduire le déficit qui serait moins douloureuse que les autres ? Nous tenterons maintenant de répondre à ces quatre questions.

Les victimes de la dette publique

Deux vues opposées s'affrontent quand il s'agit de déterminer qui sont les victimes de la dette publique. Selon la première vision, l'État est conçu comme une famille dont les membres se renouvellent et ne meurent pas.

Selon cette conception, la dette publique est une dette de la main droite envers la main gauche. Ce que la main gauche paiera en taxes, la main droite le recevra en frais d'intérêts. Qui est la main droite et qui est la main gauche ? La main droite, ce sont les rentiers qui vivent de leurs revenus de placements ; la main gauche, c'est la génération des jeunes adultes. Selon cette première version, une dette publique n'implique aucune fuite d'argent à l'étranger.

Cette façon de voir les choses est naïve, car, dans les faits, une dette publique aura nécessairement des effets sur la dette extérieure du pays : plus l'État empruntera, plus les fonds disponibles pour le financement des entreprises locales seront rares et plus ces dernières seront incitées à se financer à l'étranger. Le fait qu'une dette publique se répercute en dette extérieure entraîne un transfert entre générations. En effet les non-résidants qui détiennent des créances sur le pays viendront accaparer une partie de la production du pays, partie qui aurait pu être consommée par la jeune génération.

Les créanciers de l'État sont ses propres employés pour un tiers, les institutions financières locales pour un autre tiers et des non-résidants pour le dernier tiers. Cette répartition des titres de créances ne laisse pas de doute sur les pertes des générations à venir à cause de l'endettement actuel[9].

Les bénéficiaires des dépenses excessives de l'État

Si les générations à venir sont les victimes de la dette, quels sont les bénéficiaires des dépenses excessives de l'État ? Pour répondre à cette dernière question, un concept doit être défini. Une taxe ou une dépense de l'État peut avoir une incidence progressive ou régressive. Une incidence progressive s'observe lorsque le taux d'imposition (impôt/revenu) augmente au fur et à mesure que le revenu des personnes s'accroît. Un programme a une incidence régressive s'il génère des bénéfices qui profitent aux gens dont les revenus sont supérieurs à la moyenne. L'incidence d'une taxe ou d'un programme est neutre quand le taux d'imposition ou les bénéfices sont identiques quels que soient les revenus des personnes ou des groupes. Cinq conclusions de chercheurs québécois méritent d'être soulignées :

1. C'est un fait que certains programmes d'État sont très progressifs.

---

9 Il n'est pas suffisant, toutefois, de connaître la nationalité des créanciers pour déterminer s'il y aura ou non un effet intergénérationnel. Un tel effet se produit dès qu'il y a une dette extérieure, et même dans le cas où toutes les dettes de l'État sont détenues par des résidants. L'endettement de l'État, financé à 100 % au pays, peut très bien avoir forcé les entreprises à se financer à, disons, 50 % à l'étranger. La répartition entre les résidants des titres émis par l'État et les entreprises nationales n'est donc pas un indicateur du fardeau réel de la dette.

Près de 100 % des bénéficiaires de l'aide sociale sont des gens dont les revenus sont très inférieurs à la moyenne[10];

2. La plupart des programmes — dont les allocations familiales, l'assurance-chômage, une grande partie des dépenses d'éducation précollégiale et de santé — sont neutres[11];

3. Certains programmes apparemment progressifs — dont le financement de l'enseignement supérieur et les pensions de vieillesse — sont, dans les faits, régressifs ou, au mieux, neutres. Environ la moitié des personnes à faibles revenus sont des étudiants qui gagneront plus tard des revenus supérieurs ou des aînés à la retraite vivant de leur pension et de la liquidation graduelle de leurs actifs. L'aide reçue par un individu au début et à la fin de sa vie vient surtout des taxes qu'elle doit payer durant sa vie active[12];

4. Les trois premiers éléments suggèrent que l'État est plutôt un promoteur d'équité horizontale (égalité de traitements des personnes placées dans des situations analogues) que d'équité verticale (redistribution des revenus des mieux nantis aux plus défavorisés);

5. Enfin, si les dépenses de l'État ont une incidence peu progressive, le système global de taxation (impôts directs et indirects, taxes foncières) n'est pas, non plus, progressif; il est tout au plus neutre[13].

Ces éléments d'information laissent entendre que l'État redistribue peu de ressources des riches vers les pauvres et qu'il n'est pas l'instrument tant espéré pour lutter contre les iniquités de nature verticale. Ce rôle mitigé de l'État en tant que redistributeur de ressources serait, selon certaines études, dû à une participation politique moindre des personnes et des groupes à faibles revenus. En effet, les personnes scolarisées et à hauts revenus sont mieux informées et plus militantes quand arrive une élection[14]. Si l'on introduit le lobbyisme comme une autre façon de modifier à son profit les politiques de l'État, il faut bien reconnaître que le pouvoir du petit citoyen ordinaire est bien éphémère, sauf lorsque la goutte fait déborder le verre.

---

10 Monique F. Desrochers, *L'impact des transferts sur la répartition des revenus au Québec 1967-75*, OPDQ, collection « Dossiers », 1980.

11 Monique F. Desrochers, *ibid.*, et Gilles Beausoleil, *L'État, l'économie et services de santé*, Miméo, 1990.

12 Sur l'incidence régressive du financement public de l'enseignement supérieur, voir Clément Lemelin, « The redistributive effects of public spending on Post-secondary education in Quebec », UQAM, 1990.

13 M. Payette et F. Vaillancourt, « L'incidence des recettes et dépenses gouvernementales au Québec en 1981 », *L'Actualité économique*, 62 (3).

14 Claude Montmarquette, « Le marché politique : qu'est ce qui est produit ? Qui y participe ? Qui en profite? », Université de Montréal, 1988.

Les dépenses publiques et leur gestion

Un rappel de quelques principes fondamentaux d'une saine gestion des fonds publics est sans doute nécessaire pour éviter des efforts inutilesdans l'élaboration d'un éventuel plan de compression.

1. L'État ne doit couper aucune dépense dont le taux de rendement, tel qu'on l'a mesuré au chapitre IV, est supérieur au taux d'intérêt réel, quel que soit le ratio dette/PIB. Toute compression de dépenses avec un taux de rendement supérieur ferait croître la dette au lieu de la faire décroître. Toutes ces dépenses génèrent des recettes ou des bénéfices sociaux qui augmentent plus rapidement que le service de la dette.

2. L'État peut continuer à stabiliser l'économie à la condition stricte qu'il s'autofinance sur une période d'un cycle complet. Nous avons dit que l'État devrait prendre un régime de croisière pour les prochaines décennies, soit avoir un surplus de fonctionnement de près de 2,5% du PIB. Ce chiffre de 2,5 % est une moyenne. Rien n'empêche l'État d'accroître à 3,0 % ses surplus en haute conjoncture pour les réduire sous 2,0 % en basse conjoncture. Un déficit est plausible en récession mais il cesse de l'être lorsqu'on se réfère à une période s'étendant sur un cycle complet. L'argument keynésien n'est donc pas utilisable pour justifier des déficits qui persistent pendant une période de 10 ou 15 ans. Il est plus raisonnable de croire que, sur une si longue période, la valeur moyenne de la production est approximativement insensible aux stimulations budgétaires[15]. La vraie question est de savoir si l'État peut créer des emplois qui seront encore là au moment du remboursement de la dette créée.

3. Les transferts intergouvernementaux doivent être réduits au strict minimum : ils divisent les paliers de gouvernement et retardent la décision de l'État. Ils incitent au fameux pelletage de déficit, stratégie que le gouvernement du Québec dénonce avec véhémence mais qu'il applique lui-même aux municipalités.

À l'aide de ces grands principes et d'une information complète sur les dépenses et les recettes des paliers de l'État, un économiste est-il suffisamment équipé pour avancer lui-même un plan de résorption du déficit budgétaire ? La réponse est un non catégorique, car l'économiste ne peut être objectif — même si c'est la plus honnête des personnes — quand vient le temps de changer la direction du paquebot dont il est lui-même un passager. Tout au plus peut-il donner un avis sans qu'on sache qui, de l'économiste ou du citoyen, aura gagné la lutte.

---

15 Voir Pierre Duguay et Yves Rabeau, « Les effets macro-économiques des déficits budgétaires : résultats d'un modèle de simulation », Rapports techniques de la Banque du Canada, 1987.

Un plan de compressions réalisable ne pourra pas être soumis à la population du Québec sans une parfaite coordination entre les trois paliers de gouvernement ou la centralisation vers l'un d'eux de tous les pouvoirs. Dans le cadre politique actuel, une confiance réciproque est nécessaire pour qu'enfin cessent des compressions qui pleuvent de tous côtés sans que n'apparaissent des résultats visibles.

Jusqu'à présent les compressions n'ont été que sélectives tant à Québec qu'à Ottawa. Dans l'encadré ci-dessous, nous affirmons que la méthode des compressions proportionnelles des dépenses fédérales au Québec et des dépenses provinciales mérite une étude. Un de ses avantages est de sortir de l'arène politique un problème qui ne semble pas soluble à ce niveau, tout en n'accroissant pas les inégalités au sein de la société.

LE PLAN DE RÉSORPTION DU DÉFICIT

(Mon oncle Antoine et Blanche)

Revenons à la mise en scène de l'encadré de la page 150.

Un jour, mon oncle Antoine me demanda d'aller le voir.

— Toi, tu es un économiste, tu vas m'aider.

— Mon oncle, je le voudrais que je ne le pourrais pas. Je ne peux pas comparer le bonheur de Blanche avec celui de René ou du vôtre. Un plan de résorption de déficit réalisable n'est pas uniquement une opération comptable ; il faut voir aussi comment chaque personne de votre famille sera touchée.

— Ça fait 10 ans que je coupe ici et là sans aucun succès visible. J'ai besoin de tes conseils. Je veux intervenir avant que la famille n'éclate.

— Mon oncle, êtes-vous capable de transférer 100 $ d'un poste à l'autre de votre budget et d'accroître votre bien-être ?

— Impossible!

— Et votre père, en Floride ?

— J'aimerais mieux vendre l'auto plutôt que de toucher à mon père.

— Mon oncle, je suis heureux de vous dire que vous êtes un homoéconomicus. Croyez-vous que Blanche et René pourraient, eux, transférer 100 $ tout en accroissant leur bien-être ?

— Je ne crois pas.

— Dernière question. Est-il possible, en transférant cette somme du revenu net de Blanche vers vous ou vice-versa, d'améliorer...

— Ça, c'est la pomme de discorde de la famille. Si la famille éclate, ce sera à cause des transferts intergouvernementaux.

— Selon vos réponses, je conclus que les dépenses de la famille sont bien allouées. Dans ces conditions, je vous suggère de faire une compression proportionnelle à tous les postes sans aucune exception.

— Mon neveu, c'est impossible. Techniquement, je ne peux couper le service de la dette.

— Oui, vous pouvez. Réduisez votre dette en vendant des actifs. Bonjour, mon oncle.

171

Un mois plus tard, mon oncle Antoine remit à Blanche un document qui comprenait des principes généraux, un nouveau plan de partage des dépenses dont une compression proportionnelle de toutes celles qui relevaient du budget d'Antoine. Blanche et René approuvèrent l'initiative d'Antoine et envisagèrent eux-mêmes une compression proportionnelle de leurs dépenses.

Six mois plus tard la famille avait acquis la certitude d'avoir bien en main son budget et qu'elle allait retrouver son indépendance financière.

Conclusion

Rares sont ceux qui, aujourd'hui, considèrent encore que l'endettement public n'est finalement qu'une dette de la main droite envers la main gauche. Si cette opinion n'est pas fausse en elle-même, elle a néanmoins encouragé un long retard d'adaptation de l'État au nouveau contexte mondial. Tant sur le plan des charges d'intérêts que sur celui de la dette elle-même par rapport au PIB, le gouvernement du Québec, à l'instar du gouvernement fédéral, entre dans une phase où d'importantes décisions doivent être prises.

La dette aura pour effet de répartir sur les générations à venir une consommation excessive des générations actuellement représentées au Québec. La population actuelle peut être perçue comme le résultat d'un chevauchement entre trois générations : celle des aînés qui connurent les deux guerres mondiales, celle des jeunes qui se retrouvent devant un marché du travail bloqué et celle des baby-boomers qui fut la plus chanceuse de toutes les générations.

Dans ce contexte, la justice entre les générations aurait exigé deux transferts : un transfert de revenu de la génération des baby-boomers aux aînés ainsi qu'un autre vers la jeune génération actuelle. Le premier transfert a probablement été réalisé. Quant à l'autre, il faut bien reconnaître qu'il n'a pas encore été réalisé.

Pour contrer les difficultés d'insertion des jeunes d'aujourd'hui, il aurait fallu que le Québec, à l'instar du Japon et de l'Allemagne, accumule un stock d'avoirs à l'étranger, stock qu'il aurait liquidé et rapatrié au profit de la jeune génération actuelle. Au lieu de prêter à l'étranger, nous y avons emprunté une somme d'environ 60 milliards. La jeune génération sera d'autant plus mal prise qu'elle devra payer le service de cette dette extérieure, laquelle ne se serait, par ailleurs, jamais développée n'eût été d'une dette publique de 150 milliards.

Schéma-synthèse

Dans un monde où la production est instable, l'endettement peut permettre de régulariser la consommation.

➤

Comme la dette publique du Québec s'accroît depuis 1975, elle a atteint un niveau en 1994 qui exige une redéfinition du rôle de l'État.

La gestion de la dette publique repose sur une information adéquate quant aux taux d'intérêt, aux taux de croissance de la productivité et de la population. Le plein emploi allégerait le fardeau de la dette.

➤

Les stratégies financières des gouvernements semblent correctes quant à leur objectif. Cependant, plus on attend pour dégager un surplus primaire équivalant à la charge des intérêts, plus la tâche sera difficile.

La dette a pour effet de reporter sur les générations futures une consommation injustifiée de l'actuelle génération.

➤

Le retour à l'équilibre budgétaire ne devrait pas avoir pour impact d'accroître les inégalités au sein de l'actuelle génération.

Questions et choix de réponses

1. Montrer comment l'évolution de la production et celle de la consommation se sont conjuguées pour réduire la dette de l'État de 1945 à 1975 et pour la ramener ensuite à son niveau initial.

2. Résumer le cadre théorique présenté pour gérer une dette.

3. Posez un diagnostic sur la situation financière du gouvernement fédéral et du Québec.

4. Définir :
• Dette directe
• Dette totale
• Déficit des comptes publics
• Taux d'actualisation
• Solde primaire

5. Cochez la bonne réponse.

Le Gouvernement fédéral a eu depuis 1975
❏ un déficit budgétaire, toutes proportions gardées, plus faible que celui du gouvernement du Québec ;
❏ un déficit budgétaire moindre que le service de la dette ;
❏ un solde primaire qui ne fut positif que de 1987 à 1991 ;
❏ un déficit au compte public inférieur au déficit réel.

6. Cochez la bonne réponse. Le gouvernement emprunte en partie
❏ pour financer des dépenses courantes ;
❏ pour fournir des fonds aux investissements d'Hydro-Québec ;
❏ pour financer la construction d'un nouveau pavillon universitaire ;
❏ pour permettre aux municipalités d'investir dans leur infrastructure.

PARTIE IV

LES GROUPES ET LES RÉGIONS

Au début du siècle, la croissance des États-Unis a émerveillé le monde ; aujourd'hui, c'est la force compétitive du Japon qui semble relever du miracle. Certains pays, comme la Suisse, sont toujours gagnants ; d'autres, toujours perdants.

Existe-t-il des conditions qui prédisposent un pays à la croissance ? Il semble bien que les relations entre les groupes qui composent une société et les régions qui découpent un territoire jouent à cet égard un rôle déterminant. Le tout est plus grand que la somme des parties si l'énergie des groupes et des régions peut être canalisée vers la recherche du bien commun. Au contraire, le tout est plus petit que la somme de ses parties si les groupes et les régions sont en lutte les uns contre les autres.

Tout État essaie de préserver sa nécessaire harmonie en élaborant des institutions (division du pouvoir) et des codes (constitution, charte). En procédant ainsi, un État vise à baliser l'action des groupes et des régions pour éviter que naisse un cercle vicieux qui mènerait à l'appauvrissement de tous. Ce cadre délimite aussi le pouvoir d'un gouvernement dont le rôle est d'adapter les politiques du pays dans un monde toujours en mouvement. Un gouvernement peut très bien, à un moment donné, s'identifier à un groupe particulier et privilégier une région. Cette option peut être bonne si l'adaptation des politiques se fait dans le respect des grands principes nécessaires à la survie du tout.

Lorsqu'un surplus économique existe, on peut dire que le tout est supérieur à la somme de ses parties. On compte essentiellement trois conditions favorables à la création d'un surplus économique dans un pays ou une région.

1. Le pouvoir de marchandage lors de négociations internationales (droit de douane) ou interrégionales (décentralisation). Ce pouvoir est certes plus grand si le pays est uni. Il peut amener des bénéfices tangibles. L'union fait la force.
2. Les gains tirés d'une division des tâches et d'une spécialisation de

chaque région en fonction de son avantage comparé par rapport aux régions. Cette façon d'intégrer les régions par les échanges est la source la plus importante de tous les surplus.

3. La mise en commun des risques découlant de la spécialisation. Des individus et des petites régions, en acceptant de se spécialiser, prennent en effet des risques considérables. Par exemple, leur revenu peut devenir très instable dans un monde en mouvement. Les politiques de soutien du revenu peuvent être ainsi la source indirecte d'un surplus.

Dans la plupart des constitutions sont inscrits les principes de la liberté de déplacement des biens, des services, des personnes et des capitaux. Si toutes les constitutions se ressemblent, il n'en est pas ainsi de la composition des sociétés. À côté des sociétés homogènes, on dénote, dans beaucoup de pays en voie de développement, des divisions ethniques ou des classes sociales étanches. Aux États-Unis, les groupes ont plus d'influence politique que les États. Au sein de la communauté européenne, c'est exactement l'inverse : les régions-membres ont toutes le droit de veto, alors que le Parlement européen, qui est censé représenter les groupes, a les mains vides.

Deux caractéristiques du Québec réduisent la taille de son surplus économique. D'abord, la société québécoise est composée à 80 % de francophones et à 20 % d'anglophones et d'allophones. En effet, l'affirmation des francophones depuis 1960, telle que nous le décrivons au chapitre VII, n'a pas eu que des effets positifs. Ensuite, certains changements importants modifièrent l'ordre social, comme le rattrapage des femmes et l'actuel recul des jeunes. Lorsque certains groupes sont à la recherche d'un meilleur statut social, la période n'est pas propice à la concertation entre tous les groupes. Ces questions feront l'objet du chapitre VII.

L'économie du Québec est plus que la somme des économies de ses régions. Les initiatives d'une de ces régions peuvent avoir des retombées négatives ou positives sur les autres. Les régions du Québec sont très spécialisées, et les échanges entre elles sont importants. De plus, les Québécois ont fait la preuve qu'ils étaient très mobiles à l'intérieur de la province. Le chapitre VIII laisse entendre que le transfert des pouvoirs du secteur privé et des régions vers l'État, amorcé en 1960, a favorisé la multiplication des groupes et a réduit la capacité d'initiatives des régions éloignées. Où doit s'arrêter le pouvoir des groupes par rapport à celui des régions ?

CHAPITRE VII

LE STATUT ÉCONOMIQUE DES GROUPES SOCIOPROFESSIONNELS

Au chapitre intitulé « Une société en marche », nous avons donné, comme exemple de groupes non organisés qui gardaient le silence, les jeunes de la décennie 1980. Ce ne sont pas tous les hommes politiques qui interprètent le silence d'un groupe comme un gage de satisfaction. Cependant, les hommes politiques sont, en général plus attentifs aux revendications des groupes les plus tapageurs.

Les francophones, les femmes, les autochtones et les écologistes sont les groupes socio-économiques qui sont les plus écoutés par les médias d'information. À côté de grands groupes, on note une multitude de petits groupes professionnels : les médecins, les agriculteurs, les policiers, les ouvriers de la construction, les fonctionnaires, les enseignants, etc., dont le pouvoir d'influence sur le gouvernement semble énorme. Ces groupes professionnels ont à leur tête une corporation professionnelle ou un syndicat, voire une centrale syndicale.

Dans les pages qui suivent, nous parlerons tour à tour du groupe des francophones et de ceux des femmes et des jeunes. En ce qui concerne les groupes professionnels, nous nous bornerons à décrire l'évolution de la position relative des travailleurs des secteurs privé et public tout en faisant une distinction entre les travailleurs syndiqués et non syndiqués. La performance des entrepreneurs francophones sera également analysée. Quoiqu'il faille exercer une très grande prudence avant de conclure à un changement dans le statut socio-économique d'un groupe, certains changements sont si importants qu'ils dénotent un repositionnement certain des groupes socio-économiques et méritent d'être décrits.

La force d'influence d'un groupe

On tient pour acquis que, si chacun des 300 000 chômeurs du Québec était solidaire des autres, une association de chômeurs se formerait pour défendre collectivement l'intérêt de ce nombre imposant de travailleurs

sans emploi. Pourtant, une telle association existe, mais elle est peu connue tant et si bien que ce sont les syndicats qui sont devenus, par la force
des choses, les porte-parole des sans-emploi. Ce groupe a une taille relativement imposante comparativement à celle des médecins ou des agriculteurs, par exemple. Pourtant, faute de moyens financiers, le président
de l'Association des chômeurs du Québec est peu connu comparativement au porte-parole de la corporation des médecins ou de l'Union des
producteurs agricoles du Québec[1].

Les jeunes qui ne font pas partie des baby-boomers parce qu'ils sont
nés après 1960 ont aujourd'hui entre 18 et 34 ans. Enfants, ils avaient
pour parents des salariés venant de toutes les classes de revenus. Certains sont encore à l'université et peuvent compter sur leurs parents pour
subvenir à leurs besoins matériels. D'autres, venus de familles pauvres,
ont dû, dès l'âge de 15 ans, accepter un Mac-emploi (un emploi mal rémunéré). Ces jeunes se butent présentement à un marché du travail bloqué. Un consensus est théoriquement possible ainsi qu'une cueillette de
fonds, mais il n'existe aucun chef de file voulant organiser ce groupe. La
diversité de leurs origines et l'hétérogénéité de leurs intérêts sont trop
grandes pour qu'un chef de file pense y trouver son gagne-pain[2].

Toute organisation politique doit avoir une idéologie. C'est le ciment
qui unit ses membres dont les intérêts sont nécessairement hétérogènes.
Une bonne idéologie doit, tout en étant simple, fournir des réponses aux
questions qui sont posées. L'Église véhiculait, avant 1960, une idéologie
très puissante et simple : le mal conduisait en enfer ; le bien, au ciel.
C'était suffisant pour contrôler les consciences et obtenir les comportements désirés. Cet exemple indique qu'un groupe peut difficilement être
fort si ses chefs de file ne véhiculent pas une idéologie qui favorise la cohésion du groupe.

Ces trois exemples suggèrent que la force politique relative d'un
groupe dépend de trois caractéristiques : l'homogénéité des intérêts, la
capacité financière et, enfin, l'idéologie. Ces trois éléments déterminent
ce que nous appelons, à la figure 7.1, la capacité d'organisation d'un
groupe. Il va de soi que, pour une capacité d'organisation donnée, le
groupe ayant la taille relative la plus élevée sera le plus fort.

Selon ce schéma, les francophones, qui représentent 80 % de la population du Québec, ont une taille relative qui leur permet d'exercer une
forte influence sur les politiques du gouvernement du Québec. Les
femmes, qui comptent pour 50 % du corps électoral, suivent de près.

---

1 Ruth Rose souligne qu'il y a au moins deux petites associations de chômeurs : le MAC et le RCCQ.

2 Le cas du Regroupement autonome des jeunes (RAJ) a été analysé par Jean Charron dans *Les journalistes, les
médias et leurs sources*, sous la direction de Charron, Lemieux et Sauvages, Gaëtan Morin, 1991, ch.4.

Figure 7.1 Force relative d'un groupe

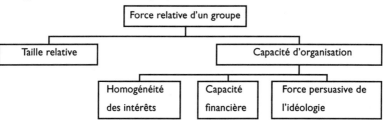

Quant aux travailleurs syndiqués, ils représentent près de 25 % de l'électorat; leur poids relatif n'est donc pas négligeable non plus. Ces trois groupes tirent leur influence de la force du nombre.

À côté de ces groupes, cependant, il y a une multitude de petits groupes professionnels dont les membres ne constituent qu'une infime fraction de la population votante. Faut-il conclure que ceux-ci sont politiquement faibles? Non, car la grande visibilité de certains groupes au Québec vient précisément du fait qu'ils sont petits. Dans un petit groupe, en effet, les intérêts sont plus homogènes et plus concentrés que dans un grand. Ainsi, les francophones sont divisés sur les mérites de la souveraineté du Québec; les Québécoises n'ont pas encore toutes répondu à l'appel du féminisme. Il est possible qu'un petit groupe uni soit plus fort qu'un grand groupe dont les intérêts sont diffus.

Lorsque ce déséquilibre se produit, un pays devient difficile à gouverner : il peut facilement se créer un fossé entre la réalité socio-économique et le discours politique officiel. Des études récentes s'interrogent sur le rôle des lobbies et sur la force grandissante des petits groupes. L'affaiblissement de la capacité de résistance des gouvernements aux pressions est perçu par les économistes des choix collectifs comme la cause de l'endettement public[3]. L'individualisme forcené des groupes — en face d'hommes politiques motivés par leur intérêt à court terme et qui ont peu de comptes à rendre à un électorat ignorant — fait que l'intérêt de l'ensemble de la population et des générations futures est souvent sacrifié à l'intérêt immédiat d'un groupe de pression.

Certains économistes et certains politicologues sont moins pessimistes quant au rôle des groupes de pression[4]. Au lieu d'être tous coalisés contre le gouvernement, les groupes, pense-t-on, peuvent être mis en concurrence. De cet affrontement sortirait le bien commun. Selon cette vue, l'État conserve un rôle important en tant qu'arbitre.

---

3 J.M. Buchaman and G. Tullock, *The Calculus of Consent* University of Michigan Press, 1962.
4 M. Olson, *Grandeur et décadence des Nations*, Bonnel, 1983.

Le rattrapage des francophones

Avant la Révolution tranquille, le Québec connaissait, comme on l'indique au tableau 7.1, une nette division du travail. Les anglophones détenaient le quasi-monopole des postes les mieux rémunérés. En 1961, 16,0 % des anglophones occupaient un poste de professionnels et 11,8 % des postes de direction contre 9,3 % et 6,6 % respectivement chez les francophones. Un travailleur francophone sur deux était un col bleu ; le ratio correspondant était de 1 à 4 chez les anglophones. Vingt-cinq ans plus tard, le vent de la Révolution tranquille ayant soufflé, la répartition entre les types d'occupations est devenue comparable. En 1986, la proportion des professionnels et des techniciens chez les francophones (18,0 %) dépassait celle des anglophones (16,6 %), mais on notait toujours une sous-représentation des francophones au niveau des cadres supérieurs (10,0 % contre 12,8 %).

Tableau 7.1 Le choix des occupations des Canadiens français (CF) et des Canadiens anglais (CA) au Québec de 1931 à 1986

	Professions et techniciens		Haute direction		Cols blancs		Cols bleus		Total	
	CF	CA	CF	CA	CF	CA	CF	CA	CF	CA
1931	7,5	7,6	1,7	7,1	28,9	37,2	62,0	48,1	100	100
1941	7,5	7,6	1,4	5,9	27,2	32,1	63,9	54,4	100	100
1951	6,9	11,8	6,5	10,6	30,1	43,7	56,5	43,9	100	100
1961	9,3	16,0	6,6	11,8	35,0	44,3	49,1	27,9	100	100
1971	12,6	17,0 *	7,3*	11,9 *	38,9	44,3	41,2	26,8	100	100
1981	15,7	18,0	8,0	12,1	42,6	44,8	33,7	25,1	100	100
1986	18,0	16,6	10,0	12,8	39,4	41,8	32,6	28,8	100	100

Source et notes : M. Bernier et R. Boily, *ibid,* p. 208 à 213, et compilation spéciale des données du recensement de 1986. Les données du recensement de 1971 sont peu fiables, le pourcentage des emplois non classifiés étant anormalement élevé. Les chiffres accompagnés d'un astérisque sont des moyennes de 1961 et 1981. Les résultats du recensement de 1991 n'étaient pas encore disponibles au moment de la rédaction de ce chapitre.

Deux facteurs peuvent expliquer le retard des cadres francophones malgré, comme nous l'avons vu, une offre relativement abondante. La représentation des francophones dans les postes de direction est liée au rythme des retraites. Ainsi, la moyenne d'âge des gestionnaires francophones est inférieure à celle des anglophones. De plus, le marché du travail de Montréal pour les cadres est un marché très spécial. La présence dans cette ville d'un grand nombre de sièges sociaux et de firmes multinationales a des implications. Le caractère pancanadien, voire mondial, de ces entreprises explique pourquoi ces entreprises tendent à se servir de leurs ramifications pyramidales pour assurer la promotion de leur personnel. Ce phénomène explique, d'une part, la faible présence à Montréal de cadres francophones ceux-ci étant souvent affectés temporairement à l'étranger — et, d'autre part, les hauts revenus des anglophones de Montréal — ceux-ci étant souvent recrutés ailleurs qu'à Montréal même et attirés dans cette ville par une importante prime.

Le tableau 7.2 quantifie le rétrécissement de l'écart entre le revenu de travail des francophones et celui des anglophones. L'écart, supérieur à 50 % en 1960 à Montréal, tomba sous 15 % en 1980. Ailleurs au Québec, il ne subsiste pratiquement plus aucun écart de revenu depuis 1980. Par ailleurs, sans doute par suite de la promotion pyramidale, les francophones de Toronto avaient, en 1985, un revenu moyen de 7,0 % plus élevé que celui des anglophones de Toronto.

Tableau 7.2 Écart en pourcentage entre le revenu moyen de travail des hommes francophones et anglophones, selon le lieu et l'année

	1960	1970	1980	1985
Montréal métropolitain	51,0	33,0	14,0	13,0
Québec (sauf Montréal)		16,0	4,0	4,0
Toronto				(7,0)

Source : Jac-André Boulet, *Évolution des disparités linguistiques de revenu de travail au Canada de 1970 à 1980*, Conseil économique du Canada, doc. 245, 1983. Jean-Marc Lévesque. "Le bilinguisme et le revenu de travail", *Perspective*, été 1989, Statistique Canada.

Remarques : Les chiffres pour 1985 incluent aussi les femmes. Mais, il est peu probable que cela fausse la comparaison entre 1980 et 1985. Les chiffres du recensement du 1991 n'étaient pas disponibles en 1994.

Les différences indiquées de revenus de travail entre les groupes linguistiques ne peuvent être associées qu'aux attributs linguistiques ; plusieurs facteurs interviennent d'une façon significative dans la détermination des salaires. Mentionnons, entre autres facteurs, le sexe, la scolarité, l'âge et l'expérience, le nombre de semaines de travail par année, la profession occupée, etc. Lorsqu'on élimine les effets de ces variables sur les écarts de revenus entre les personnes bilingues et les personnes unilingues, on obtient la prime au bilinguisme. Cette dernière indique uniquement l'écart de revenu imputable au fait de parler les deux langues. La valeur de cette prime est indiquée au tableau 7.3.

Tableau 7.3 Prime au bilinguisme à Montréal de 1960 à 1985

	Francophones	Anglophones	Allophones : prime de l'anglais sur le français
1960	25 %	0 %	50 %
1970	13 %	2 %	0 %
1980	5 %	7 %	4 %
1985	5 à 7 %	2 à 6 %	—

Source : 960 : J.-A. Boulet, L'analyse des disparités de revenus suivant l'origine ethnique et la langue sur le marché montréalais en 1961, document 83, Conseil économique du Canada ; 1970-80 : F. Vaillancourt, Langue et disparités de statut économique au Québec, 1970 et 1980, Les publications du Québec, 1988 ; 1985 : J.-M. Lévesque, ibid.

(À cause de méthodes quelque peu différentes selon les auteurs dans le calcul de la prime au bilinguisme, il faut exercer une certaine prudence dans l'interprétation des chiffres.)

En 1961, l'incitation à apprendre l'anglais chez les allophones et les francophones était considérable. L'allophone qui optait pour l'anglais plutôt que pour le français comme langue seconde faisait un bon choix puisque ses revenus pouvaient alors s'accroître de 50 %. Par ailleurs, les francophones bilingues, à caractéristiques comparables à ceux des francophones unilingues, avaient un revenu moyen 25 % plus élevé. Par contre, les anglophones unilingues jouissaient de revenus aussi élevés que ceux des anglophones bilingues. Ils n'étaient donc pas incités à apprendre le français. À Montréal, avant la Révolution tranquille, les offres d'emplois exigeant le français étaient rares comparativement à ceux qui exigeaient la langue anglaise. La Révolution tranquille allait produire, comme les chiffres l'indiquent pour 1971, 81 et 85, une hausse fulgurante de la rentabilité du français par rapport à celle de la langue anglaise. La prime au bilinguisme chez les francophones diminue alors de moitié en 1970, d'une autre tranche de 50 % en 1980 pour se stabiliser aujourd'hui autour de 5 %. Les anglophones qui apprennent le français bénéficient dorénavant d'une prime représentant près de 2 % du revenu des anglophones unilingues. Enfin, les allophones n'auront plus d'incitation monétaire à s'intégrer au réseau anglophone plutôt qu'à celui des francophones.

Le nouveau système d'incitation envers les langues a vite fait de produire ses fruits. En 1971, 46 % seulement des travailleurs anglophones et allophones parlaient français ; en 1986, ce pourcentage atteignait 67 %.

Quant aux francophones, la proportion des bilingues se stabilisera autour de 63 % de 1970 à nos jours.

Quoique la Révolution tranquille ne semble pas avoir rétréci la zone où la langue anglaise est présente, elle a étendu de façon considérable la zone de la langue française. Celle-ci s'est étendue jusqu'à Hull-Ottawa grâce à la politique fédérale du bilinguisme. Dans la capitale nationale, 33 % des anglophones sont maintenant bilingues, ce qui représente un pourcentage bien supérieur à celui qui existait au début de la décennie 1960.

Une grande part du revenu d'emploi encore inférieur des francophones peut être attribuée à une plus faible scolarisation de ces derniers. Par exemple, en 1985, uniquement 13,1 % des francophones entre 25 et 34 ans détenaient un grade universitaire contre 25,6 % des anglophones. Ces données sont vraies pour le Québec tout entier. Lorsque ces écarts de niveau de scolarité, notamment chez les jeunes de 25 à 34 ans, sont pris en compte, les écarts de revenus semblent disparaître complètement[5].

Les cadres et les entrepreneurs

Dans les éléments pouvant expliquer la remontée du français, on retient généralement les lois linguistiques, la croissance de l'État et, enfin, la croissance des entreprises sous contrôle francophone, les entreprises ayant tendance à recruter leurs cadres en fonction de la langue utilisée par les principaux actionnaires et par les membres de la direction. Le gouvernement du Québec, par la création de sociétés d'État et par l'intermédiaire de la Caisse de dépôt et de placement, a joué un rôle des plus actifs dans la promotion des cadres francophones. En 1989, 20 % et 9 % des diplômes universitaires décernés émanaient respectivement des facultés d'administration et des sciences appliquées ; les chiffres correspondants en Ontario étaient respectivement de 10 % et de 7 %. L'offre relative des cadres est donc très abondante au Québec.

L'importance du contrôle francophone s'est accrue dès le début de la Révolution tranquille. En 1961, 47,1 % de la main-d'œuvre québécoise travaillait au sein d'établissements sous contrôle francophone[6].

---

5 M. Lavoie et M. Saint-Germain, « *Statut économique relatif des francophones au Québec en 1985-86* », Département d'Économique, Université d'Ottawa, 1991.

6 Les critères pour classifier les entreprises localisées au Québec selon le groupe en situation de contrôle sont les suivants : sont considérées comme entreprises canadiennes-françaises celles dont le conseil d'administration a une majorité de membres portant des noms à consonance française, et comme canadienne-anglaises, toutes les autres. Par ailleurs, une société est dite sous contrôle étranger si la majorité des droits de vote au conseil d'administration est détenue à l'extérieur du Canada.

En 1978, ce pourcentage s'élève à 54,8 %. Il atteindra 60 % en 1987. Ce pourcentage est peut-être le maximum atteignable même s'il est inférieur au poids démographique des francophones. Cette conclusion est basée sur la dynamique propre des entreprises. Rendue à un certain stade de son développement, l'entreprise tend à croître hors des frontières de son pays. Déjà près d'une dizaine d'entreprises sous contrôle francophone ont d'importants actifs dans le reste du Canada et à l'étranger. Cette sortie du pays est d'autant plus rapide que le pays d'origine est petit et que l'entreprise possède un avantage spécifique à son industrie. Étant donné, par ailleurs, qu'un pays protège ses firmes multinationales par des ententes internationales où il s'engage à offrir la réciprocité aux multinationales étrangères, le degré de contrôle pouvant être exercé sur les entreprises localisées dans le pays même est limité.

Le progrès du groupe francophone se manifeste dans tous les secteurs, particulièrement dans le secteur des finances, des mines et des manufactures. Dans le secteur manufacturier, tel qu'on l'indique au tableau 7.4, le pourcentage des emplois contrôlés par les francophones est passé de 22 % en 1961 à 41 % en 1987. Dans ce secteur, deux facteurs expliquent la performance variable du Québec selon les industries. Premièrement, la propriété des établissements d'une industrie manufacturière, comme dans le secteur minier est souvent étroitement liée à des raisons historiques et à la nationalité des principaux clients. Deuxièmement, une firme multinationale, au lieu de vendre sa technologie, va souvent s'en réserver les fruits en établissant elle-même des filiales au Québec. Au tableau 7.4, nous avons divisé les 20 industries manufacturières en quatre groupes. Le premier groupe est constitué des cinq industries où la présence francophone est la plus forte et dont 50 % de la production est écoulée au Québec. Dans le deuxième groupe, on retrouve essentiellement les industries dont la propriété canadienne-anglaise dépasse 50 % et qui écoulent une forte proportion de leur production dans le reste du Canada. Les industries à fort contrôle étranger et à fort cœfficient d'exportation à l'étranger constituent le troisième groupe. Enfin, les industries dominées par des succursales de firmes multinationales qui internationalisent leur technologie constituent le dernier groupe. Ce dernier écoule la presque totalité de sa production au Canada. Ce groupe est le plus difficile à pénétrer.

Plusieurs conclusions peuvent être tirées des chiffres du tableau 7.4.

1. Le contrôle francophone tend à croître avec les facteurs suivants :
   - le pourcentage de la production écoulée au Québec (ex. : 73 % de la production manufacturière du groupe A est écoulée au Québec) ;
   - l'importance de la petite et moyenne entreprise (ex. : agriculture, commerce et construction)

- l'importance que le consommateur attache à être servi dans sa langue (ex. : services).

2. Le contrôle anglophone est fort dans les domaines suivants :

- les industries sous juridiction fédérale, c'est-à-dire les industries où une forte coordination entre les provinces est importante (ex. : transport et communications) ;

- le groupe B, du secteur manufacturier où en moyenne le marché du reste du Canada attire à lui seul près de 50 % de la production du Québec.

3. Le contrôle étranger s'élève avec les facteurs suivants :

- l'importance de la part de la production exportée à l'étranger (ex. : groupe C)

Tableau 7.4 L'appartenance des entreprises au Québec en 1961, 1978 et 1987

| | Pourcentage des emplois sous contrôle | | | | |
| | canadien-français | | | can.-anglais | étranger |
	1961	1978	1987	1987	1987
Agriculture	91	92	92	8	0
Mines	6	17	35	40	25
Manufacturiers	22	28	41	37	22
Groupe A (aliments, bois, meubles, édition, p. non métalliques)		48	64	24	12
Groupe B (cuir, textile, vêtements, métaux)		15	22	66	12
Groupe C (transport, machines, papier, p. électriques et de métal)		25	37	31	32
Groupe D (pétrole, chimie, caoutchouc, tabac)		13	23	24	53
Construction	51	74	75	22	3
Transport et communications	36	42	37	57	9
Commerce	50	51	56	34	9
Finances, assurances	26	45	58	35	7
Services	71	75	73	22	5
Administrations publiques	52	67	67	33	0
Total	47	55	60	31	9

Source : A. Raynauld, *La propriété des entreprises au Québec*, Montréal, PUM, 1974 ; F. Vaillancourt et J. Carpentier, *Le contrôle de l'économie du Québec*, Office de la langue française, publications du Québec, 1989. (La comparabilité entre les années n'étant pas assurée, les chiffres ne donnent que des ordres de grandeur.)

- le caractère hautement oligopolistique et technologique d'une industrie (ainsi, bien que 93 % des ventes du groupe D se fassent au Canada, 86 % du contrôle est étranger).

On distingue deux périodes dans la hausse du contrôle des francophones canadiens. Durant la première, soit de 1961 à 1978, les gains des francophones se sont faits surtout aux dépens des anglophones du Canada. Ainsi, de 1961 à 1978, le contrôle des anglophones canadiens tomba de 39,3 % à 31,2 %. Dans la deuxième phase, soit celle de 1978 à nos jours, c'est la présence étrangère qui recula devant la montée des francophones. De 13,9 % en 1978, le contrôle étranger tomba à 7,8 % en 1987.

Ce dernier résultat peut étonner. Cependant, un recul similaire du capital américain s'observe aussi dans toutes les régions du monde. Par exemple, pour l'ensemble du Canada, les actifs sous contrôle canadien passèrent de 71,2 % en 1978 à 76,6 % en 1985[7]. Ce recul du capital américain ne vient pas de la perte d'une domination technologique ni du recul des industries où le contrôle américain est prédominant mais plutôt d'une poussée systématique des entrepreneurs canadiens et francophones dans tous les secteurs. Ainsi, on peut voir au tableau 7.4 que, de 1978 à 1987, dans presque tous les secteurs, sauf le transport et les communications, les francophones ont amélioré leur position.

Nous avons vu que, de 1978 à nos jours, les entreprises sous contrôle francophone ont augmenté leur niveau d'emploi dans presque tous les secteurs. Comment expliquer cette performance ? Tout d'abord, de 1979 à nos jours, les entreprises québécoises ont pu disposer à bon marché d'une somme de plusieurs milliards grâce au régime d'épargne-actions[8]. Ensuite, la Caisse de dépôt et de placement acheta pour une somme comparable des actions de ces entreprises, doublant ainsi les fonds disponibles à des fins d'investissement. La Caisse détenait en 1991 une participation ne dépassant pas 20 % du capital-action dans un bon nombre des 50 plus importantes entreprises du Québec[9]. Cet apport de fonds publics consacrés à la promotion de l'entreprise sous contrôle francophone fut hors de l'ordinaire si l'on considère que les 50 plus importantes entreprises industrielles, à l'exclusion des entreprises publiques, totalisaient un actif d'environ 60 milliards en 1988. L'aide gouvernementale représentera donc, durant la période de 1978 à 1987, près de 20 % du capital des entreprises sous contrôle francophone. Bref, un apport important de

---

7 F. Vaillancourt et J. Carpentier, op. cit., p. 52.

8 La perte de recettes fiscales pour le gouvernement du Québec a été estimée à près de 1 milliard par Pierre Arbour, *Québec Inc.*, L'Étincelle, 1993. La perte des investisseurs privés est bien plus importante. On a estimé à 7,6 milliards la somme avancée aux entreprises québécoises.

9 Voir le répertoire des 500 plus importantes entreprises du Québec en 1992, Journal *Les Affaires*, été 1992.

fonds publics et un contexte favorable ont élevé le degré de contrôle des entreprises québécoises à un plateau qui pourrait rester stable à l'avenir. Le programme d'épargne-action est maintenant un programme qui a perdu son ampleur d'autrefois. Présenté comme une « alliance des privilégiés »[10] puisque les contribuables qui ont les plus hauts revenus peuvent bénéficier de la plus forte déduction, et que les entreprises obtiennent leur capital à un faible coût, ce programme a laissé un arrière-goût amer aux participants lorsqu'ils constatèrent, au moment du krach de 1987, que le prix des actions achetées ne correspondait pas toujours à leur valeur réelle et qu'une perte en capital venait annuler les économies d'impôts. En somme, l'alliance des privilégiés tourna à l'avantage des entrepreneurs francophones plutôt qu'à celui des contribuables à hauts revenus.

La taille même de la Caisse de dépôt et de placement (40 milliards d'avoirs dont 10 milliards peuvent être placés en capital-actions) pose, dans toute sa complexité, le rôle de l'État dans une petite société. Quoique la Caisse ait été prudente, il a été souligné qu'elle a la puissance financière de faire et de défaire toute entreprise qu'elle choisit comme cible[11]. L'énorme concentration financière que constitue la Caisse est-elle compatible avec l'intérêt à long terme d'un groupe dont la survie même dépend de la préservation chez ses membres d'un goût inné du risque ?

Aujourd'hui, le goulot d'étranglement qui arrêtait le Québec dans le passé a été supprimé. Les entrepreneurs et les gestionnaires francophones sont aussi bien représentés et aussi compétents que ceux d'autres provenances. Les entreprises sous contrôle francophone devraient maintenant entrer dans une phase de leur développement (la firme multinationale) où l'État pourra difficilement les appuyer financièrement. Un appui de l'État doit en effet se limiter à la promotion d'un accueil favorable à l'étranger. Par ailleurs, les traités commerciaux internationaux exigent que le Québec reste ouvert à l'investissement direct étranger.

Une étude avantages-coûts des initiatives du gouvernement en vue de promouvoir les cadres québécois révélerait que certaines furent profitables autant à l'ensemble de la société qu'au groupe ciblé, alors que d'autres furent coûteuses à la société. Le coût social dépasse les bénéfices lorsque l'entreprise achetée est dans une industrie où la concurrence est vive (comme Sidbec, Asbestos Corporation), car alors les cadres nommés à sa tête n'ont aucune marge discrétionnaire quant au plan du recrutement. Par ailleurs, même s'il existe une corrélation entre le degré de

---

10 A. Chanlot et R. Bédard, "L'originalité et la fragilité d'un mode de gestion à la québécoise", Cahiers des HÉC, 1990.

11 A. Raynault, *L'impact économique et financier de la Caisse de dépôt et de placement*, Département de sciences économiques, Cahier 8336, 1983.

contrôle francophone et l'aide financière accordée par le gouvernement, il y aurait lieu de comparer la situation du Québec avec celle du reste du Canada et d'autres pays avant de conclure à une relation de cause à effet.

Les disparités entre hommes et femmes

Les disparités entre hommes et femmes demeurent l'objet d'importants débats. Nous verrons d'où viennent ces disparités et nous nous demanderons si leur évolution dans le temps suivra le même cheminement que celui du duo francophones-anglophones.

La politique qui, tout en prônant la natalité, excluait les femmes des collèges et des universités conduisait à l'infériorisation des femmes. Le tableau 7.5 indique les répercussions de la Révolution tranquille sur les femmes depuis 1961. Le rattrapage des femmes francophones serait encore plus spectaculaire si les chiffres dont nous disposons faisaient état du groupe linguistique auquel elles appartiennent. À titre d'exemple, en 1961, les filles comptaient pour 20 % des étudiants, mais ce chiffre était de 15 % chez les francophones et de 31 % chez les anglophones.

Tableau 7.5 Taux de représentation des femmes et ratio du revenu moyen du travail des femmes comparé à celui des hommes, 1961 à 1986

	1961	1971	1981	1986	1991
Taux de représentation féminine					
main-d'œuvre	27,1	33,3	39,7	41,3	44,1
professionnel et technicien	43,9	47,6	51,2	43,4	48,1
direction	10,7	14,5	22,9	30,3	n.d.
Ratio du revenu		56,5	60,5	65,0	n.d.
Taux de représentation féminine					
diplômes de 1er cycle	20,0	38,0	52,0	55,7	57,0
diplômes en génie et administraton		30,1	40,5	44,7	

Source : Les taux de représentation des femmes dans les recensements du Canada. Ratio du revenu moyen des femmes : compilations spéciales tirées des recensements du Canada. Les ratios de 1961, 1971 et 1981 ont été calculés à partir des tableaux 11 et 12 de Jac-André Boulet, doc. 245, *ibid.* ; celui de 1986 a été pris dans S. Messier, *Les femmes, ça compte*, Conseil du statut de la femme, 1990. (Le ratio du revenu s'applique à l'ensemble des travailleurs et non pas seulement à ceux qui travaillent à temps plein.) Les taux de représentation des femmes dans la main-d'œuvre pour 1991 sont tirés de l'enquête sur la population active, cat. 71-220. Le taux des diplômes décernés à des femmes sont tirés de *Diplômes décernés dans les universités québécoises*, ministère de l'Enseignement supérieur et de la Science.

La performance des femmes est reflétée dans tous les indicateurs. Le taux de représentation des femmes (% des femmes dans le total de la main-d'œuvre québécoise) passe de 27,1 % en 1961 à 41,3 % en 1986 ; durant la même période, ce taux, dans les postes de haute direction se multiplie de 10,7 % à 30,3 %. Alors que 75 % des postes de direction sont comblés par des ingénieurs et des administrateurs diplômés, le taux des diplômes décernés à des femmes en sciences appliquées et en administration, de l'ordre de 40,5 % en 1986, présage que la proportion des femmes dans les postes de haute direction dépassera l'actuel 30,3 % dans peu d'années. En fait, si les taux de représentation des femmes observés actuellement se maintenaient encore vingt ans, plus de 60 % des médecins, des avocats, des cadres et des fonctionnaires seraient de sexe féminin en l'an 2020.

Le rattrapage le plus insatisfaisant des femmes fut au plan de leur revenu moyen de travail, ce revenu étant égal à 56,5 % du revenu moyen des hommes en 1971 et à 65,0 % en 1986.

Le changement va dans la bonne direction, mais il se produit à un rythme plutôt lent. Si on se réfère à des études faites ailleurs au Canada[12], la disparité entre les sexes s'explique en prenant en compte trois facteurs dont le plus important est la différence dans les heures de travail au cours d'une année. La maternité de même que la plus grande responsabilité qu'ont traditionnellement assumée les femmes dans l'éducation des enfants expliquent, pour une part, qu'elles ont moins de temps à consacrer au travail à l'extérieur. Le deuxième facteur a trait à la scolarité. Pour les femmes d'une certaine génération, ce qui est différent chez les nouvelles venues, le niveau d'éducation était inférieur à celui des hommes, ce qui expliquerait une autre partie de l'écart. Troisièmement, les femmes se retrouvent majoritairement dans des occupations de secrétaires, d'infirmières, d'enseignantes et de vendeuses. Toutes ces occupations sont, malgré le niveau de formation générale qu'on peut y exiger (par exemple, un baccalauréat universitaire pour les enseignantes et les infirmières), celles auxquelles sont rattachés des salaires relativement modestes. Est-ce ainsi parce qu'elles sont occupées par des femmes ?

Les deux derniers obstacles indiqués à l'égalité des salaires entre les personnes des deux sexes me semblent en train de s'estomper. Pour ce qui est du premier, il est vrai qu'une grossesse tend à retenir la mère au foyer et à avoir un impact négatif sur son salaire. Quant au partage des responsabilités familiales, cette question ne peut être résolue qu'au sein de chaque couple. Les hommes reconnaissent de plus en plus leurs responsabilités familiales autres que celle de pourvoir aux besoins matériels.

---

12 *Green paper on Pay Equity*, gouvernement de l'Ontario, 1985.

De plus, les femmes les plus scolarisées sont les premières à transférer à une tierce personne la garde des enfants. Le principe de la division des tâches au sein d'un ménage est encore valide quoique son application puisse prendre des formes nouvelles.

La baisse du revenu des jeunes

L'affirmation des femmes et son corollaire, la baisse du taux de natalité, sont des phénomènes caractérisant tous les pays industrialisés. Ce qui est typiquement québécois, c'est la plus forte amplitude de ces mouvements par rapport à ce qui se passe dans les autres pays. Une troisième tendance mondiale est aussi malheureusement présente au Québec : le recul dramatique du taux de salaire des jeunes travailleurs de 16 à 34 ans par rapport à celui de leurs aînés. Une plus grande égalité des salaires entre les sexes et les groupes linguistiques cohabite donc avec une tendance inverse, soit la polarisation selon l'âge des travailleurs aux deux extrémités de l'échelle salariale.

Tableau 7.6 Salaire de chaque groupe d'âges en pourcentage du salaire moyen en 1981 et 1986 et variation en pourcentage du salaire relatif, emploi à plein temps au Canada

Groupe d'âges	1981	1986	Variation en points
16 à 25 ans	49 %	41 %	-8 %
25 à 34 ans	103 %	96 %	-7 %
35 à 49 ans	128 %	127 %	-1 %
50 ans et plus	120 %	122 %	+2 %
TOTAL	100 %	100 %	0,0 %

Source : Recensement du Canada de 1986.

Le tableau 7.6 présente la situation dans le cas du Canada pour la période 1981 à 1985. Il indique que la tendance à la baisse des salaires des jeunes par rapport à ceux des travailleurs plus âgés est marquée. Les salaires des travailleurs âgés de 16 à 25 ans et ceux des travailleurs âgés de 25 à 34 ans étaient respectivement de 49 % et 103 % du salaire moyen de tous les groupes en 1981. En 1986, ces pourcentages étaient respectivement tombés à 41 % et 96 %. Le recul de ces deux groupes, mesuré par la variation en points de pourcentage du revenu relatif des 16 à 25 ans, était donc de -8 % et de -7 % pour les jeunes travailleurs 25 à 34 ans. Par contraste, les salaires moyens relatifs des travailleurs de 35 à 49 ans sont demeurés en moyenne à peu près stables ; ceux des travailleurs âgés de 50 ans et plus ont augmenté de 2,0 % (progression de 120 % à 122 %).

Les chiffres ci-haut mentionnés concernaient le Canada. La variation du salaire relatif des travailleurs québécois à chaque âge est indiquée à la figure 7.2.

Figure 7.2 Variation en pourcentage des salaires moyens relatifs selon l'âge, 1981-1986, emploi à plein temps, Québec

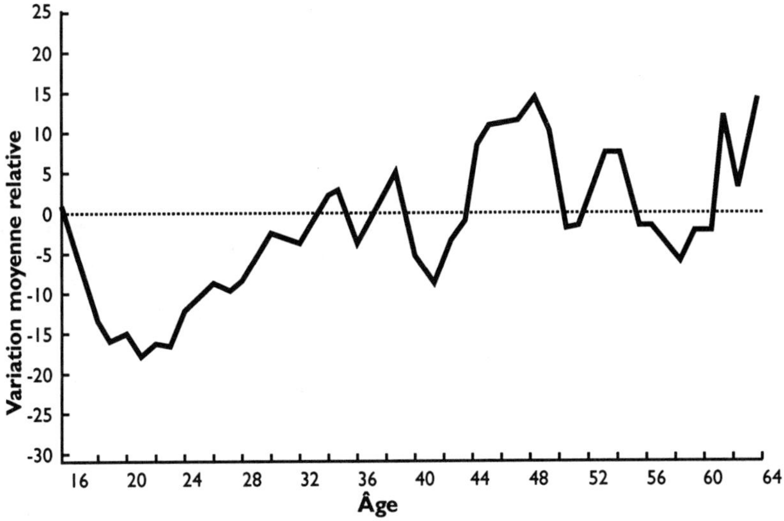

Source : J. Miples, G. Picot, R. Wannell, *Les salaires et les emplois au cours des années 1980*, 1988, n° 17, Statistique Canada.

Remarque : La variation en pourcentage des salaires moyens relatifs a été calculée par rapport à la moyenne canadienne.

Cette courbe indique que la baisse en pourcentage touche surtout les jeunes travailleurs québécois entre 18 et 23 ans ; la baisse est d'au moins 15 % pour chaque âge de cette classe. La perte diminue ensuite graduellement à mesure que le travailleur s'aproche de 34 ans. Quant à la trentaine, elle n'apporte pas une progression assurée dans l'échelle des revenus moyens puisque les 40 à 44 ans perdent aussi. À compter de 44 ans, toutefois, la probabilité que le salaire augmente plus rapidement que le salaire moyen est relativement élevée pour les 10 années suivantes.

Ce nouveau phénomène est-il le résultat de la présence de plus de femmes et de jeunes sur le marché du travail ? Le cas échéant, on aurait une explication satisfaisante, car le revenu moyen des jeunes et des femmes est inférieur à la moyenne. La réponse à cette question est cependant négative puisque, alors que la proportion des femmes a augmenté, celle des jeunes a diminué de sorte que la proportion des jeunes et des femmes considérés ensemble dans la main-d'œuvre est restée stable[13]. Si la polarisation notée n'est pas le résultat d'un changement dans la

---

13 Au Québec, la proportion des 15-24 ans dans l'emploi total diminuait de 27,1 % en 1976 à 21,1 % en 1986. Par ailleurs, le taux de représentation des femmes dans la main-d'œuvre québécoise passait dans le même intervalle de 36 % à 43 %.

composition de la main-d'œuvre, il faut conclure que c'est l'évolution des taux de salaires eux-mêmes qui tend vers une plus grande inégalité. Ce qui est frappant, c'est qu'aucun sous-groupe de jeunes n'est épargné : les jeunes filles perdent par rapport aux femmes, les jeunes scolarisés par rapport aux travailleurs âgés scolarisés, les jeunes francophones vis-à-vis des francophones plus âgés, les jeunes anglophones vis-à-vis des anglophones plus âgés, etc.

Deux facteurs peuvent fournir une explication : le faible taux de croissance économique depuis 1975 et la priorité accordée par les syndicats aux travailleurs plus anciens. Dans un marché du travail plus ou moins libre, tout choc risque d'être absorbé entièrement par les travailleurs peu protégés, ceux qui le sont pouvant au moins s'organiser pour se défendre. En conséquence, il est plus facile de donner de faibles salaires aux personnes nouvellement engagées que de baisser les salaires des personnes déjà en place. Dans une société où la croissance est nulle, il y a des risques que les gains des uns soient perçus comme des pertes pour les autres.

La baisse du revenu relatif signifie aussi une chute du revenu réel, l'ensemble des travailleurs n'ayant pas connu de hausse de revenu réel dans l'ensemble de la période étudiée. Le Conseil économique du Canada estimait que les membres d'une jeune famille moyenne d'un couple de moins de 25 ans devait se contenter, en 1987, d'un revenu réel inférieur de 14 % à celui d'une famille semblable 10 ans plus tôt[14].

Le tableau qui émerge est donc celui d'un nombre élevé de jeunes familles qui bénéficient d'un revenu à peine suffisant pour subvenir à leurs besoins et qui ne permet pas d'accumuler d'économies. Cette situation est très peu favorable à la natalité. Les jeunes familles semblent quand même se tirer d'affaires grâce à un revenu familial d'appoint. La participation des conjoints à la population active est en effet déjà forte. De plus, beaucoup de familles où une seule personne travaille ont vu croître leur dépendance à l'égard des paiements de transferts. Cela dit, il est trop tôt pour affirmer que le groupe des jeunes est une « génération perdue ».

Les travailleurs syndiqués

Les syndicats constituèrent, dans les années 1940 et 1950, les groupes organisés qui opposèrent la résistance la plus efficace au duplessisme. Les années 1964 et 1965 ont marqué une libéralisation importante du régime des relations de travail au Québec, incluant l'accès à la syndicalisation et au droit de grève des employés des secteurs public et parapublic. La nouvelle loi du travail de 1964 ne prohibait pas la forma-

---

14 Conseil économique du Canada, *Patrimoines*, 26ᵉ exposition annuelle, 1989.

tion d'un front commun intersyndical, une institution qui allait pourtant porter les salaires au Québec à leur sommet à la fin des années 1970.

Le taux de syndicalisation (nombre de syndiqués sur la population active) est passé de 19 % en 1945 à 35 % en 1988. En Ontario, le taux serait légèrement plus faible, alors qu'il est deux fois moins élevé aux États-Unis. Ces différences viennent en partie d'un plus fort taux de syndicalisation du secteur public au Québec où près de la moitié de l'effectif syndical est dans le secteur public. Au Québec, le taux de syndicalisation dans le secteur privé se compare à celui de l'Ontario, mais il reste très élevé par rapport à celui des États-Unis où le taux baisse depuis 1970 à cause d'une importance relative croissante des entreprises se localisant dans les régions où le syndicalisme est peu présent.

Le syndicalisme représente sans doute le mécanisme par lequel les plus fortes hausses obtenues dans un secteur moteur sont transmises aux autres. Dans le réseau des travailleurs syndiqués, la structure des salaires est considérée comme une donnée, et l'expérience prouve que cette hiérarchie est très stable dans le temps. Misant sur cette stabilité, il fait partie des stratégies syndicales de réaliser des percées importantes auprès d'un employeur (le gouvernement du Québec fut une cible dans la décennie 1970) afin d'étendre, par la suite, les gains ainsi obtenus aux syndiqués du secteur privé[15]. Si la stratégie se montre efficace, elle sera suivie de réactions en chaîne d'un syndicat à l'autre afin de rétablir l'échelle primitive des salaires au sein du réseau des travailleurs syndiqués.

Les salaires des travailleurs syndiqués ont aussi un effet d'entraînement sur ceux des non-syndiqués. Premièrement, la loi des décrets étend à toute l'industrie les conditions de travail négociées entre une majorité de salariés et d'employeurs. Cette formule, qui est encore utilisée dans les industries où cohabitent travailleurs syndiqués et non syndiqués, protège les premiers contre la concurrence des seconds. Deuxièmement, de nombreux employeurs vont accroître presque automatiquement les salaires versés à leurs travailleurs non syndiqués à la suite d'une hausse de rémunération des syndiqués pour une bonne et unique raison : s'ils ne maintenaient pas l'écart initial constant, la probabilité d'une syndicalisation de l'entreprise s'accroîtrait.

L'effet d'entraînement du syndicalisme sur le niveau des salaires dans une région est d'autant plus important qu'il n'existe pas, au bas de l'échelle des travailleurs, une force qui opère en sens inverse. L'intensité de cette force opposée dépend de deux facteurs, le nombre de chômeurs et la proportion parmi ceux-ci de chômeurs involontaires. Un travailleur

---

15 Marcel Pépin, « Négociations, secteur public et parapublic », exposé présenté aux colloques des conseillers en relations industrielles, Québec, 19 novembre 1965, p. 10-13.

peut choisir d'être chômeur si son salaire de réserve (salaire minimum exigé pour accepter un emploi) est alors supérieur au salaire qu'il recevrait en occupant un poste vacant. Le revenu de réserve d'un chômeur dépend de la probabilité qu'il pourra, au moment voulu, réintégrer le marché et du niveau de ses prestations d'assurance-chômage. Ces chômeurs volontaires ne représentent pas une menace pour les travailleurs en emploi. Cependant, si les primes d'assurance-chômage, en pourcentage du revenu moyen, se mettent à baisser de même que la probabilité de trouver un emploi en temps voulu, le chômeur, antérieurement volontaire, doit alors être maintenant considéré comme un chômeur involontaire. Ce chômeur involontaire offrira ses services à un prix de rabais et tentera de déloger ainsi un travailleur en place, probablement non syndiqué qui, à son tour, réagira en abaissant les enchères. Bref, la force qui part du bas de l'échelle et qui milite en faveur d'une baisse est d'autant plus grande qu'il y a de chômeurs involontaires. Lorsque la force déclenchée par le chômage renverse celle qui vient en sens inverse, le niveau des salaires réels tend à se stabiliser en dépit des efforts opposés des syndicats.

Le tableau 7.7 indique le rôle important joué par le Front commun intersyndical sur le niveau des salaires au Québec[16]. Il confirme que l'effet d'entraînement d'un syndicat peut être très puissant. En 1970, l'écart dans la rémunération des syndiqués des secteurs privé et public pour des emplois comparables était d'environ 5 % en faveur des syndiqués du secteur public. Par ailleurs, dans le secteur privé, les travailleurs syndiqués bénéficiaient d'une prime de 7 % sur les non-syndiqués. Si l'on compare maintenant la situation du Québec avec celle de l'Ontario, les travailleurs des secteurs public et manufacturier québécois recevaient un salaire de 10 % inférieur à ceux de l'Ontario.

En 1980, la situation est très différente : les employés du secteur public ont des salaires de 15 % supérieurs à ceux du privé, et la prime au syndicalisme dans le secteur privé atteint 22 %. Des salaires de 10 % plus élevés au Québec qu'en Ontario dans le secteur public entraînent une complète parité des salaires dans le secteur manufacturier des deux provinces.

Cette hausse rapide et importante des salaires au Québec produisit durant la sévère récession de 1982, une sorte de crise politique, qui touchait particulièrement le Québec. Menacé alors d'une hausse dans le coût du financement de la dette publique, le gouvernement décréta unila-

---

16 Le Front commun intersyndical (coalition de la C.E.Q., C.S.N. et de la F.T.Q en vue d'améliorer les conditions de travail des employés féminins et masculins des secteurs public et parapublic) fut formé en 1972. La loi 160 adoptée au début de la décennie 1980 viendra modifier le cadre de la négociation du gouvernement avec le Front commun intersyndical.

Tableau 7.7 Écart de rémunération d'emplois comparables : le secteur public par rapport au secteur privé et les travailleurs syndiqués par rapport aux non syndiqués au sein du secteur privé, 1970, 1980 et 1990

	1970	1980	1990
Secteurs public/privé	+5 %	+15 %	+10 %
Secteur privé : syndiqués/non syndiqués	+7 %	+22 %	+15 %
Secteur public : Québec/Ontario	-10 %	+10 %	-10 %
Secteur manufacturier : Québec/Ontario	-10%	+1 %	-7 %

Source et notes : Les données viennent de plusieurs sources : l'Institut de recherche et d'information sur la rémunération, gouvernement du Québec ; Statistique Canada, cat. 72-005 et 72-008. Les données pour 1970, en ce qui concerne les salaires des secteurs public et privé et ceux des travailleurs syndiqués et non-syndiqués, sont des calculs de l'auteur. Afin de rendre comparables les salaires du secteur manufacturier du Québec et de l'Ontario, les salaires ont été normalisés pour la différence des structures industrielles. Les écarts indiqués entre la rémunération des syndiqués et des non-syndiqués sont pour des emplois comparables à ceux qui existent dans le secteur public. Ils ne sont pas parfaitement représentatifs de la totalité des emplois au Québec ; il est probable que le pourcentage indiqué sous-estime l'écart réel pour l'ensemble de l'économie.

téralement une baisse d'environ 5 % dans le salaire de ses employés. Cette décision du gouvernement, qui marquait un tournant, se reflète dans les chiffres de 1990. On est revenu à un écart plus réaliste entre les salaires des secteurs public et privé. Il existe cependant encore un écart de 15 % dans la rémunération, au sein du secteur privé, entre les non-syndiqués et certains syndiqués selon l'Institut de recherche et d'information sur la rémunération. Enfin, les fonctionnaires québécois, comme les travailleurs québécois dans le secteur manufacturier, accepteraient un salaire de 10 % à 7 % inférieur à leurs pairs de l'Ontario.

La force du syndicalisme s'affirma au Québec durant les deux premières décennies qui suivirent la fin de la Deuxième Guerre mondiale. Cette force s'amplifia durant la décennie 1970, créant un écart jamais vu en 1981 entre les salaires des travailleurs syndiqués et ceux des non syndiqués. Depuis la récession de 1982, la puissance du syndicalisme s'amenuise. Si l'impact des syndicats sur les salaires a diminué, c'est que la force contradictoire, celle qui part du bas de l'échelle des travailleurs, est beaucoup plus forte. Cette contre-force a pris son envol dans les années 1980 alors que le taux de chômage atteignit 15 % en 1982 pour rester au-dessus de 10 % depuis. Elle se gonfle également chaque fois que la générosité des régimes d'assurance-chômage et de sécurité du revenu est diminuée. En plus de ces deux éléments qui eurent pour effet de neutraliser l'ancienne force des syndicats, la chute notée dans le revenu des jeunes familles est peut-être l'élément additionnel qui fit basculer le rapport de force.

La répartition du revenu des familles au Québec

Nous avons vu que plusieurs groupes ont connu un changement important dans leur revenu relatif. Quel a été l'impact de ce changement sur la répartition du revenu entre les familles ? L'inégalité s'est-elle accrue ou a-t-elle été réduite ?

Certaines tendances ont milité en faveur d'une réduction, comme le rattrapage des francophones sur les anglophones, la hausse dans le taux d'activité des femmes qui s'est fait sentir surtout au niveau des familles ayant un revenu inférieur au revenu médian. À l'opposé, la hausse du taux de chômage et la baisse relative des salaires des jeunes ont certainement accru l'inégalité.

Tableau 7.8 Changements dans la répartition des familles selon la taille du revenu, 1971 et 1991

Classes de revenus en % du revenu médian	Limites supérieures en $ de 1991	Pourcentage des familles		Changements entre 1971 et 1991
		1971	1991	1971 et 1991
moins de 30 % de médiane	12 813 $	7,4	5,5	-1,9
entre 30 % et 50 % de médiane	21 354 $	10,3	11,7	+1,4
entre 50 % et 70 % de médiane	29 896 $	11,1	12,9	+1,8
entre 70 % et 90 % de médiane	38 438 $	13,4	13,4	—
entre 90 % et 110 % de médiane	46 980 $	14,7	12,7	- 2,0
entre 110 % et 130 % de médiane	55 522 $	11,7	11,7	—
entre 130 % et 150 % de médiane	64 063 $	9,7	8,5	-2,2
entre 150 % et 170 % de médiane	72 705 $	7,2	7,2	—
entre 170 % et 200 % de médiane	85 418 $	2,5	6,5	+4,0
plus de 200 % de médiane	(aucune)	11,9	9,8	-2,1
		100,00	100,00	0

Remarque : Les données de l'enquête sur les finances des consommateurs indiquaient la répartition des familles du Québec selon 14 et 18 classes de revenus en 1971 et 1991 respectivement. Nous avons réduit le nombre de classes à dix classes comparables en définissant celles-ci en pourcentage du revenu médian. Une hypothèse de proportionnalité a été faite lorsqu'il fallait répartir un pourcentage donné de familles entre les nouvelles classes identifiées.

Le tableau 7.8 doit être employé avec prudence. Premièrement, il ne considère que la situation des familles ; celle des personnes hors familles, dont la répartition du revenu est beaucoup plus inégale que celle des familles, n'est pas considérée. Deuxièmement, la notion de revenu utilisée ici inclut les transferts gouvernementaux tels que l'assurance-chômage, les pensions de vieillesse et l'aide sociale ; notre revenu est avant impôts. On observerait une réduction de l'inégalité si les impôts étaient pris en compte. En troisième lieu, la taille des familles n'est pas tenue constante d'une année à l'autre et d'une classe de revenus à un autre. Par exemple, la famille québécoise typique était de trois personnes en 1991; vingt ans plus tôt en 1971, elle était de quatre. Ainsi, une famille de quatre personnes en 1971 est vraiment moins à l'aise qu'une famille de trois en 1991.

Ces trois avertissements pris en compte, peut-on comparer les répartitions de 1971 et de 1991 en vue de mieux saisir l'impact des groupes ? Si l'on réduit les 10 classes à 5, on peut faire différentes constatations :

1. La proportion des familles dont les revenus sont au moins 50 % inférieurs au revenu médian est presque la même en 1991 (17,2 % = 5,5 % + 11,7 %) qu'en 1971 (17,7 % = 7,4 % + 10,39 %). Dans ce groupe, on retrouve les familles vivant sous le seuil de la pauvreté que Statistique Canada définit comme étant précisément autour de 50 % du revenu médian pour une famille de deux enfants en 1991. Il va sans dire que les transferts gouvernementaux constituent une source très importante de revenu pour ce groupe. Au sein de ce groupe, on doit noter une réduction de l'inégalité, la proportion des familles avec un revenu inférieur à 30 % (12 813 $) de la médiane ayant baissé de 7,4 % en 1971 à 5,5 % en 1991.

2. La proportion des familles ayant un revenu entre 50 % (21 354 $) et 90 % (38 438 $) inférieur au revenu médian (42 700 $) a augmenté de 24,5 % en 1971 à 26,3 % en 1991. Ces chiffres reflètent-ils la baisse relative dans le salaire des jeunes?

3. La proportion des familles dont le revenu se situe entre 90 % (38 438 $) et 130 % (55 522 $) du revenu médian a diminué de 26,5 % en 1971 à 24,5 % en 1991. Cette baisse importante, en 1991, pourrait venir d'une plus faible proportion d'emplois offrant un salaire voisin du salaire moyen et, possiblement, d'un taux d'activité plus faible. Le taux d'activité des hommes dépassant la cinquantaine a diminué, alors que celui des femmes entre 40 et 60 ans demeure relativement faible.

4. Une forte baisse se manifeste dans la proportion des familles dont le revenu est de 130 % (55 522 $) à 170 % (72 605 $) supérieur au revenu médian. Nous expliquerons cette baisse par les deux mêmes facteurs que ci-dessus.

5. Une hausse dans la proportion des familles du groupe des revenus les plus élevés est due essentiellement à une percée continue et remarquable des familles dont le revenu est de 170 % (72 605 $) et 200 % (85 418 $) supérieur aux revenus médians. Ces familles ne constituaient que 2,5 % des familles en 1971; elles atteignent 4,8 % en 1981 et 6,5 % en 1991. On ne saurait ici expliquer ce phénomène autrement qu'en émettant des hypothèses : accroissement relatif des postes de

cadres et professionnels, hausse dans les revenus d'intérêts en proportion du revenu personnel et accroissement du nombre de familles
comptant deux bons salariés.

En conclusion, les données présentées pour le Québec confirment des
tendances déjà notées ailleurs. On observe une diminution de la proportion des familles dans la fourchette centrale du revenu. De plus, on observe des augmentations dans les groupes supérieurs (familles touchant
des revenus supérieurs à 170 % du revenu médian) et inférieurs (familles
qui ont des revenus de 30 % à 70 % inférieurs au revenu médian). Ces tendances dénotent une polarisation accrue de la répartition des revenus en
1991. Ainsi, à l'exclusion de la classe des familles les plus pauvres et de la
classe des familles les plus riches, l'inégalité s'est accrue de 1971 à 1991.

Conclusion

Pour conclure, nous brosserons un tableau des gains et des pertes de
chaque groupe. Toutefois, comme la décennie 1980 marque souvent un
renversement des tendances, nous nous limiterons à décrire dans le
schéma-synthèse la situation telle qu'elle se présente aujourd'hui. Les
francophones, qui ont vu leur revenu réel et leur salaire relatif par rapport
aux anglophones croître depuis près de 40 ans, connurent, comme les anglophones, une stagnation de leur revenu durant la décennie 1980. L'évolution de la scolarisation des femmes porte à croire à une diminution de
l'écart salarial par rapport aux hommes. Tout indique qu'une reprise rapide de la fécondité est peu probable. Les jeunes couples ont en effet
connu une baisse de 15 % de leur revenu réel.

Le marché du travail québécois, dans les années 1980, s'est trouvé en
présence de deux tendances contradictoires. D'une part, des groupes organisés dont le désir des membres consistait à accroître (les cadres) où à
maintenir (les travailleurs du secteur public) leur revenu relatif et réel ;
d'autre part, des groupes mal organisés (les travailleurs non syndiqués,
les chômeurs) dont l'emploi était la première préoccupation. Dans ce jeu,
il n'y eut probablement aucun groupe qui a fait des gains aux dépens des
autres. Lorsqu'un groupe atteignait ses objectifs quant au salaires (travailleurs syndiqués), il perdait quant aux emplois sauvés. À l'inverse, des
groupes qui accordèrent une priorité à l'emploi (jeunes travailleurs et
femmes) encaissèrent peu de gains ou connurent même une perte sur le
plan des salaires.

S'il n'y a ni perdants ni gagnants, faut-il conclure que le Québec n'est
pas à la remorque de ses groupes ? D'emblée, la réponse est non, car
l'énergie déployée à la défense d'intérêts contradictoires ne peut être consacrée à la défense de l'économie du Québec.

Schéma-synthèse L'évolution du revenu des groupes durant la décennie 1980

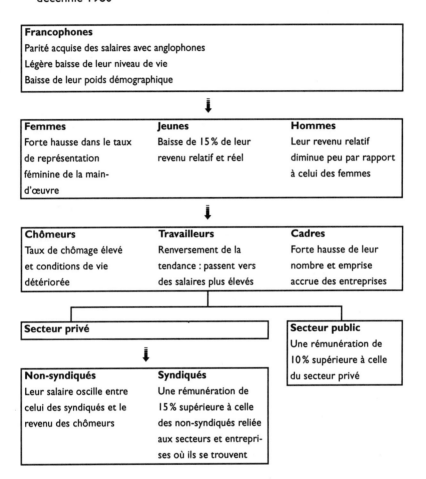

Francophones
Parité acquise des salaires avec anglophones
Légère baisse de leur niveau de vie
Baisse de leur poids démographique

⬇

Femmes	**Jeunes**	**Hommes**
Forte hausse dans le taux de représentation féminine de la main-d'œuvre	Baisse de 15 % de leur revenu relatif et réel	Leur revenu relatif diminue peu par rapport à celui des femmes

⬇

Chômeurs	**Travailleurs**	**Cadres**
Taux de chômage élevé et conditions de vie détériorée	Renversement de la tendance : passent vers des salaires plus élevés	Forte hausse de leur nombre et emprise accrue des entreprises

Secteur privé

⬇

Non-syndiqués	**Syndiqués**
Leur salaire oscille entre celui des syndiqués et le revenu des chômeurs	Une rémunération de 15 % supérieure à celle des non-syndiqués reliée aux secteurs et entreprises où ils se trouvent

Secteur public
Une rémunération de 10 % supérieure à celle du secteur privé

199

Questions et choix de réponses

1. Décrivez les circonstances et les politiques qui ont permis aux francophones du Québec de rattraper les anglophones.

2. Quelques années après l'entrée massive des femmes sur le marché du travail, le revenu des jeunes s'affaissait. Y a-t-il une relation entre ces deux phénomènes ?

3. Le syndicalisme peut-il être à la fois un instrument favorable à la création d'emplois et à l'égalisation des salaires ?

4. Dans quel sens la distribution du revenu au Québec évolue-t-elle entre 1971 et 1991 ?

5. Parmi les variables suivantes, qui déterminent l'influence d'un groupe sur les autres, laquelle vous semble la plus importante pour expliquer l'influence (1) des francophones au Québec, (2) des anglophones au Québec, (3) des artistes, (4) de la pègre. Placez le numéro du groupe vis-à-vis de chacune des variables suivantes :
   ❐ la taille relative du groupe ;
   ❐ la richesse des membres du groupe ;
   ❐ l'organisation et la cœrcition que sont capables d'exercer les chefs ;
   ❐ le contrôle des médias d'information.

6. Cochez la bonne réponse. L'inégalité dans la répartition du revenu est la plus élevée
   ❐ entre francophones et anglophones ;
   ❐ entre hommes et femmes ;
   ❐ entre les jeunes et les travailleurs de 50 à 65 ans ;
   ❐ entre le 20 % des ménages les plus pauvres et le 20 % des ménages les plus riches.

CHAPITRE VIII

L'ÉCONOMIE DES RÉGIONS

Parmi les événements qui ont marqué le visage du Québec contemporain, notons la grande migration commencée vers 1850 des gens de la plaine agricole vers l'île de Montréal, le développement accéléré entre 1910 et 1950 des régions québécoises fortement dotées en ressources naturelles, la hausse du taux d'urbanisation dont les effets cumulèrent dans la Révolution tranquille et l'important transfert de pouvoir vers les grandes villes qui s'ensuivit sont tous des événements.

Le présent chapitre comprend cinq sections. La première consiste en un survol des régions administratives que nous regrouperons ensuite en trois grandes régions. La deuxième section porte sur la spécialisation des régions et leurs échanges tant avec l'extérieur qu'entre elles. Le troisième présente la hiérarchie des villes et montre comment elle a été touchée par la tertiarisation de l'économie. La quatrième analyse les liens entre la croissance différenciée des régions et la migration de la main-d'œuvre. Deux mouvements migratoires seront décrits, celui qui se produisit vers la région de Montréal et celui qui se produisit de la ville de Montréal vers la banlieue. Enfin, nous identifierons quelques politiques actuelles ayant des aspects négatifs sur le développement de Montréal et du Québec des ressources.

Le profil des régions

La carte 8.1 identifie les seize régions administratives du gouvernement du Québec. Cette délimitation des régions est la plus couramment utilisée pour présenter les données statistiques. Partons de cette base pour distinguer les régions les unes des autres.

Le tableau 8.1 présente des indicateurs démographiques et économiques sur chacune des régions. Dans la première partie du tableau, les régions peuvent être comparées sur la base de certains indicateurs allant de

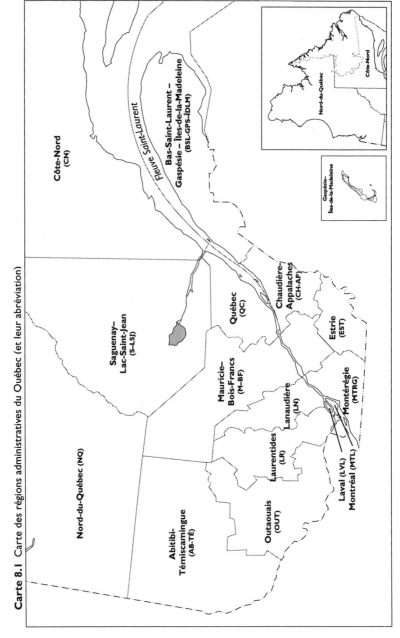

Carte 8.1 Carte des régions administratives du Québec (et leur abréviation)

Côte-Nord (CN)

Fleuve Saint-Laurent

Bas-Saint-Laurent – Gaspésie – Îles-de-la-Madeleine (BSL-GPS-IDLM)

Nord-du-Québec (NQ)

Saguenay–Lac-Saint-Jean (S-LSJ)

Québec (QC)

Chaudière–Appalaches (CH-AP)

Estrie (EST)

Mauricie–Bois-Francs (M-BF)

Lanaudière (LN)

Montérégie (MTRG)

Laurentides (LR)

Laval (LVL)
Montréal (MTL)

Abitibi-Témiscamingue (AB-TÉ)

Outaouais (OUT)

Nord-du-Québec

Côte-Nord

Gaspésie-Îles-de-la-Madeleine

Note : Les régions administratives du Québec ont été regroupées dans le texte tout autant que sur les cartes.

la proportion de la population québécoise habitant cette région à son taux de chômage. L'autre partie du tableau donne une série d'informations sur la structure de l'économie régionale: répartition des emplois entre secteurs des biens et des services, quotients de localisation pour six activités distinctes et deux indicateurs dont l'un porte sur le degré de spécialisation de la région et l'autre sur le degré de similarité de sa structure industrielle avec celle de Montréal.

Le quotient de localisation (Ql) est un ratio, celui de la part d'une activité dans la production totale de la région sur la part de la même activité dans la production totale du Québec. À Montréal, le Ql est de 1,2 pour les services à la production. Ce chiffre est le résultat de 29% (pourcentage des services à la production à Montréal sur le total des services produits à Montréal, non indiqué au tableau) divisé par la part correspondante au Québec, soit 24,2%, (ce dernier pourcentage est indiqué au tableau à la dernière colonne). Ce quotient a l'avantage d'indiquer quel service ou quel produit particulier une région importe ou exporte. Si Ql > 1 au tableau, comme c'est le cas pour Montréal dans les services à la production, il y a une forte probabilité que la région exporte le service en question. Dans le cas où Ql < 1, une région importe, et le volume de ses importations risque d'être en proportion de l'écart entre Ql et 1. Ainsi, comme le Ql de Montréal pour les produits primaires et les ressources est 0.4, le déficit de Montréal dans ce secteur est probablement énorme.

Les deux dernières lignes du tableau 8.1 concernent le secteur de fabrication dans chaque région. L'une indique le pourcentage des emplois dans les deux principales industries sur le total des emplois manufacturiers de la région. L'autre mesure le degré de similitude ou la complémentarité entre la structure industrielle de cette région et celle de Montréal. Si l'indice a une faible valeur (disons 36,0, comme c'est le cas pour l'Estrie), la région est en concurrence avec Montréal. À l'opposé, les régions ayant des indices de similitude supérieurs à 50 peuvent être considérées comme ayant une économie complémentaire à celle de Montréal.

L'île de Montréal

L'ensemble des indicateurs définis nous seront très utiles pour identifier les forces et les faiblesses de chaque région. Commençons par l'île de Montréal. Avec 32,5% de la population du Québec en 1971, l'île ne rassemble plus en 1991 que 25,8% des Québécois. Le déclin de la population de l'île a plusieurs causes: une émigration vers le reste du Canada (RDC) des non-francophones qui constituent encore, en 1991, plus de 40% de la population, une baisse dans l'immigration en provenance du reste du Québec et des pays étrangers, un exode de la population vers les régions voisines de Laval, de la Montérégie, des Laurentides et de

203

Tableau 8.1 Le profil socio-économique des régions du Québec

Indicateurs	MTL	LVL	LR-LN	MTRG	EST	OUT
% de population (1991)	25,8	4,6	9,9	17,4	3,9	4,1
% des jeunes d'âge scolaire	20,5	4,7	10,5	18,3	4,2	4,1
% des ménages de 1 et 2 pers.	65,8	50,4	50,0	51,3	57,9	52,6
% 65 ans et plus en						
% pop. totale (1991)	14,0	10,0	9,2	10,0	12,2	10,6
.Variation en % de 1986-1991	1,3	10,6	19,5	9,3	4,1	8,7
Revenu familial en % de la prov.	1,06	1,15	0,97	1,05	0,88	1,03
Taux d'activité (1991)		62,9	62,7	67,7	61,9	71,5
Taux de chômage (1991)		13,3	12,5	10,2	12,4	8,9
Structure industrielle						
% emplois Biens	25,8	26,2	34,0	33,0	37,2	21,8
% emplois Services	74,2	73,8	66,0	67,0	62,8	78,2
Quotient de localisation						
la région exporte si QI > 1						
la région importe si QI < 1						
services à la production	1,2		0,9	1,2	0,7	0,8
services publics	0,9		0,9	0,9	1,2	1,5
services à la consommation	1,0		1,1	1,0	1,0	0,7
produits primaires et ressources naturelles	0,4		0,9	0,7	0,7	1,7
aliments et sect. main-d'œuvre	1,5		0,8	0,9	1,2	0,3
secteur technologie	1,4		1,2	1,4	1,0	0,6
Fabrication						
% des emplois dans les 2						
principales industries	33,1	27,3	45,0	20,9	24,2	64,9
similarité de structure						
industrielle avec Montréal	• •	35,5	40,0	33,0	36,0	68,1

Lanaudière et, enfin, un taux de fécondité très inférieur à la moyenne provinciale.

L'exode des jeunes se reflète dans deux traits démographiques qui sont uniques à l'île de Montréal : les aînés sont surreprésentés (14 % comparativement à 10 % de la population dans les autres régions) et les jeunes d'âge scolaire sont sous-représentés (20,5 % des jeunes du Québec habitent l'île, comparativement à 25,8 % de la population de tous les âges). C'est sans doute cette composition typique de la population qui explique une autre donnée particulière à l'île : 65,8 % des ménages, comparativement à 56,1 % dans la province, sont de moins de deux personnes. L'île est le lieu idéal au Québec pour accueillir ces petits ménages, étant donné

Tableau 8.1 (suite) Le profil socio-économique des régions du Québec

Indicateurs	QC	CH-AP	S-LSJ	AB-TÉ	M-BF	BSL-GPS-ÎDLM	CN-NQ	Le QC
% de population (1991)	8,9	5,3	4,1	2,2	6,8	4,5	2,0	100
% des jeunes d'âge scolaire	8,5	6,2	5,2	2,6	7,4	5,2	2,6	100
% des ménages de 1 et 2 pers.	58,6	48,3	46,2	51,4	56,3	49,0	40,0	56,1
% 65 ans et plus en								
% pop. totale (1991)	11,3	10,7	8,4	8,5	12,7	10,8	5,0	10,9
Variation en % de 1986-1991	1,2	3,1	0,2	3,5	2,7	-3,5	-1,0	4,4
Revenu familial en % prov.	10,5	0,90	0,92	0,91	0,87	0,80	97	100
Taux d'activité (1991)		63,4	59,0	60,1	58,2	53,0	67,2	63,4
Taux de chômage (1991)		9,1	14,7	13,5	12,3	16,0	14,6	11,9
Structure industrielle								
% emplois Biens	16,6	39,3	22,1	33,7	39,2	34,0	37,0	28,8
% emplois Services	83,4	60,7	67,9	66,3	60,8	66,0	63,0	71,2
Quotient de localisation								
la région exporte si QI > 1								
la région importe si QI < 1								
services à la production		0,9	0,7	0,8	0,8	0,7	1,1	24,2
services publics		1,2	1,1	1,2	1,1	1,2	1,1	33,8
services à la consommation		0,9	1,1	1,0	1,1	1,0	0,9	42,0
prod. primaires et ress. naturelles		1,3	2,1	2,3	1,3	1,8	2,3	41,1
aliments et sec. main-d'œuvre		0,8	0,2	0,2	1,1	0,6	0,2	28,6
secteur technologie		0,7	0,2	0,2	0,5	0,2	0,2	30,3
Fabrication								
% des emplois dans les 2								
principales industries	25,2	33,3	50,0	53,5	29,7	50,0	55,0	—
similarité de structure								
industrielle avec Montréal	37,9	44,8	66,0	67,7	41,8	63,0	72,6	—

Sources : B.S.Q., *Le Québec chiffres en mains*, édition 1992-1993 ; O.P.D.Q., *Profil statistique des régions du Québec*, 1988 ; ministère de l'Industrie, du Commerce et de la Technologie, *Profil statistique des régions du Québec*, 1992.

que 66,5 % des logements y sont locatifs. Le pourcentage correspondant pour l'ensemble du Québec est au-dessous de 50 %.

Exception faite de la perte due à la baisse d'activité des ports et des gares ferroviaires, la structure industrielle de l'île a peu changé depuis des décennies. Le centre des affaires demeure une place forte des services à la production (communications, finances, services spécialisés) dans tout l'est du Canada. L'industrie du vêtement accapare encore 25 % des emplois manufacturiers. Il suffit d'additionner les emplois de l'industrie de l'édition et des produits électriques à ceux du vêtement pour dénombrer près de 50 % des emplois manufacturiers de l'île.

En 1991, le taux de chômage et le taux d'activité de l'île rejoignaient la moyenne provinciale, alors que, auparavant, ces taux étaient si favorables qu'ils étaient une source d'apport migratoire. Les données sur le revenu moyen familial et le taux moyen des salaires indiquent que Montréal est légèrement au-dessus de la moyenne provinciale. Cet écart possible est sans doute expliqué par le poids relatif élevé dans l'île des services à la production, un secteur versant de hauts salaires.

Les régions voisines de l'île de Montréal

La Montérégie, Laval, les Laurentides et Lanaudière sont quatre régions voisines de l'île qui en 1991 comptent ensemble 31,9 % de la population de la province. Sur le plan démographique, chacune présente les caractéristiques suivantes :

1. un taux de croissance démographique deux fois supérieur à celui de la province depuis 1971 ;

2. des ménages qui, en 1991, étaient de taille supérieure à la moyenne provinciale ;

3. une surreprésentation des jeunes et une sous-représentation des aînés ;

4. un taux de fécondité supérieur à la moyenne provinciale depuis 1990.

Ces quatre caractéristiques sont celles d'une terre d'immigration. Les immigrants vers la Montérégie et les autres régions voisines de l'île viennent en bonne partie de l'île. Le début de la croissance de ces régions coïncide avec l'arrivée à l'âge adulte des enfants nés entre 1940 et 1960 et la construction de voies rapides reliant ces régions au centre des affaires de la ville de Montréal.

L'économie de la Montérégie, avec 17,4 % de la population du Québec, est l'économie régionale la plus diversifiée de la province avec des terres agricoles fertiles et de nombreuses usines de première transformation de métaux. Cette région est aussi privilégiée par le nombre de ses entreprises dans le secteur de la technologie. Elle bénéficie aussi d'une main-d'œuvre scolarisée qui se concentre dans le secteur des services à la production. La force économique de la Montérégie se manifeste par des salaires, un taux d'activité et un taux de chômage tous avantageux par rapport à la moyenne provinciale.

Quant aux régions de Laval, des Laurentides et de Lanaudière qui, ensemble, ont 14,5 % de la population du Québec, en plus de servir de banlieue à l'île et donc d'être pleinement équipées en service de consommation, elles attirent un nombre de plus en plus grand de services à la production et d'entreprises manufacturières. Le faible prix des terrains dans ces régions a favorisé une relocalisation des entrepôts, des maisons d'édition et des usines dont la technologie impose une construction d'un seul étage.

Le Québec des ressources

Une région fait partie du groupe appelé le « Québec des ressources » si elle est exportatrice (Ql > 1) de produits primaires et de produits de ressources naturelles (bois, papier, produits d'aluminium et de cuivre). Les cinq dernières régions du tableau 8.1 se qualifient comme régions de ressources. L'Abitibi-Témiscamingue, le Saguenay — Lac-Saint-Jean, la Mauricie — Bois-Francs, la Gaspésie — Bas-Saint-Laurent, la Côte-Nord et le Nord du Québec sont les régions faisant partie du Québec des ressources. Toutes ces régions ont des caractéristiques communes :

1. une spécialisation poussée, les emplois manufacturiers y étant concentrés à 50 % ou plus dans deux industries (la Mauricie — Bois-Francs est l'exception) ;
2. la complémentarité des économies de ces régions dominées par le secteur primaire avec celle de Montréal ;
3. une économie vulnérable aux fluctuations dans le prix mondial des matières premières et très orientée vers l'exportation à travers le monde entier.

Le Québec des ressources, avec 19,6 % de la population québécoise, a historiquement servi de bassin de main-d'œuvre pour Montréal. En dépit d'une émigration de ses jeunes, le taux de fécondité du passé a permis à la région de conserver un poids relatif pratiquement inchangé depuis un siècle. Malgré des taux de salaires élevés, très supérieurs à la moyenne, le revenu familial est de l'ordre de 10 % inférieur en moyenne à celui du Québec. On ne peut trouver d'explication à cette situation que dans un taux de chômage très élevé.

Le Québec des services

Le Québec des services comprend les régions de l'Outaouais, de Québec-Chaudières-Appalaches et de l'Estrie. Ce groupe de régions compte 22,2 % de la population du Québec. À cause du poids des emplois dans la fonction publique, l'Outaouais et la région de Québec sont les régions les plus représentatives de ce groupe, la part de ce secteur étant respectivement de 78,2 % et 83,4 % dans la région de Hull et de Québec. L'Estrie, avec ses deux universités, est aussi une exportatrice nette de services. En plus, l'Estrie et la région Chaudière-Appalaches ont des économies uniques sur un plan : leur principal marché est le Québec lui-même.

Ces régions ont été évidemment favorisées par la croissance de l'appareil de l'État. Ainsi, la part de la population québécoise habitant dans ces régions s'est légèrement accrue depuis 1961. Dans l'Outaouais et la région de Québec, le revenu familial est d'à peu près 5% supérieur à la moyenne provinciale, alors qu'il est de 10% inférieur dans les deux autres régions.

Nous avons regroupé les nombreuses régions administratives en quatre groupes de régions dont les poids relatifs sont respectivement de 26%, 32%, 20% et 22%. Comme l'île de Montréal et les régions voisines sont sous l'influence d'un même pôle, la région métropolitaine de Montréal y puise sa main-d'œuvre dans le même marché du travail. Sur le plan de l'analyse économique, ces deux grandes régions pourraient être regroupées dans une même région, la grande région de Montréal (GRM). Cette grande région économique, avec 58% de la population du Québec, exerce un pouvoir politique indéniable sur les politiques du gouvernement du Québec. La GRM peut être opposée au Québec des ressources et des services. S'il faut donner un nom à ce regroupement, nous pourrions peut-être l'appeler, dans son ensemble, le Québec périphérique. Ce Québec périphérique renferme donc 42% de la population mais dispose de 85% de la superficie du Québec.

Le découpage par les gouvernements des régions administratives en grands groupes varie souvent avec la nature de la politique régionale adoptée. Dans son plan d'action de 1988, le gouvernement québécois identifie trois catégories de régions : les régions périphériques, les régions centrales et les régions métropolitaines[1]. Le gouvernement fédéral utilise une typologie différente, soit : les régions des ressources et les régions centrales. Toutes ces définitions, souvent incompatibles, peuvent facilement créer de la confusion. Notre propre découpage fut dicté par les contraintes sur le plan des données et par la nécessité d'avoir des régions économiquement homogènes. L'encadré ci-dessous redéfinit les grands regroupements utiles à la lecture de ce chapitre.

Les échanges de biens

Le tableau 8.2 présente la production combinée des trois principales régions dans un secteur. Le degré élevé de la spécialisation actuelle des régions est remarquable. Dans l'agriculture, le territoire au sud du fleuve qui recoupe la Montérégie, la région Chaudière-Appalaches et les Bois-Francs fournit 64,6% des revenus agricoles. Si la forêt est au Québec une ressource bien partagée, près de la moitié des coupes de bois se font présentement dans uniquement trois régions : le Nord du Québec, la

---

1 OPDQ., *Québec à l'heure de l'entreprise régionale, plan d'action*, Québec, 1988.

LES GROUPES DE RÉGIONS ADMINISTRATIVES

Île de Montréal : Cette région comprend la ville de Montréal ainsi que toutes les villes qui font partie de la Communauté urbaine de Montréal.

Les régions voisines de Montréal comprennent Laval, la Montérégie, les Laurentides et Lanaudière.

La grande région de Montréal (GRM) correspond à l'île et à ses régions administratives voisines.

Le Québec des ressources inclut la Gaspésie — Bas-Saint-Laurent, le Saguenay-Lac-Saint-Jean, l'Abitibi-Témiscamingue, la Mauricie — Bois-Francs, la Côte-Nord et le Nord du Québec.

Le Québec des services comprend les régions de l'Outaouais, de Québec, de la Chaudière-Appalaches et de l'Estrie.

Le Québec périphérique regroupe le Québec des ressources et des services. Le Québec périphérique et la GRM recouvrent ensemble tout le territoire du Québec.

Gaspésie et le Lac-Saint-Jean. Les quatre cinquièmes de l'énergie hydroélectrique viennent aussi de trois régions seulement. De même, les recettes des entreprises minières sont réalisées à 70 % dans aussi très peu de régions du Québec des ressources. Enfin, dans les produits des ressources naturelles (bois, papier, première transformation des métaux), la Mauricie — Bois-Francs, le Saguenay — Lac-Saint-Jean et la Montérégie possèdent ensemble un avantage comparé qui leur confère 50 % de la production du Québec. Cette industrie des ressources est la plus dispersée des industries de biens du Québec.

Quant à la fabrication des produits exigeant une main-d'œuvre abondante ou relevant du secteur technologie, l'île de Montréal occupe une position nettement dominante, produisant entre 55 % et 60 % de la production québécoise. Enfin, les services constituent une activité dont la répartition reproduit celle de la population des grands centres urbains.

Comme le tableau 8.2 le révèle, bien que les régions relativement importantes (Montréal, la Montérégie) représentent une proportion appréciable de la production totale dans la plupart des services et des produits manufacturiers, il arrive que des régions plus petites détiennent une part considérable dans un secteur particulier comme les produits primaires, les produits fabriqués à même les ressources et, probablement, certains produits manufacturiers finement définis.

Le tableau 8.3 identifie les avantages comparés de chaque région selon trois grands marchés, ceux des pays étrangers, du RDC et du Québec. Le principal marché des régions de ressources est clairement la région du Nord-Est des États-Unis. Cependant, deux industries québécoises des ressources ont un avantage comparé mondial. Quinze pour cent des exportations mondiales de papier journal proviennent du Québec. Dans

Tableau 8.2 Production combinée des trois principales régions en % de la production du Québec, 1991

Secteurs	Régions (% du Québec)			Part. combiné
Agriculture, chasse et pêche	MTRG	CH-AP	M-BF	
	32,0	16,6	16,0	64,6
Forêts	CN-NQ	BSL-GSP-ÎDLM	S-LSJ	
	21,7	13,0	10,3	45,0
Énergie électrique	NQ	CN	S-LSJ	
	36,9	28,1	15,0	80,0
Mines	CN	AB-TÉ	NQ	
	34,2	19,0	17,4	70,6
Transformation des ressources naturelles	M-BF	S-LSJ	MTRG	
(bois, pâtes et papiers, 1re transf. métaux)	20	16	15	51
Secteur main-d'œuvre	MTL	MTRG	EST-CH-AP	
(cuir, text., vêt., meubles)	55	14	12	81
Secteur technologie (machine, transport,	MTL	MTRG	EST-CH-AP	
prod. électrique et chimique)	60	27	7	94
Services	MTL	MTRG	QC	
	35	17	15	67

Source : Gouvernement du Québec, *Profil économique des régions du Québec*. Série de monographies portant sur chaque région et réalisée sous la supervision d'André Chouinard, ministère de l'Industrie, du Commerce et de la Technologie, 1992. Il faut comprendre que la production d'électricité attribuée à la Côte-Nord vient des chutes Churchill, situées au Labrador, Terre-Neuve.

l'aluminium, le Québec exporte aussi aux quatre coins du monde. Pour l'Abitibi et la Mauricie, deux régions exportatrices, le Québec demeure quand même un débouché pour près de 40% de leur production.

Le profil de l'Outaouais et de la région de Québec est comparable à celui des régions de ressources. Dans ces deux régions, le papier journal est nettement l'industrie exportatrice dominante. L'Estrie détient quatre usines dans le secteur du papier; ses exportations vers le Nord-Est des États-Unis s'élèvent à 39% de ses livraisons manufacturières. La seule région au Québec à posséder un profil vraiment unique, c'est celle de Chaudière-Appalaches. Près de 70% des livraisons de cette région se font vers la Beauce même ou vers une autre région du Québec. La région Chaudière-Appalaches, à l'exception d'un climat favorable et d'un sol fertile, ne possède pas de ressources naturelles ni aucun autre avantage comparatif évident. Cette absence d'avantages comparatifs marquée est, de toute évidence, à la base de la diversification de l'économie beauceronne et de son orientation essentiellement locale.

Tableau 8.3 Répartition des livraisons manufacturières des régions selon le lieu de destination, 1989

Région d'origine	Lieu de destination			
	Vers étranger	Vers RDC	Vers P.Qué	Total
Bas-Saint-Laurent – Gaspésie-ÎDLM	43,5	39,6	16,9	100
Saguenay – Lac-Saint-Jean	51,4	33,0	15,6	100
Mauricie – Bois-Franc	32,7	27,7	39,5	100
Abitibi-Témiscamingue	36,5	24,9	39,0	100
Côte-Nord et Nord du QC	64,3	29,3	6,4	100
Total : QC des ressources	35,0	30,0	35,0	100
Estrie	39,0	31,0	30,0	100
Chaudière-Appalaches	13,0	17,0	70,0	100
Québec	36,6	27,4	36,0	100
Outaouais	49,6	26,8	24,1	100
Total : QC des services	20,0	24,0	56,0	100
Montérégie	30,7	38,7	30,6	100
Laval	9,3	33,9	56,8	100
Lanaudière	15,1	45,5	39,0	100
Laurentides	59,9	21,6	18,5	100
Total : Régions voisines de Mtl	34,0	29,0	37,0	100
Montréal	14,5	35,3	50,2	100
Total : Québec	29,7	27,6	42,7	100

Source : B.S.Q., *Destination des expéditions des manufacturiers exportateurs du Québec, 1988-1990.*

L'île de Montréal et Laval écoulent plus de la moitié de leur production au Québec même et un autre tiers dans le RDC. Lanaudière et la Montérégie détiennent aussi une solide position dans le marché du RDC. La région des Laurentides à cet égard, avec l'usine GM à Boisbriand, représente une exception, son marché principal étant plutôt les États-Unis.

Bref, chaque grande région du Québec semble avoir une vocation particulière. Celle du Québec des ressources et des régions voisines de Montréal est d'avoir une production orientée vers les marchés étrangers et le RDC. Quant au Québec des services et à l'île de Montréal, leur rôle semble aussi bien défini. Tout en demeurant un exportateur vers le RDC, l'île de Montréal, le Québec des services et la Beauce doivent produire des biens qui peuvent être sans difficultés substitués à des produits importés. Dans la mesure où Montréal et les régions du Québec qui ont la même orientation jouent bien leur rôle, la balance commerciale du Québec court la chance d'être mieux équilibrée.

Il ressort du tableau 8.3 que l'économie du Québec est une économie très ouverte, exportant 57,3 % de sa production manufacturière et ne laissant donc que 42,7 % aux échanges intérieurs.

Le tableau 8.4 porte sur ces échanges intérieurs. On y distingue quatre des grandes régions du Québec : l'île de Montréal, les régions voisines, le Québec des ressources et des services. La part de chacune de ces quatre grandes régions dans le total des livraisons destinées au Québec y est présentée. Ainsi, l'île de Montréal monopolise 43 % des ventes faites au Québec par toutes les entreprises manufacturières localisées dans la province. Nous identifions ensuite quelques-uns des principaux produits vendus par une région aux autres régions du Québec. Le tableau indique que Montréal exporte des vêtements, des produits de l'édition et de l'équipement électrique. En retour, l'île reçoit du reste du Québec du tissu pour la fabrication de ses vêtements, du papier pour l'industrie de l'édition, des métaux pour son industrie de produits électriques. Les industries des produits plastiques, chimiques ainsi que celle des équipements de transport jouent aussi un rôle important dans le commerce intérieur au Québec à cause de la prédominance de cette production dans les régions voisines de Montréal.

Hiérarchie urbaine et économie des services

La plupart des villes du Québec furent à leur origine des centres industriels et des lieux d'approvisionnement pour les agriculteurs environnants.

Tableau 8.4 Parts des ventes de produits manufacturiers domestiques selon les régions d'origine

	Ventes au Québec selon région d'origine	Produits vendus aux autres régions
Québec des ressources	20 %	Pâtes et papier, métaux peu transformés
Québec des services	12 %	fil et tissu, moto-neiges
Régions voisines	25 %	Automobiles, produits chimiques, de plastique
Montréal	43 %	Vêtements, livres, fils électriques
Total Québec	100 %	

Source : B.S.Q., *Destination des expéditions des manufacturiers exportateurs du Québec*, 1988-1990. Les produits vendus par une région aux autres régions du Québec ont été identifiés par une comparaison entre deux pourcentages : le pourcentage des ventes totales au Québec en provenance de la région et le pourcentage des ventes totales de chaque produit selon sa région d'origine. Les produits dont le deuxième pourcentage est plus élevé que le premier ont été identifiés comme des produits exportés. Une étude récente de l'OPDQ intitulée *Régions et interrelations économiques au Québec*, 1992, qui étudie plus à fond les échanges entre l'île de Montréal et les régions du Saguenay — Lac-Saint-Jean, Chaudière-Appalaches et du Bas-Saint-Laurent, confirme nos conclusions sur la nature des échanges commerciaux entre les régions du Québec.

LA DÉFINITION ÉCONOMIQUE DE LA VILLE

À cause de l'exode récent vers les banlieues, de la présence d'annexions et de fusions, il faut distinguer entre la définition économique et la définition administrative d'une ville.

Une ville, pour l'économiste, est un point dans l'espace où la densité de population est plus élevée qu'ailleurs. Statistique Canada a précisé cette définition et propose les concepts suivants :

Région rurale et urbaine

Une région urbaine est une ville ou un village ayant au moins 1 000 habitants et dont la densité de population est de 400 habitants ou plus par kilomètre carré.

Agglomération

Le terme « agglomération » s'applique à un grand noyau urbain ainsi qu'aux régions urbaines et rurales adjacentes dont le degré d'intégration économique et sociale avec ce noyau urbain est très élevé. Ce degré d'intégration se mesure par le nombre de navetteurs qui se déplacent entre elles. Pour que le noyau urbain puisse être regroupé dans une agglomération, il faut qu'au moins 35 % de la population active occupée y travaille.

Région métropolitaine

Une région métropolitaine est une agglomération dont la population dépasse 100 000 habitants.

Ainsi, les chiffres sur la population présentés pour établir la hiérarchie sont ceux des agglomérations et des régions métropolitaines, et non pas ceux qui portent sur le nombre d'habitants à l'intérieur des frontières juridiques d'une ville.

Aujourd'hui, le commerce de détail et les services à la consommation procurent du travail à plus de gens que les secteurs primaires et secondaires réunis. Nous ne vivons plus dans le même monde qu'avant la Deuxième Guerre mondiale. Le chapitre II fait référence à cette nouvelle réalité dans un graphique où l'évolution du taux d'urbanisation est comparée à celle du taux d'industrialisation. Les années 1950 semblent marquer la fin du parallélisme historique entre les deux forces. Après avoir précisé la place des principales villes du Québec, nous reviendrons dans cette section sur le rôle des services dans la croissance d'une ville.

La figure 8.1 classe les principales villes du Québec selon leur population et leur fonction dans la hiérarchie urbaine. Montréal, avec une population de 3,1 millions en 1991, soit 45 % de la population de la province, est évidemment au sommet de la hiérarchie. La métropole offre des services marchands de haut de gamme (ex. : une bourse, une équipe de baseball dans les ligues majeures) à toute la province. Sa zone d'influence immédiate s'étend à toutes les régions administratives composant la GRM. Les gens de cette région viennent souvent dans l'île pour bénéficier des services spécialisés (universités, hôpitaux spécialisés).

Suivent, dans la hiérarchie, deux villes essentiellement administratives : Québec et Ottawa-Hull. La zone d'influence immédiate de ces

213

Figure 8.1 Hiérarchie urbaine, régions administratives et population (en millions) des régions métropolitaines, 1991

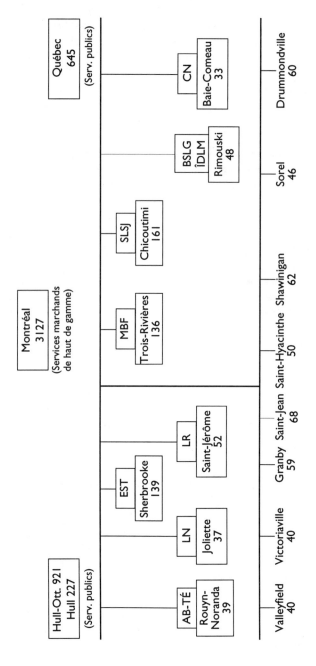

Remarques : Les noms des régions administratives ayant été abrégés, le lecteur aura intérêt à se référer à la carte 8.1 (p. 202).

Nous n'avons pu identifier de capitales régionales aux régions non indiquées.

Source : Recensement du Canada, 1991. La population indiquée pour les villes est celle des agglomérations et des régions métropolitaines de recensement.

deux capitales est beaucoup plus restreinte que celle de Montréal, mais elle déborde celle de leurs propres régions administratives. Les villes qui suivent dans la hiérarchie sont toutes des capitales dont la zone d'influence se limite à leur région administrative. On peut distinguer deux catégories de capitales régionales. D'une part, les villes de Chicoutimi-Jonquière, Sherbrooke et Trois-Rivières comptent sur un territoire assez densément peuplé et sont assez éloignées des villes de niveau supérieur pour avoir une population de l'ordre de 140 000 et plus. D'autre part, des capitales régionales comme Rouyn, Rimouski et Baie-Comeau n'ont qu'une population qui oscille entre 33 000 et 48 000. Il en est de même des villes de Joliette et de Saint-Jérôme, à la fois trop près ou trop loin de Montréal.

Les sept villes indiquées à la dernière ligne ont plusieurs traits communs. Elles ont toutes un caractère industriel; elles ont toutes une taille suffisante pour leur permettre d'offrir des services standardisés à la population environnante; elles ont des liens très étroits avec Montréal quand il s'agit de recourir à des services à la production.

Les principales modifications survenues dans la hiérarchie urbaine depuis 1961 sont les suivantes:

1. Hull a devancé Chicoutimi-Jonquière au troisième rang, et Sherbrooke a fait un gain similaire sur Trois-Rivières. Enfin, Saint-Jean a gagné deux places au classement.

2. Quelques villes à caractères primaires et secondaires, comme Valleyfield, Thetford Mines et Shawinigan, descendent parfois abruptement dans le classement des villes.

Ce revirement est-il attribuable à la croissance des services? Quel est l'impact de la tertiarisation sur la hiérarchie des villes? Le taux de croissance d'une ville peut être perçu comme une moyenne pondérée des taux de croissance de ses différentes activités. Ainsi, une ville dont 80% de la main-d'œuvre travaille dans la fonction publique court la chance d'avoir un taux de croissance supérieur à la moyenne dès que l'État se met à accroître ses effectifs à un rythme plus rapide que ne le fait le secteur privé. Cette croissance sera d'autant supérieure que les fonctionnaires sont tous concentrés dans la capitale. Cette approche peut expliquer quelques changements importants survenus depuis 30 ans.

1. Dans la figure 8.2, la population des deux capitales, Hull-Ottawa et Québec (645 + 921) prises ensemble est égale à 50% de la population de Montréal en 1991. Trente ans plus tôt, en 1961, le pourcentage correspondant était de 28%. La croissance de l'État a donc un impact important sur la hiérarchie urbaine, car les fonctionnaires de chaque gouvernement habitent à plus de 50% Québec et Ottawa-Hull.

2. Juste derrière la fonction publique, l'enseignement collégial et universitaire fut probablement l'un des services dont la croissance fut des plus rapides de 1961 à 1991. Étant donné que les services d'enseignement ne sont principalement transmis que par voie de déplacements des demandeurs, les études postsecondaires sont localisées dans des villes de tailles supérieures. Comme le poids d'une activité dans une ville détermine l'ampleur de l'effet de levier, la croissance des études universitaires devrait profiter le plus aux plus petites des grosses villes. La figure 8.2 peut expliquer la montée, à partir de 1960, de la ville de Sherbrooke, avec ses deux universités, dans le classement des villes.

3. Dans toutes les régions du Québec, mais particulièrement dans le Québec des ressources, la concurrence est vive entre les villes d'une région pour obtenir que le gouvernement y concentre des services administratifs et ses équipements de santé et de services sociaux. Comme les villes dotées des plus fortes armatures urbaines au départ étaient dans une position privilégiée, celles-ci ont très souvent distancé leurs rivales plus petites.

Le schéma présenté est insuffisant, car il nous porterait à croire que toutes les villes à caractère très industriel ont perdu du terrain. Or, ce n'est pas le cas puisque Granby, Drummondville, Shawinigan, Victoriaville, Sorel, Saint-Hyacinthe et Valleyfield ont, ensemble, connu une croissance de leur population de 22 % comparativement à seulement 14 % pour Montréal de 1971 à 1991. Une ville, comme un pays, peut choisir entre deux stratégies différentes de développement : ou on cherche à attirer les activités d'avenir ou bien on opte pour augmenter sa part des activités traditionnelles.

La performance des villes industrielles relève de la deuxième stratégie. Cette stratégie fut rentable à cause de l'éclatement de l'entreprise manufacturière d'autrefois en de multiples entreprises dont certaines continueront à faire partie du secteur secondaire alors que d'autres seront assignées au secteur tertiaire. Les entreprises multifonctionnelles se sont agglutinées dans Montréal jusque vers les années 1960, car, à l'époque, elles devaient faire un choix unique. L'éclatement de l'entreprise a engendré une double relocalisation : la partie tertiaire de l'entreprise localisée en périphérie a déménagé à Montréal, et la partie manufacturière des entreprises de Montréal a quitté l'île. Cette spécialisation a probablement été profitable autant aux villes industrielles qu'à Montréal. Des villes comme Granby (Bromont) et Saint-Hyacinthe surent tirer avantage de ce nouveau contexte.

216

Figure 8.2 Évolution du poids démographique des régions du Québec

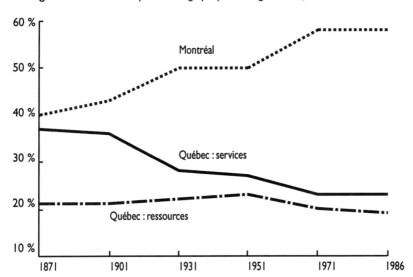

La migration vers et hors Montréal

La répartition des activités économiques sur un territoire est toujours soumise à des tendances de polarisation ou à des tendances de dispersion. Une des deux tendances peut dominer l'autre sur une longue période. La figure 8.2 rappelle l'effet de polarisation exercé par Montréal à compter de la moitié du XIXe siècle. Il y eut deux phases où cette polarisation fut particulièrement forte, soit de 1871 à la crise de 1929 et durant les 20 années qui suivirent la Deuxième Guerre mondiale. La tendance à la dispersion se manifesta de 1920 à 1951 ; elle est réapparue depuis 1970. L'Abitibi, la Mauricie et le Saguenay — Lac-Saint-Jean avaient dans l'entre-deux-guerres une croissance supérieure à la province. Si cette performance n'est pas très visible, c'est que la Gaspésie, une autre région de ressources, était déjà en déclin même à cette époque. Depuis 1971, la figure indique une certaine accalmie, le poids de la grande région de Montréal s'étant stabilisé.

La permanente coexistence des deux tendances opposées et d'intensité variable selon les époques n'est pas un phénomène qui ne concerne que les grandes régions. Ces forces opposées jouent à l'intérieur même d'une région donnée. Nous avons déjà décrit comment la ville de Montréal est devenue un pôle « parasitique » qui avait vidé, il y a un siècle, la vaste plaine de Montréal de ses forces vives. Voici qu'on assiste, depuis 1950, à une prédominance de la tendance opposée. L'exode vers les banlieues et

217

le déplacement des activités manufacturières vers les petites villes à proximité de Montréal sont maintenant sources de croissance pour les villes et les régions voisines de l'île.

Nous allons maintenant étudier tour à tour l'effet de polarisation exercé par la grande région de Montréal sur les autres régions du Québec de 1950 à aujourd'hui, et l'effet de dispersion jouant contre la croissance de l'île depuis 1970.

Les migrations de la main-d'œuvre vers Montréal

Les données sur les migrations des citoyens d'une région à l'autre du Québec sont des reflets de la force relative des deux tendances. Le tableau 8.5 indique les sorties nettes des migrants des régions vers la GRM. Trois périodes y sont distinguées : 1951-1966, 1966-1981 et enfin 1981-1985. Le nombre de migrants est exprimé en pourcentage de l'accroissement naturel (les naissances moins les décès) de la population des régions. L'accroissement total de la population d'une région est égal à l'accroissement naturel et à l'apport migratoire qui, lui-même, se décompose en son flux international, interprovincial et interne.

Dans la période de 1951 à 1966, l'apport de la migration interne est égal à 36 % de l'accroissement naturel et à 20 % de l'accroissement total de la population de la GRM. Durant cette période, la population de la

Tableau 8.5 Entrée nette (+) ou sortie nette (-) de migrants internes en pourcentage de l'accroissement naturel de la population de chaque région de 1951 à 1985

| | Périodes | | |
Régions	1951-1966	1966-1981	1981-1985
Gaspésie – Bas-Saint-Laurent – ÎDLM	-74	-100	-20
Saguenay – Lac-Saint-Jean	-33	-44	-13
Mauricie – Bois-Francs	-38	-49	—
Abitibi-Témiscamingue	-52	-47	-15
Côte-nord et Nouveau-Québec	+72	-55	-30
Québec	-22	-22	+10
Estrie	-48	-27	-15
Outaouais	-15	+5	+15
Québec des services	-25	-18	+5
Québec des ressources	-50	-55	-30
Grande région de Montréal	+36	+12	—

Source : Bureau de la Statistique du Québec, *Les migrations au Québec : aspects régionaux*, p. 37 et 50. Pour les périodes 1951-1966 et 1981-1985, cette publication ne fournit que le chiffre de la migration totale.

Remarque : La migration interne a été estimée en attribuant à Montréal la totalité du solde calculé pour la province au niveau de la migration internationale et interprovinciale. Ce calcul peut avoir eu pour impact de surestimer la migration interne de certaines régions (par exemple, l'Estrie).

GRM s'accrut de 30 %. À l'opposé, dans la Bas-Saint-Laurent — Gaspésie — ÎDLM, les migrations annulent les trois quarts de l'accroissement naturel, et la région ne connaît qu'un accroissement total de sa population de 7 %. Durant cette période, tant le Québec des services que le Québec des ressources connaîtra de très importantes sorties de main-d'œuvre.

Durant la période 1966-1981, la GRM a connu un flux négatif de migration interprovinciale et internationale. Cependant, grâce à un flux interne égal à 12 % de l'accroissement naturel, le solde migratoire total fut nul, et l'accroissement total de la population de la GRM fut égal à son accroissement naturel, soit de 8 % dans cette période. Dans le Québec des services, la période 1966-1981 se solda par une sortie nette de la main-d'œuvre de plus de 18 % de son accroissement naturel. Ce pourcentage équivalait au quart de celui de la période précédente. En revanche, la situation, dans le Québec des ressources, se détériora. Les sorties de migrants annuleront 55 % de l'accroissement naturel, et la Gaspésie, quant à elle, n'aura plus un taux de fécondité suffisant pour compenser les départs ; cette région connaîtra une baisse de 2 % de sa population totale entre 1966 et 1981.

Durant la période 1981-1985, la GRM fut caractérisée par un solde migratoire total négatif et une entrée nette de migrants en provenance du reste du Québec presque nulle. Le mouvement de polarisation semble arrêté dans cette foulée ; le Québec des services cesse d'être un fournisseur de main-d'œuvre et il connaît un accroissement de population supérieur à la moyenne provinciale. Enfin, les chiffres, pour le Québec des ressources, annoncent une baisse importante des migrations, exception faite du cas de la Côte-Nord et du Nouveau-Québec.

Les quelques données disponibles pour les régions dans la période 1986-1991 sont étonnantes[2]. La Gaspésie — Bas-Saint-Laurent — ÎDLM, le Saguenay — Lac-Saint-Jean, la Côte-Nord, trois régions avec des taux record de natalité dans la décennie 1950, ont des taux sous la moyenne provinciale. Par ailleurs, c'est l'inverse dans les Laurentides et Lanaudière qui relèvent leur taux au-dessus de la moyenne. C'est à se demander si l'émigration des jeunes aurait opéré un effet négatif sur le taux de fécondité en périphérie et que Montréal aurait décidé, devant l'éventualité d'un arrêt de la migration, de pourvoir elle-même à sa main-d'œuvre, mais des raisons bien plus terre à terre expliquent la réduction importante des flux migratoires :
1. En 1951, l'écart dans les revenus par habitant entre Montréal et le Québec des ressources était de l'ordre de 40 %. En 1988, celui-ci

2 Bureau de la Statistique du Québec, *Situation démographique au Québec en 1991-92*, figure 5.16.

n'était plus que de 15 %. Le rattrapage du Québec des services fut encore plus remarquable.

2. Le taux de chômage dans la GRM n'est plus aussi faible qu'il l'était autrefois par rapport à celui du Québec des ressources.

3. Quant au Québec des services, il peut compter sur un taux de chômage plus faible que Montréal depuis 1985.

—————————— LES RÉSEAUX D'INFORMATION DE BOUCHE À OREILLE

Il existe une information complexe et tellement coûteuse à transporter à distance qu'elle se transmet verbalement, de bouche à oreille comme un réseau clandestin. Puisque cette information n'est transmise que de bouche à oreille, on doit comprendre le rôle essentiel de la migration interne et l'impact de la distance sur l'intensité de l'effet de diffusion. En effet, le migrant, en retournant périodiquement dans sa région natale, devient un messager et un émetteur dont les signaux sont parfaitement compris par le récepteur. On comprendra aussi, que plus une région est isolée, plus l'information disponible peut arriver en retard.

Un réseau d'information de bouche à oreille a probablement existé entre les femmes du Québec à partir de la Deuxième Guerre mondiale jusqu'aux années 1970. La chute vertigineuse des taux de fécondité en région durant la décennie 1960 est une de ses manifestations les plus spectaculaires. Les Québécoises qui venaient à Montréal dans la décennie 1950 en ont probablement rapporté de l'information sur la possibilité et les avantages d'une baisse de natalité. Si l'information était transmise de bouche à oreille, c'est que, d'une part, le clergé s'opposait à l'usage de moyens contraceptifs et que, d'autre part, l'information revêtait un caractère confidentiel.

À la figure 8.3, les courbes de l'évolution des taux de fécondité à Montréal et en région illustrent le phénomène. On y voit d'abord que, en 1950, les taux de fécondité se réduisaient lorsqu'on passait d'une région éloignée (Abitibi ou Lac-Saint-Jean) à une région située près de Montréal (Montérégie, Laval). La décennie 1950 est, pour les régions éloignées, une période de résistance au changement qui s'opérait alors à Montréal. La transformation généralisée en région ne se présente que dans la décennie 1960, en même temps que la Révolution tranquille. En 1971, la majorité des familles habitant les régions avait opté pour un plus petit nombre d'enfants. Ce que les courbes décrivent, c'est un phénomène extraordinaire.

Comment se fait-il que toutes les femmes de toutes les régions du Québec aient toutes pris en même temps la même décision alors que, selon les apparences, elles n'étaient aucunement reliées entre elles ?

Le rôle que joua Montréal vis-à-vis de la province en tant que transmetteur d'information n'aurait pu être efficace sans la coopération des capitales régionales. Par ailleurs, la simultanéité parfaite dans la prise de décision des Québécoises des régions en ce qui concerne leur fécondité présume de la présence d'une main invisible. Qui d'autre que les migrantes dans le contexte des années 1950 aurait pu jouer ce rôle ?

En 1992, la position des régions en ce qui concerne le taux de fécondité est radicalement transformée. La grande région de Montréal arrive au premier rang avec un taux de fécondité largement supérieur à la moyenne provinciale. Est-ce que l'histoire est en train de se renverser ?

Figure 8.3 Évolution du taux de fécondité dans quelques régions du Québec par rapport à celui de Montréal de 1950 à 1985

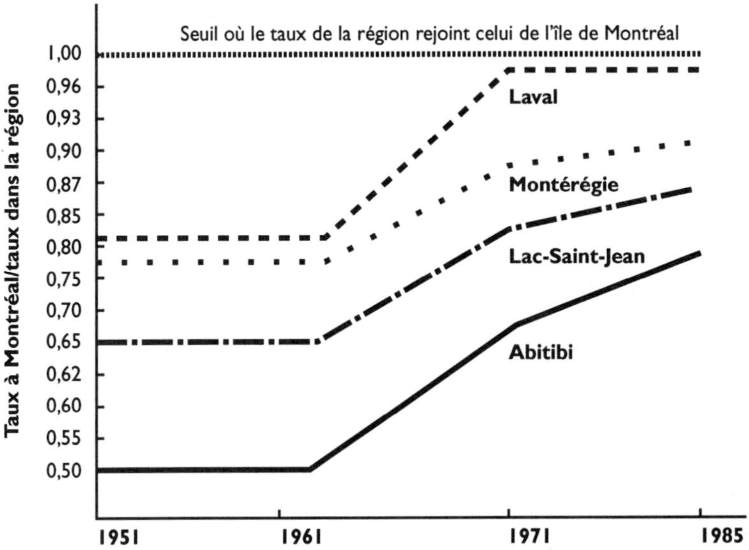

Source : Bureau de la Statistique du Québec, *La situation démographique au Québec*, éd. 1987, p. 165 à 168.

Il existe d'autres réseaux d'information de bouche à oreille comme les places publiques des grandes villes, les groupes d'amis ou de travail[3].

L'exode de la ville de Montréal

Avant l'avènement de l'automobile, les villes étaient très densément peuplées et concentrées autour du port ou des gares ferroviaires. L'automobile aura pour impact de disperser les habitants puisqu'elle permet aux travailleurs de résider loin de leur lieu de travail. L'automobile va entraîner, lorsque l'infrastructure routière le permettra, un exode massif non seulement hors du centre des affaires mais aussi hors de la ville-centre elle-même.

Ce phénomène est visible dans toutes les régions métropolitaines du Québec. La carte 8.2 et le tableau 8.6 décrivent l'étalement urbain à Montréal depuis 1951. La figure 8.5 indique les limites des cinq régions administratives comprises dans la GRM. Elle décompose la région métropolitaine de recensement (RMR) en ses parties : l'île, les couronnes sud et nord qui sont, à l'instar de Laval, des banlieues urbaines ou ru-

---

3 Pour une bonne description du rôle de l'information bouche à oreille dans le centre-ville de Montréal, voir Mario Polese, *Les activités de bureau à Montréal : structure, évolution et perspective d'avenir*, 1988, INRS-Urbanisation.

221

Tableau 8.6 Exode vers la banlieue : évolution du poids démographique de la ville, de l'île et de la région métropolitaine dans la grande région de Montréal

	1951	1961	1971	1981	1986	1991
Ville (%)	49,7	42,3	35,5	28,0	27,2	25,4
Reste de la CUM (%)	14,6	19,8	23,7	20,5	19,7	19,0
L'île (%)	64,3	62,1	57,2	48,5	46,9	44,4
Couronne suburbaine (%)	3,6	12,8	22,9	29,4	31,4	33,7
Région métropolitaine (%)	67,9	74,9	80,1	77,9	78,3	78,1
Reste de GRM (%)	32,1	25,1	19,9	22,1	21,7	21,9
Total de la GRM (000)	2,054	2,816	3,423	3,631	3,732	4,005

Source : Les recensements du Canada. Il faut noter que les limites des villes administratives comme celles Montréal se sont agrandies dans le temps. Aussi, en annexant Rivières-des-Prairies (1961), Saraguay (1965) Saint-Michel (1969) et Pointe-aux-Trembles (1982), la ville de Montréal a par le fait même accru sa population. Comme la frontière de la RMR s'étend elle aussi, on a jugé préférable d'exprimer les poids des sous-régions en fonction de la population totale de la GRM dont, en pratique, les frontières n'ont pas changé de 1951 à 1991.

rales dont 35 % de la main-d'œuvre détient un emploi dans le noyau. Le noyau comprend toutes les villes où la densité de la population est forte. Dans les limites juridiques de la vieille ville de Montréal où se situe le centre des affaires (le gros point noir), la densité est de 5 742 personnes par kilomètre en moyenne. Dans l'ensemble des autres municipalités composant l'île ainsi que — Laval, Longueuil, Brossard, Châteauguay et Repentigny —, la densité de la population dépasse 1 000 habitants au kilomètre carré. En général, plus la distance entre une ville de banlieue et le centre des affaires diminue, plus cette ville tend à être densément peuplée.

Le tableau 8.6 quantifie l'ampleur de la décongestion. Il décompose la population de la GRM (grande région de Montréal) selon ses six éléments : la population de la ville de Montréal, celle du reste de l'île de Montréal, celle de la couronne suburbaine (incluant Laval), celle de la RMR (région métropolitaine de recensement) et, enfin, la population du reste de la GRM.

La population de la ville de Montréal était en 1950 de l'ordre de 1 million ; celle de la GRM, de 2 millions. La moitié de la population de la GRM vivait donc en ville en 1951. En 1971, il n'y aura plus que 35 % de la population de la GRM payant des taxes au maire de Montréal, sans que celui-ci s'en plaigne trop. La raison est simple : malgré un poids relatif moindre dans la GRM, la population de la ville avait augmenté de près de 50 % entre 1951 et 1971. En fait, on a assisté à un double déplacement massif de 1951 à 1971,

a) un exode massif vers le reste de l'île (reste de la CUM) et de la cou-

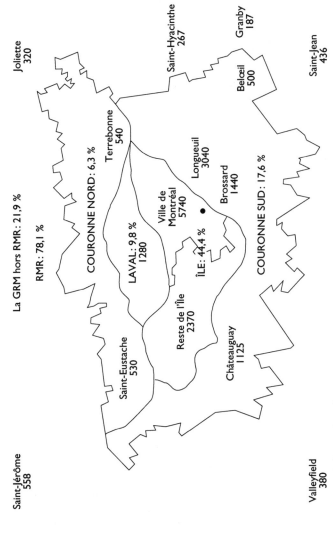

Carte 8.2 La région métropolitaine de Montréal, densité et poids des sous-régions dans la population de la grande région de Montréal, 1991

Saint-Jérôme
558

La GRM hors RMR : 21,9 %

RMR : 78,1 %

Joliette
320

Saint-Hyacinthe
267

Granby
187

Belœil
500

Saint-Jean
436

COURONNE NORD : 6,3 %

Terrebonne
540

Longueuil
3040

COURONNE SUD : 17,6 %

Brossard
1440

LAVAL : 9,8 %
1280

Ville de
Montréal
5740

ÎLE : 44,4 %

Reste de l'île
2370

Saint-Eustache
530

Châteauguay
1125

Valleyfield
380

Note : Le poids démographique des régions est indiqué par des pourcentages, tandis que le chiffre indiquant la densité est indiqué sous le nom de la ville.

Source : Recensement du Canada, 1991.

223

ronne suburbaine hors des limites géographiques de la ville-centre ; *b*) une migration encore plus massive vers la GRM des Québécois venant de partout au Québec. C'est ce mouvement migratoire que nous avons décrit dans la section précédente.

À compter de 1971, l'ouest de l'île ayant une densité qui dépassait les 2 000 habitants par kilomètre carré, l'exode se poursuivit essentiellement vers la couronne suburbaine, le poids de celle-ci dans la GRM passant de 22,7 % en 1971 à 33,7 % en 1991. Le poids démographique de la ville-centre dans la GRM diminua d'un même pourcentage dans les deux périodes, soit de 28 %. Le fort ralentissement de la migration du Québec périphérique vers la GRM à compter de 1971 fit une énorme différence. Ainsi, alors que la population de la ville-centre s'était gonflée de près de 200 000 habitants entre 1951 et 1971, elle diminua, de 1,2 millions qu'elle était en 1971 à environ 1 million en 1991. La différence entre un gain à une perte de population de 200 000 selon les périodes pour la ville-centre est la conséquence, compte tenu de la tendance à long terme à la suburbanisation, du taux de migration nette vers la GRM. Lorsque ce taux est élevé, les nouveaux arrivants viennent occuper dans la ville-centre les logements abandonnés par ceux qui les ont quittés pour la banlieue. Lorsqu'il n'y a pas d'immigrants qui arrivent, le nombre moyen de personnes par ménage dans la ville-centre tombe sous la moyenne historique, car la population diminue.

L'étalement urbain soulève deux importantes questions. Premièrement, une réduction dans la densité a généralement pour effet d'augmenter le coût des infrastructures urbaines (routes, aqueducs, égouts) et le coût des déplacements, la famille devant faire la navette entre le lieu de résidence et le lieu de travail dans la ville-centre. Si ces coûts, très importants, n'étaient pas en totalité payés par les banlieusards, l'économiste — comme tout citoyen d'ailleurs — se poserait des questions. Or le gouvernement du Québec, à partir de la fin des années 1950, a encouragé cet étalement en se lançant dans la construction de multiples autoroutes. En 1985, il abolissait le péage sur ces dernières, subventionnant ainsi l'automobile et accroissant les coûts occasionnés par l'étalement.

Le deuxième problème soulevé par la suburbanisation est celui de l'équité fiscale entre les résidants de la ville-centre et ceux des autres municipalités de la GRM. La ville-centre paie-t-elle pour les banlieues ? Comme la classe moyenne est maintenant concentrée en banlieue avec un revenu familial de 20 % supérieur à celui des familles résidant dans la ville-centre, ne devrait-il pas y avoir une redistribution en faveur du noyau central de même qu'une seule unité dans la gestion de la GRM ? La réponse à la première question n'est pas évidente. Il est vrai que les payeurs de taxes résidant dans l'île paient pour des travaux de voirie et des services culturels que les habitants des banlieues utilisent mais ne financent pas. Par ailleurs, les navetteurs ont un impact positif sur la valeur foncière des édifices situés dans le centre des affaires. Il est probable que la ville de Montréal serait financièrement encore plus mal prise si les navetteurs cessaient de venir à Montréal en acceptant un emploi à côté de leur résidence de banlieue.

Quant aux avantages d'une péréquation et d'une meilleure coordination, l'écart est devenu si grand entre la ville économique (GRM) et la ville juridique qu'ils sont probablement bien réels. En 1969, la communauté urbaine de Montréal (CUM) a été créée, sorte de gouvernement ayant une juridiction sur toute l'île quant au transport et au service de police. Cette initiative du gouvernement du Québec rapprochait les frontières administratives stagnantes des frontières économiques mouvantes. Depuis cette date, les limites administratives du noyau n'ont pas bougé, mais la géographie et l'économie de la GRM ont continué à s'étendre. La création d'un organisme métropolitain de transport qui s'étendrait à Laval et aux municipalités de la couronne semble une décision logique. Les structures administratives de Montréal ne feraient ainsi que rattraper la nouvelle économie de la région métropolitaine[4].

La modulation des politiques du gouvernement du Québec

Le milieu rural opposait, disions-nous au chapitre I, une forte résistance aux forces qui militaient en faveur d'un déblocage du rôle de l'État. Le ressac de la Révolution tranquille, comme on peut s'en douter, fut considérable dans ce milieu. Depuis ce temps, l'espace rural a connu une reconversion profonde qui a entraîné un dépeuplement et une destruction des localités les plus petites. L'espace rural (villages de plus de 1 000 habitants ou moins) ne rassemble plus en 1991 que 22,0 % de la population du Québec. Le monde rural, d'abord dispersé sur l'ensemble du territoire, se rapprocha petit à petit de la frontière des agglomérations ; son fonctionnement est maintenant étroitement relié à celui du monde urbain. L'activité agricole, qui en était la principale caractéristique dans le passé, n'accapare plus maintenant qu'une faible partie des travailleurs.

Au cours des années 1960, belle époque de l'abondance, le gouvernement du Québec prit unilatéralement en charge l'éducation, la santé et le bien-être et enleva aux régions leurs responsabilités dans ces domaines.

---

4 En 1980, le gouvernement a créé des municipalités régionales de comté MRC. Ces MRC jouent en région un rôle similaire à celui joué par la communauté urbaine de Montréal. Dans les régions métropolitaines de Sherbrooke, Chicoutimi-Jonquière et Trois-Rivières, ce nouvel organisme qui a la tâche d'élaborer un plan d'aménagement du territoire peut être efficace. Mais Montréal a besoin d'un cadre politique plus contraignant. Un groupe de travail présidé par Claude Pichette déposa récemment un document proposant un cadre politique capable de produire la coordination désirée.

Les régions les plus pauvres furent gagnantes quant au volume de services reçus en retour. Au cours de la décennie 1970, moment de la création de l'Université du Québec, le gouvernement déplaçait ses investissements dans les régions pour doter celles-ci d'équipements de base dans l'éducation, la santé et le bien-être. Le fait que le gouvernement concentrait souvent ses investissements dans le même sous-centre d'une région fut de plus en plus perçu par certains comme un important facteur d'inégalité, du moins à l'intérieur même de la région. À cause de cette réaction négative, le gouvernement, depuis 1980, a adopté un discours basé sur la théorie du développement local dont le credo est de faire confiance au leadership des chefs de file locaux.

Alors que, en 1960, les régions exerçaient un important pouvoir, la Révolution tranquille peut être tenue responsable de la montée des groupes et de leur prédominance sur les régions à compter des années 1970. Autrement dit, les lois sectorielles élaborées en fonction des intérêts des groupes de pression sont devenues pratiquement intouchables, quels que soient leurs effets pervers sur les régions. Ainsi, la Loi sur la protection du territoire agricole pouvait très bien se justifier dans la région de Montréal, mais comment comprendre que, ailleurs, cette loi continue à subordonner les décisions prises par les municipalités régionales des comtés ? Autre exemple, la Loi des relations de travail défend aux policiers de faire la grève, ce qui est fort bien pour les grandes villes. Cependant, comme cette loi semble imposer des coûts exorbitants aux petites et aux moyennes municipalités (celles-ci payant à leurs policiers et à leurs autres employés municipaux des salaires 35 % plus élevés que la moyenne de la région), un des objectifs du gouvernement du Québec doit être maintenant de moduler ses lois sur une base régionale.

La modulation des politiques selon les spécificités des régions demeure prometteuse pour deux raisons : une seule RMR compte à elle seule pour 45 % de la population du Québec, et certains petits groupes semblent avoir acquis une influence énorme. Un contre-pouvoir est nécessaire. C'est peut-être ce contre-pouvoir qui permettra qu'un meilleur équilibre s'établisse entre toutes les parties (groupes et régions) du Québec.

226

Conclusion

Les régions administratives et les municipalités régionales de comté sont des organismes créés en vue de faciliter la gestion des divers ministères du gouvernement du Québec. Quoique l'existence des municipalités remonte loin en arrière, celles-ci sont aussi des créatures des gouvernements du Québec qui leur délègue les responsabilités mais qui conserve le dernier mot. Comme une région administrative reçoit souvent un traitement spécial du gouvernement, des pressions sont constamment exercées sur le gouvernement du Québec pour qu'il reconnaisse de nouvelles régions administratives. Depuis 1988, le nombre de régions est ainsi passé de 10 à 16.

Sur le plan de l'homogénéité économique, le Québec ne comprend en fait que trois régions : le Québec des ressources, le Québec des services et Montréal. La région métropolitaine de Montréal, avec 44% de la population du Québec, est une région économique au plein sens du terme. D'autre part, le Québec des ressources est si différent qu'il y aurait des retombées positives à doter cette région d'un statut politique particulier, lui évitant d'être soumise à des politiques qui occasionnent parfois des détournements coûteux de ressources.

Depuis 1960, la montée de l'État et le rôle de l'enseignement supérieur se sont conjugués pour donner à la capitale nationale ainsi qu'à des villes comme Sherbrooke et Saint-Jean des taux de croissance supérieurs à la moyenne des autres villes du Québec et de Montréal. La performance supérieure de Montréal jusqu'à 1970 était due à un important apport migratoire. L'intensité de ce mouvement a fortement diminué à un moment où la population de la ville émigrait vers les rives nord et sud. Ce sont ces déplacements de population à l'intérieur de la région économique qu'est la région métropolitaine qui militent en faveur d'un cadre politique nouveau et adapté à la nouvelle réalité économique.

Schéma-synthèse L'économie des régions

Sur le plan économique, les régions administratives peuvent être regroupées entre trois régions : Montréal, le Québec des services et le Québec des ressources.

Chacune des trois grandes régions se distingue par sa structure industrielle, la destination de ses exportations internationales ainsi que par les produits et les services qu'elle importe des deux autres.

La hiérarchie urbaine avec Montréal, bonne première suivie de Québec et Ottawa-Hull, a connu des transformations. En général, les villes axées sur les services ont crû plus vite que celles dont l'économie est très spécialisée dans le secteur des ressources.

Les Québécois sont très mobiles à l'intérieur du Québec. Un mouvement migratoire historique à destination de l'île de Montréal est aujourd'hui dominé par une migration inverse, les habitants de l'île se dispersant le long des grandes voies d'accès menant à l'île.

L'adaptation des politiques à un environnement économique changeant est une nécessité. En conséquence, le gouvernement du Québec aurait intérêt à moduler ses politiques pour éviter des détournements de ressources dans le Québec des ressources et à doter la région de Montréal d'institutions capables de mieux coordonner les décisions.

228

Questions et choix multiples

1. Comparez le profil de l'île de Montréal, des régions voisines de Montréal, du Québec des ressources et du Québec des services quant au plan de la structure de leur production et de leurs principaux marchés.

2. Décrivez la hiérarchie urbaine du Québec et expliquez les changements qui se sont produits dans le classement depuis le glissement vers une économie tertiaire.

3. Décrivez et expliquez l'un ou l'autre des deux mouvements migratoires suivants :
   a) la migration vers Montréal de la main-d'œuvre du Québec ;
   b) l'émigration à compter de 1950 des habitants de la municipalité de Montréal vers des espaces moins densément peuplés.

4. Un gouvernement doit, selon le problème à résoudre, centraliser la prise de décision ou la décentraliser. Dans cette optique, il doit discuter des avantages d'une modification des politiques actuelles pour l'une ou l'autre des deux entités suivantes : le Québec des ressources, la municipalité de Montréal. Discutez.

5. Définition :
   • quotient de localisation
   • hiérarchie urbaine
   • effet de polarisation
   • suburbanisation

6. Identifiez le mensonge.
   Le maire de la ville de Montréal se plaint que
   ❑ sa ville a un taux de locataires de 66 % contre 50 % ailleurs au Québec ;
   ❑ le taux de chômage de sa ville est bien supérieur à celui de la région métropolitaine ;
   ❑ 18 % des familles de la ville sont monoparentales contre 14 % pour le Québec ;
   ❑ le taux d'assistés sociaux est aussi élevé qu'en Gaspésie.
   Parmi les groupes suivants, lequel est composé uniquement de régions incluses dans le Québec des ressources (selon notre définition) ?
   ❑ Lac-Saint-Jean, Mauricie, Bois-Francs, Estrie
   ❑ Gaspésie, Bas-Saint-Laurent, Abitibi, Chaudière-Appalaches
   ❑ Côte-Nord, Lac-Saint-Jean, Abitibi, Bas-Saint-Laurent.

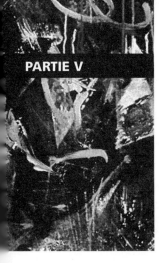

PARTIE V

LES RELATIONS EXTÉRIEURES DU QUÉBEC

Un pays est un ensemble de régions et de groupes intégrés par un État dont le rôle est de faire en sorte que le tout ne soit pas inférieur à la somme des parties. Selon cette définition, le Canada est un pays et le Québec pourrait en devenir un. Le Canada, c'est cinq régions économiques où se côtoient anglophones (62 %), francophones (25 %) et allophones (13 %). Le Québec rassemble 82 % des francophones du Canada et sa population totale représente 25 % de celle du Canada. Enfin au sud du Canada se trouve un pays puissant, près de dix fois plus populeux et dont la langue est la même que celle des quatre autres régions du Canada. Dans ce contexte où se situe l'intérêt du Québec, petite région dont la population forme environ 2,5 % de celle du continent nord-américain ?

La priorité en ce qui touche aux relations extérieures au Québec a varié selon les époques entre deux grands objectifs :

1. L'intégration économique au sein du Canada tout en essayant de conserver le maximum d'autonomie politique possible ;

2. La souveraineté politique sans renoncer à tous les avantages de l'intégration économique.

Le défi au Canada a toujours été de concilier la vision dominante du Québec à un moment donné avec celles des autres régions. Cette conciliation fut d'autant plus efficace lorsque le reste du pays prenait conscience de sa dépendance vis-à-vis du Québec. Le chapitre IX porte sur les relations entre le Québec et le reste du Canada.

Le chapitre X décrit un monde complètement différent de celui qui détermine présentement les relations du Québec avec le reste du Canada. À l'échelle mondiale, le poids démographique d'une région ou d'un pays devient secondaire par rapport à son poids économique, et cette tendance s'accentue par le fait que la rivalité commerciale entre les pays est de moins en moins encadrée. En suivant de près cette évolution, le Québec sera plus apte à contrôler son économie.

CHAPITRE IX

LE QUÉBEC
ET
LE CANADA

Ce chapitre comprend deux parties. La première porte sur l'économie canadienne. Après avoir situé les forces et les faiblesses de l'économie canadienne par rapport à celle des États-Unis, nous analyserons ses éléments : la zone de libre-échange, l'union douanière, le marché commun et l'union monétaire. Dans chaque cas, nous identifierons les gains du Québec et le prix qu'il doit payer en échange. Dans une deuxième partie, nous décrirons les principales institutions politiques du Canada ainsi que le partage actuel des compétences. Nous soulignerons enfin les difficultés qui expliquent l'impasse actuelle.

Trois questions fondamentales afférentes au débat constitutionnel ne seront qu'effleurées. Le juriste, le sociologue et le politicologue sont peut-être plus aptes que l'économiste à les aborder de front : la question des chevauchements, la question de la société distincte et celle qui porte sur les institutions politiques qui chapeauteraient l'union économique canadienne advenant la souveraineté.

En ce qui concerne les chevauchements, dans bien des cas, la théorie économique ne permet pas à l'économiste de trancher. Comme nous l'avons suggéré au chapitre III, il serait souhaitable que le Québec devienne un État des États-Unis pour pouvoir régler certains problèmes environnementaux. En revanche, nous avons suggéré au chapitre VIII que la Beauce, en faisant sécession, serait en mesure de verser des salaires plus justes à ses policiers. Entre ces deux cas extrêmes, une multitude de cas intermédiaires ne peuvent se régler que par une volonté de coopération de part et d'autres.

Quant à la société distincte, la question est indirectement abordée par la discussion générale présentée à la toute fin du chapitre sur les deux visions du fédéralisme.

Enfin, les institutions communes qui ont pour but de gérer l'union économique canadienne demeurent encore un trou noir. Le Québec ne pourrait pas se dire souverain, même s'il devient un pays, s'il ne se percevait pas comme ayant le droit de *veto* sur les décisions concernant l'union économique canadienne. Mais cela est aussi vrai pour le reste du Canada. Dans un duo, le recours à un droit de *veto* est très délicat. Il est donc ardu de prévoir ce qui peut en pratique advenir.

Une théorie de l'intégration

On ne saurait traiter de questions aussi complexes que celles soulevées par la souveraineté sans faire référence à certaines théories économiques comme celles des unions douanières, des zones optimales de monnaie ou encore celles portant sur la répartition des compétences et les coûts de l'ajustement au changement. Ces théories présupposent un comportement des acteurs ou chacun compare constamment bénéfices et coûts. Sans l'hypothèse d'un comportement rationel, toute science et toute prévision deviennent impossibles. Comme la rationalité, telle que définie par l'économiste n'est pas toujours vérifiée dans la pratique, particulièrement lorsqu'une question soulève autant d'émotivité que la souveraineté, l'incertitude, quant aux conséquences, demeure très élevée.

Partons de l'idée que, si une région s'intègre à un grand ensemble, c'est qu'elle doit y trouver des avantages économiques ou d'autre nature. Dans le cas du Québec, compte tenu de son caractère distinct sur le plan culturel, les avantages économiques doivent être très élevés pour compenser les pertes socioculturelles qui sont impliquées.

Nous avons construit la figure 9.1 en ayant à l'esprit le cas du Québec. Cette figure montre comment évoluent la perte socioculturelle, le bénéfice économique et le gain net du Québec à chacune des étapes menant à une intégration politique : zone de libre-échange (ZLE), union douanière (MD), marché commun (MC), union monétaire (UM), état fédéral (EF), État unitaire (ÉU). Selon la théorie, chaque fois que le Québec s'intègre davantage, un calcul coût/bénéfice est fait. À chaque palier d'intégration, les coûts socioculturels, qui sont ici assimilés à une perte d'autonomie pour le Québec, s'élèvent.

Ces pertes viennent du fait que les politiques sociales et culturelles doivent généralement être coordonnées avec celles du RDC pour maximiser les bénéfices recherchés dans l'intégration économique. Cette harmonisation implique, à cause du poids relatif du Québec au sein du Canada, un écart plus grand, entre les politiques actuelles et celles qui existeraient dans un Québec non intégré que l'écart correspondant pour les régions anglophones du RDC. Dans le haut du graphique, nous indiquons que la perte socioculturelle augmente à un rythme croissant à mesure que l'intégration Québec-RDC s'accentue. Il y est indiqué que, audelà d'un degré d'intégration, la perception de la perte socioculturelle

234

Figure 9.1 Les effets de l'intégration dans une région

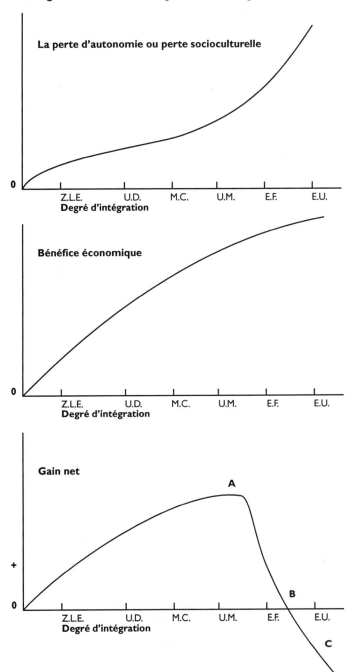

Note : Voir les pages suivantes, notamment le Tableau 9.2, p. 240 pour le sens à donner aux abréviations indiquées sur l'axe horizontal.

235

peut devenir tellement élevée qu'aucun bénéfice économique ne sera jugé suffisant pour garder le Québec dans le Canada.

Le bénéfice économique est défini comme étant égal à la différence entre le niveau de vie actuel et celui qui résulterait d'une désintégration Québec-RDC. Il peut se composer de plusieurs éléments selon les cas. Au Canada, il ne fait aucun doute que c'est l'union douanière (U.D.) qui confère au Québec ses principaux bénéfices. Comme nous l'avons souligné au chapitre II, la politique nationale de 1879 a eu pour effet de détourner de New York vers Montréal une partie de la production nord-américaine et mondiale. Les bénéfices que la main-d'œuvre du Québec retire encore de ce détournement se mesurent; ils seront donc donnés plus loin. En conséquence, la courbe du bénéfice économique indique un bénéfice important au début et qui croît à un rythme décroissant à mesure que le palier d'intégration constitué par les premières étapes est dépassé.

La théorie de l'intégration présentée suppose que le palier d'intégration choisi par une région est celui qui confère à la région le gain net le plus élevé, c'est-à-dire le bénéfice économique soustrait de la perte socioculturelle. Cette dernière ne peut être estimée exactement. Certains groupes pourront la juger prohibitive ; d'autres au contraire — et c'est souvent le cas des anglophones québécois — pourront la percevoir comme un gain. Seule la démocratie peut fournir une réponse claire sur l'ampleur du gain net. Dans le graphique, on suppose que le gain net du Québec est maximisé lorsque le niveau d'intégration de la communauté à laquelle le Québec adhère avec d'autres régions se situe au point A.

Une région qui, comme le Québec, est distincte sur le plan culturel de toutes les autres régions du Canada risque de supporter des coûts socioculturels supérieurs aux autres régions pour un niveau donné d'intégration. En conséquence, cette région devrait opter pour une intégration minimale. Par ailleurs, une région comme l'Ontario, située au point médian du marché canadien, pourrait très bien opter pour un degré plus élevé d'intégration, disons le point B. Il est même pensable qu'une autre région opte pour le plus haut degré possible d'intégration, soit le point C. Une chose reste certaine : les institutions du Canada seront à toute fin pratique les mêmes pour toutes les régions. Les points A, B et C ne peuvent coexister. Une fois que le degré d'intégration aura été fixé, il sera le même pour toutes les régions. Ainsi, aucune région ne pourrait être totalement satisfaite.

Pourquoi le Québec, vers le milieu du siècle dernier, n'a-t-il pas choisi de devenir un État des États-Unis plutôt qu'une province du Canada? Le schéma proposé fournit une réponse vraisemblable : les bénéfices économiques escomptés, à l'époque, d'une intégration nord-sud étaient probablement bien supérieurs à ceux d'une intégration est-ouest. En revanche, on peut présumer que, si les bénéfices économiques étaient jugés élevés, la perte socioculturelle l'était encore bien plus. La population du Québec ne constituait déjà qu'une infime proportion de la population des États-Unis. Le Québec, avec près de 35% de la population des quatre colonies britanniques qui formèrent le Canada, jugea probablement que, malgré certains avantages économiques, le coût socioculturel de l'intégration nord-sud était tellement élevé que son intérêt militait en faveur d'une intégration est-ouest plutôt que nord-sud.

Si le raisonnement présenté ci-dessus est correct, il en découle que le projet de souveraineté ne peut être analysé uniquement sur le plan économique. C'est d'autant plus vrai aujourd'hui que la contrainte économique n'est plus ce qu'elle était au siècle passé. Depuis, le niveau de vie des Québécois s'est accru considérablement, et une société riche peut s'offrir bien des choses qu'une société pauvre ne peut se payer.

Les fondements de l'économie canadienne[1]

L'Union économique canadienne dégage-t-elle un surplus économique important pour ses régions? L'ampleur de ce surplus dépend principalement du degré de spécialisation des économies régionales. Cette spécialisation est rattachée à son tour à deux éléments, la diversité des dotations en ressources des régions et le bien-fondé des politiques économiques de la communauté. Une longue histoire de développement économique commun, qui remonte à l'empire du Saint-Laurent en passant par la politique nationale de 1879, a nécessairement produit une certaine division du travail et une certaine spécialisation dans l'ensemble du territoire. De cette spécialisation ont résulté des avantages comparatifs basés sur la géographie.

L'économie canadienne, qui s'étend en longueur sur 4 000 milles et en largeur sur 100 milles, est située au nord d'un autre espace économique de même longueur, mais d'une largeur beaucoup plus grande. Le Canada est composé de cinq régions économiques, alors que les États-Unis en comptent une dizaine. Cependant, sur le plan du commerce Canada — États-Unis, seulement cinq des régions des États-Unis comptent, soit celles qui sont limitrophes aux régions canadiennes, c'est-à-dire la Nouvelle-Angleterre, le Centre-Atlantique, le Centre-Nord, les Plaines et le Pacifique nord. Ces régions reçoivent les trois quarts des exportations des régions du Canada vers les États-Unis.

---

1 Des parties importantes de cette section sont tirées de Roma Dauphin et Stanislas Slosar, «Étude des modalités de maintien de l'espace économique canadien actuel après l'accession du Québec à la souveraineté», dans Commission d'Études des questions afférentes à l'accession du Québec à la souveraineté, volume 3, 1992.

Le fondement de l'économie canadienne est le fait que la géographie du continent varie considérablement sur l'axe est-ouest, alors qu'elle est presque identique sur l'axe nord-sud. En conséquence, l'économie canadienne est constituée de cinq économies complémentaires, chacune en concurrence directe avec une région du nord des États-Unis laquelle, selon les cas, est de quatre à six fois plus populeuse.

Dans la figure ci-dessous, nous reproduisons les cœfficients de complémentarité interindustrielle déjà présentés au chapitre V. Dans le premier corridor est-ouest, soit celui qui regroupe les régions du Canada, la somme des quatre cœfficients donne un cœfficient moyen de 33 pour le Canada. Dans celui qui comprend les cinq régions au nord des États-Unis le chiffre correspondant est 22; il suggère nettement une moindre complémentarité entre les régions américaines qu'entre les économies régionales du Canada. Ce phénomène s'explique par la petite taille et la grande spécialisation des régions canadiennes. Enfin, et c'est le point essentiel, le cœfficient moyen de complémentarité sur l'axe nord-sud entre les pairs des cinq régions n'est que de 26,8.

Figure 9.2 Les coefficients de complémentarité entre groupes de régions

C.-B.	Prairies	Ont.	QC	Pr. Atl.	Moyenne
					Axe Est-Ouest
					(Canada)
28	44	18	42		33
					Axe Nord-Sud
17	36	14	21	46	26,8
					Axe Est-Ouest
(É.-U.)					(États-Unis)
P. Nord	Plaines	G. Lacs	C. Atl.	N. Ang.	
23	20	24	21		22

Source : Chapitre V

Ainsi, l'Ontario présente une structure industrielle semblable à celle du centre nord-est des États-Unis ; les Prairies se confondent aux Plaines des États-Unis, la Colombie-Britannique est à l'image de la région du Pacifique et des Montagnes. Enfin, de nombreuses similitudes existent entre, d'une part, le Québec et, d'autre part, la région du Centre-Atlantique des États-Unis. Prise isolément, chaque région canadienne est petite, très spécialisée et vulnérable, mais ensemble, les régions sont théoriquement plus puissantes. Grâce à cette forte complémentarité, le Québec et les régions du reste du Canada (RDC) peuvent faire ensemble ce qu'aucune ne peut faire seule. « Le tout est plus grand que la somme des parties ! »

Le tableau 9.1 indique la forte spécialisation des Prairies, de la Colombie-Britannique et des Provinces atlantiques dans le secteur primaire. En Colombie-Britannique, les industries du bois et du papier représentent près de la moitié de la production manufacturière totale de la province. Lorsqu'on combine à cette production la production primaire au niveau de l'abattage forestier, 50 % de la production totale de biens de la Colombie-Britannique est liée à ce champ d'activité.

Tableau 9.1 Production du secteur primaire et des produits de ressources naturelles en pourcentage de la production de biens de chaque région, 1988

	Prairies	C.-B.	Pr. Atl.	QC.	Ont.
Secteur primaire	51,21	26,92	23,51	10,20	8,74
Bois et papier	3,50	24,13	13,45	10,00	5,02
Aliments et boissons	4,00	5,10	13,00	7,16	7,50
Total	58,71	55,15	49,96	27,36	21,26

Source : Statistique Canada, *Produit intérieur brut provincial par industrie*, n° 15-203.

Dans la région de l'Atlantique, l'agriculture, la pêche et l'industrie alimentaire représentent près de 40 % de la production des biens, soit un pourcentage largement supérieur à la moyenne du Canada. Enfin, en Saskatchewan et au Manitoba, le blé est de loin l'activité prédominante, alors que l'Alberta est essentiellement une province productrice de pétrole.

Les régions du Québec et de l'Ontario apparaissent, au contraire des autres régions, comme étant moins spécialisées, et leur structure industrielle selon l'indice de complémentarité semblent similaires. Cette similarité s'estompe lorsque les produits fabriqués dans les deux provinces sont regroupés en plus de vingt industries. Lorsque les données sont désagrégées, il ressort que plus de 80 % de la production du Canada central est concentré dans l'une ou l'autre de ces deux provinces. Ainsi, l'Ontario détient plus de 80 % de la production d'automobiles et d'acier ; le Québec à son tour monopolise la production des métaux non ferreux (aluminium et cuivre) ainsi que des avions et des navires combinés.

Cette grande spécialisation des régions canadiennes se reflète dans deux études récentes. Selon l'une d'elles, l'importance du commerce d'une région avec une autre dépend de la distance qui les sépare et du pouvoir d'achat de chacune. Selon cette théorie (le modèle de gravité), une région canadienne devrait pour le moins faire autant de

239

commerce avec les régions des États-Unis qu'avec une autre région canadienne. Or c'est loin d'être le cas : on a découvert récemment que le commerce entre deux régions canadiennes est en moyenne vingt fois supérieur à celui qui se produit entre une région canadienne et une région américaine[2].

Par ailleurs, on serait porté à croire que les échanges entre les pays membres de la Communauté économique européenne sont plus intenses que ceux qui se font entre les régions du Canada. Ce serait une erreur, car les échanges à l'intérieur de la Z.L.E. canadienne représentent 18 % du Produit national brut, comparativement à 13 % pour la CEE. Ce résultat est d'autant plus remarquable que les distances séparant les régions du Canada sont très élevées par rapport à celles qu'on trouve entre les 12 pays européens disposés en noyau concentrique[3].

Les éléments de l'union économique canadienne

Le tableau 9.2 décompose l'union économique actuelle en ses quatre principaux éléments : la zone de libre-échange (Z.L.E.), l'union doua-

Tableau 9.2 Éléments de l'union économique et conséquences pour le Québec

Niveau	Définition	Bénéfices	Coûts: pertes d'autonomie
Z.L.E.	Suppression des tarifs et autres BNT sur le commerce extérieur	Efficacité accrue	Subventions et politique de concurrence
U.D.	Z.L.E. plus tarifs et BNT communs face aux pays tiers	Meilleurs pouvoirs de négociation	Taxation indirecte
M.C.	U.D. plus mobilité des facteurs	Capacité d'adaptation accrue Plus grande égalité des revenus	Politique financière, de main-d'œuvre et d'immigration Taxation directe
U.M.	M.C. plus monnaie commune	Stabilité de la monnaie	Politique budgétaire

2 John McCallum, «National Borders matter : regional trade patterns in North America», Departement of Economics, Université McGill, 1993.

3 Conseil économique du Canada, *Un projet commun*, 1991, p. 37.

nière (U.D.), le marché commun (M.C.) et l'union monétaire (U.M.). Il présente, pour chaque élément, les bénéfices et les coûts pour le Québec et associe ces coûts à des pertes d'autonomie pour le Québec. Ces pertes viennent du fait que plusieurs politiques doivent être coordonnées, en théorie, avec celles du RDC pour maximiser les bénéfices recherchés dans l'intégration économique.

La zone de libre-échange canadienne (Z.L.E)

On peut faire remonter la Z.L.E canadienne à 1849, année de la suppression des tarifs intercoloniaux entre le Canada-Uni (ensemble des deux Canadas) et les Maritimes. Par définition, le libre-échange signifie la suppression intégrale de tous les tarifs et barrières non tarifaires (BNT) entre les membres, chacun restant cependant libre de fixer les tarifs et la BNT appropriés vis-à-vis des pays tiers.

Une Z.L.E. résultant en une plus grande spécialisation des régions, chacune orientant sa production dans les domaines où elle a des avantages comparatifs, entraîne une hausse de la production de l'ensemble des régions. Aux bénéfices d'une efficacité accrue se greffent toutefois des coûts puisque la maximisation de la hausse de la production nécessite un minimum de coordination. Dans nos États modernes, cette coordination touche surtout la politique de la concurrence et des transports, les normes entourant les subventions aux entreprises et la protection du consommateur. Cette coordination, nécessaire pour ne pas fausser le jeu des avantages comparés, représente une perte pour la région qui doit changer ses politiques. La perte d'autonomie politique sera d'autant plus élevée pour une région que les politiques et les normes de la Z.L.E seront éloignées de celles qui existaient au préalable. La Z.L.E. est viable seulement si toutes et chacune des régions y réalisent un bénéfice net, c'est-à-dire une hausse de leur production provoquant un bénéfice plus élevé que la perte provenant de l'adoption de nouvelles normes et politiques.

Au Canada, les liens est-ouest prédominent sur ceux de l'axe nord-sud. Le Québec, par exemple, vend plus de 50 % de ses exportations totales de biens au RDC comparativement à moins de 40 % aux États-Unis. L'Ontario a toujours eu les mêmes marchés que le Québec, mais l'introduction du Pacte de l'automobile en 1965 renversa l'importance des proportions des exportations ontariennes au RDC par rapport à celles qui sont acheminées vers les États-Unis. Compte tenu de l'importance des deux marchés, l'Ouest et l'Atlantique sont dans une position plus semblable à celle du Québec qu'à celle de l'Ontario.

En ce qui touche les services financiers, les services de transport et les entreprises, la domination de l'axe est-ouest dans le corridor nord-sud est des plus nettes : les échanges de services entre les régions du Canada atteignent un volume plus de trois fois supérieur à celui des échanges entre le Canada et les États-Unis[4].

Les avantages d'une Z.L.E. pour une région se paient, avons-nous dit, par l'adoption de règles communes à toutes les parties, règles qui pourraient être contraires à l'intérêt spécifique de la région. En conséquence, il arrive souvent qu'une Z.L.E. ne soit pas complète, que certains secteurs aient été exclus ou que des BNT frappent les secteurs où les tarifs ont été abolis. La Z.L.E. canadienne a elle aussi ses imperfections. Parmi les BNT entravant le commerce est-ouest, mentionnons les politiques d'achat des gouvernements provinciaux et des sociétés d'État ainsi que les offices de commercialisation (systèmes de gestion de l'offre).

Les offices de commercialisation du blé, du lait et de la plupart des produits agricoles ont les mêmes pouvoirs qu'un cartel. Ils fixent les prix, contrôlent les importations extérieures ainsi que les échanges entre les régions du Canada. Un hypothétique démantèlement des commissions canadiennes du lait et du blé changerait peu de choses à court terme, toutefois, à la répartition régionale de la production de lait et de blé au pays.

L'union douanière canadienne (U.D.C.)

Dans l'U.D.C., formée en 1867, les tarifs et BNT (extérieurs) devenant uniques pour un produit donné dans toutes les régions, le problème posé par l'existence de lieux de transit disparaissait et les postes de douane entre les régions étaient supprimés, ce qui réduisait le coût d'administration de la Z.L.E.

Le fondement de l'U.D. est limpide. Il est d'accroître le pouvoir de négociation des régions dans la promotion de leurs exportations internationales et de leur production se substituant aux importations. Les bénéfices d'une U.D. sont d'autant plus considérables que le commerce de l'U.D. représente une part importante du commerce mondial. Dans le papier journal, l'amiante, l'uranium et le nickel, le Canada forme un ensemble assez grand pour influencer en sa faveur l'évolution des prix mondiaux. Le Canada est le huitième principal importateur de marchandises au monde.

Qu'on se rappelle l'exemple du papier journal où, vers 1900, la Colombie-Britannique, le Québec et l'Ontario prohibèrent d'un commun accord l'exportation de bois aux États-Unis, qui réagirent en imposant un tarif. La solidité du front des régions canadiennes et les pressions des grands quotidiens américains incitèrent les États-Unis à revenir sur leur décision et à admettre en franchise en 1913 le papier journal canadien.

---

4 Les données sur les échanges de services sont peu fiables. Ces chiffres sont tirés du Conseil économique du Canada, *Un projet commun*, 1991. En 1984, les échanges de services équivalaient à 43 % des exportations interprovinciales, alors qu'ils ne représentaient que 13 % des échanges internationaux du Canada.

Aujourd'hui, le Québec, l'Ontario et les autres régions détiennent encore 26 %, 12 % et 24 % de la production de papier journal du continent. Deux exemples peuvent illustrer le rôle fondamental de l'U.D.C. dans la défense d'un secteur peu compétitif. En 1962, le Canada rassemblait tout le capital politique du pays pour le mettre au service de l'Ontario. Le résultat fut le pacte de l'automobile de 1965 et une hausse de 3,5 % en 1965, 7 % en 1980 de la part canadienne de la production nord-américaine d'automobiles. L'Ontario, avec 85 % de la production canadienne d'automobiles, est sorti grand gagnant de ce pacte. Le deuxième exemple concerne le secteur textile-vêtement. Tous les cinq ans, le Canada renégocie avec les pays d'Asie, dont le Japon, le quota d'exportation de ces derniers au Canada. Dans ces négociations bilatérales, le pouvoir de négociation du Canada est proportionnel à la taille du marché canadien. Or un marché de 26 millions de consommateurs est plus alléchant qu'un marché de 6,5 millions. On y pense deux fois avant de recourir aux représailles. Le Québec, avec 60 % et 50 % respectivement de la production canadienne de vêtements et de textiles, s'en tire en conséquence beaucoup mieux.

En ce qui concerne le papier journal, l'automobile et le vêtement, les effets bénéfiques de l'U.D.C. furent une hausse des prix encaissée par les producteurs, une demande accrue de main-d'œuvre, une hausse des salaires plus que proportionnelle à celle des prix et la création d'emplois. Une hausse de 10 % des prix, répercutée sur des salaires représentant 40 % du coût total, peut amener une hausse du taux de salaire allant jusqu'à 25 % (10 % ÷ 40 %). Ainsi, les consommateurs de ces produits qui vivent dans des villes où ces industries sont dominantes s'en sortent gagnants ; il y eut indéniablement hausse des prix de 10 %, mais, comme leur salaire s'est accru de 25 % , le pouvoir d'achat réel a donc augmenté de 15 %.

Au contraire du papier journal, où le gros de la production est vendu à l'étranger, les hausses de prix des automobiles et des vêtements peuvent causer des pertes pour les consommateurs et les régions canadiennes non productrices de ces deux biens protégés. Le tarif canadien envers les pays tiers est de 9,2 % sur les automobiles, de 10,0 % sur le tissu et de 18,0 % sur les vêtements. En réalité, cependant, à cause du quota d'importation sur ces trois produits, l'écart entre les prix au Canada et le prix mondial est près de 15 % dans les automobiles et de 35 % dans les textiles et les vêtements. La perte de pouvoir d'achat sur un produit comme l'automobile, qui constitue 20 % du budget d'un ménage et dont les prix sont artificiellement gonflés de 15 %, est de l'ordre de 3,0 %. Cette perte est également de 3,0 % (35 % x 8,5 %) pour les vêtements, ce qui ne représente que 8,5 % du budget familial. Cet exemple démontre donc qu'il

243

ne faut pas se fier uniquement au taux tarifaire pour calculer la perte des consommateurs et des régions, particulièrement lorsqu'on veut comparer le Québec et l'Ontario. En général, le Québec est en effet un producteur de biens non durables dont le poids dans les budgets des familles canadiennes est relativement faible.

Quelles sont les régions gagnantes et perdantes de l'U.D.C.? Chaque région est composée de consommateurs qui tirent leur revenu des industries spécifiques à la région. Si un fort pourcentage de la main-d'œuvre régionale travaille dans les industries protégées, la région sera d'autant favorisée. Un calcul basé sur la méthodologie décrite ci-haut donne les résultats suivants sur l'impact régional de l'U.D.C en 1970.[5]

Le tableau 9.3 indique d'abord que la main-d'œuvre canadienne gagne beaucoup de la protection offerte par l'U.D.C. Ainsi, le niveau de vie des travailleurs du Canada est en moyenne de 3,09 % supérieur à celui qui prévaudrait en l'absence de l'U.D.C. Il montre aussi que les deux régions situées au centre du pays, le Québec et l'Ontario, sont très favorisées par rapport aux régions périphériques. Les bénéfices de l'U.D.C. provenant de la promotion des exportations internationales de produits de ressources naturelles n'ayant pas été pris en compte, le tableau 9.3 sous-estime toutefois considérablement les bénéfices que représentent l'U.D.C. pour la Région atlantique, les Prairies et la Colombie-Britannique[6].

La position apparemment privilégiée du Québec et de l'Ontario est-elle surprenante ? Non, car deux facteurs l'expliquent. La localisation du Québec et de l'Ontario au centre du pays et juste au nord d'un bassin comprenant 50 % de la population des États-Unis donne une force industrielle considérable à ces deux régions. Également, le Québec et l'Ontario ont toujours détenu plus de 60 % des sièges au parlement du Canada

---

5 Roma Dauphin, *Les effets de la libéralisation des échanges sur l'économie canadienne*, Conseil économique du Canada, 1978, p. 115. Les étapes de calcul ont été les suivantes. Premièrement, on détermina les équivalents tarifaires des BNT (les chiffres utilisés furent 12 % pour les automobiles, 30 % pour les produits laitiers, 20 % pour le tissu et 30 % pour les vêtements). Deuxièmement, le calcul du gain fut fait à l'aide de la formule suivante :

$$\text{gain des travailleurs d'une région} = \sum_{j-1}^{110} \frac{(tj - aijti)}{sj} \, lj$$

où tj = tarif nominal ou équivalent protégeant l'un des 110 produits considérés

aijti = hausse en pourcentage dans les coûts unitaires du produit j à cause de la présence de tarifs sur la matière première i

sj = proportion du prix du produit j représenté par le coût de la main-d'œuvre

lj = part des emplois dans l'industrie j en pourcentage du total des emplois de la région.

Comme les données remontent à l'année 1970 et qu'il y a eu depuis un certain transfert des emplois dans le secteur mou du Québec vers l'Ontario, il se pourrait bien que, aujourd'hui, le gain des travailleurs québécois et ontariens soit plus comparable qu'en 1970.

6 Les pâtes et papiers, le bois d'œuvre, le blé et les produits de la pêche sont tous des produits écoulés au prix mondial et dont la production est fortement concentrée dans les régions périphériques. Dans ces cas, la force de négociation du Canada se mesure par l'efficacité avec laquelle le Canada réussit à convaincre les pays étrangers de réduire leurs tarifs et BNT qui nuisent à l'expansion des exportations canadiennes. Cette force fut importante dans le papier journal, mais elle a été moindre dans le bois d'œuvre, le blé et les produits de la pêche.

Tableau 9.3 L'U.D.C. et la hausse en pourcentage dans le salaire réel des régions du Canada

Québec	Ontario	R. Atl.	Prairies	Col.-Brit.	Canada
4,74	3,95	0,60	1,36	0,40	3,09

depuis la Confédération.

Quelle est, pour le Québec, la perte d'autonomie résultant de son adhésion à l'U.D.C.? L'Acte de l'Amérique du Nord britannique (AANB) de 1867 a exclu les provinces du champ des taxes indirectes levées auprès des producteurs. Prenons par exemple la nouvelle taxe fédérale sur les produits et services (TPS) qui a été introduite en 1989. Advenant la souveraineté du Québec et la récupération de l'assiette et du taux de la TPS, qu'arriverait-il si un Québec souverain abaissait de moitié ce taux? Les exportations du Québec vers le reste du Canada augmenteraient, et les compétiteurs situés dans le RDC crieraient avec raison à l'injustice. Le maintien de l'U.D.C. exige donc une uniformisation des taux et de l'assiette de la TPS à travers l'U.D.C., même si le Québec était séparé.

Le marché commun canadien (M.C.C.)

Dans un M.C., les obstacles à la libre circulation des facteurs de production sont levés. Le bénéfice en découlant est une hausse de la productivité si cette liberté se manifeste par le transfert d'un facteur d'une région où il est peu productif vers une région où il l'est davantage. En plus, la capacité d'adaptation d'une région en excédent ou en pénurie de main-d'œuvre ou de capital peut être grandement accrue par un M.C. si les marchés internationaux sont difficiles d'accès.

En revanche, les régions perdent des leviers très importants : les taux d'imposition sur les profits et le revenu des particuliers, les politiques de la main-d'œuvre, de l'immigration internationale et des investissements doivent être harmonisés. Plus les facteurs seront mobiles d'une région à l'autre, plus on devra se rapprocher de l'uniformisation des politiques.

Le tableau 9.4 est d'importance capitale pour comprendre les tensions qui existent entre le Québec et le RDC. Ce tableau compare la mobilité des personnes selon la langue entre le Québec et le RDC. Il en ressort que les francophones sont peu mobiles et que les anglophones le sont beaucoup : 10,8 % des anglophones ont quitté le Québec pour aller vivre ailleurs au Canada entre 1981 et 1986. Quant aux anglophones résidant ailleurs qu'au Québec, 5,8 % changèrent de province dans la période des cinq ans sur lesquels porte l'étude. Par ailleurs, tout au plus 1 % des francophones québécois quittèrent le Québec entre 1981 et 1986. La dualité linguistique a donc des conséquences : les francophones québécois sont six

Tableau 9.4 Émigration interprovinciale des anglophones au sein du RDC et des francophones et anglophones du Québec vers le RDC. Période 1981-1986

Nombre en pourcentage des populations des régions de départ en 1981

	Total
Émigrants au sein du RDC	5,8 %
Émigrants du Québec vers RDC	2,2 %
. francophones	1,0 %
. anglophones	10,8 %

Source : Marc Termote, «L'évolution démolinguistique du Québec et du Canada», p. 309, *Les éléments d'analyse institutionnelle, juridique et démolinguistique pertinents à la révision du statut politique et constitutionnel au Québec*, Commission sur l'avenir politique et constitutionnel du Québec, 1991.

fois moins mobiles que les anglophones (1,0 % par rapport à 5,8 %).

Les implications de ces différences quant au plan de la mobilité sont importantes. À cause de la forte mobilité des anglophones, une uniformisation à la grandeur du pays de nombreuses politiques peut s'imposer. La population du Québec n'étant pas elle-même mobile, elle risque d'être perdante dans un M.C. avec le RDC et de se voir imposer des politiques dont le fondement est étranger à son bien-être.

Un marché commun, en plus d'être un marché unique pour la main-d'œuvre, est aussi un marché commun pour les capitaux. Si les Québécois sont immobiles et que le contexte extérieur est défavorable, il peut s'ensuivre un chômage élevé. Ce chômage pourra, en théorie, être résorbé par une entrée de capitaux en provenance du RDC. La mobilité des capitaux peut donc compenser la non-mobilité de la main-d'œuvre, mais cette entrée de capitaux n'est possible que si le marché du travail est libre d'entraves et qu'un ajustement des salaires se fait rapidement.

Cette non-mobilité de la main-d'œuvre québécoise est la justification derrière l'introduction de politiques québécoises visant à réduire la mobilité des épargnes du Québec. Le programme épargne-action en est le meilleur exemple, et la Caisse de dépôt et de placement n'est probablement pas exempte de toute faute à cet égard. Certaines lois du travail, celle notamment qui porte sur les conditions d'embauche dans le secteur de la construction, ont pour incidence d'éliminer la concurrence potentielle pouvant provenir des travailleurs non québécois.

Il est possible de montrer, à partir de l'expérience canadienne décrite ci-dessus, les difficultés de fonctionnement d'un marché commun pour l'Europe de l'Ouest. La Communauté européenne comprend 12 pays dont 10 parlent des langues différentes, ce qui explique que la mobilité de la main-d'œuvre entre les pays est très faible. Si, maintenant, on laisse les capitaux circuler tout à fait librement entre les pays alors qu'ils sont présentement investis en grande partie dans le pays qui les a générés, il y a de grands risques que des écarts énormes de chômage se créent entre les pays. Comme au Canada, ce chômage peut être résolu par une baisse des salaires. Cet ajustement est toutefois très ardu. En plus, le gouvernement canadien, par ses politiques de redistribution, allège le fardeau d'ajustement des régions en difficulté, alors que, en Europe de l'Ouest, des programmes fondés sur le partage sont plus timides.

L'Union monétaire canadienne

L'utilisation d'une monnaie facilite le commerce de biens, de services et les mouvements de capitaux entre les régions. Seulement, si l'on veut que cette monnaie joue ce rôle, il faut qu'elle conserve son pouvoir d'achat. On croit à tort que la Banque du Canada peut librement abaisser les taux d'intérêts, stimuler les investissements et résorber le chômage. Or, les possibilités d'abaissement des taux d'intérêts sont limitées par les attentes inflationnistes des détenteurs de la dette publique et par la confiance des marchés financiers internationaux quant à la valeur du dollar canadien.

Dans l'éventualité de la souveraineté du Québec, les experts consultés par la Commission d'étude sur l'impact de la souveraineté ont unanimement privilégié le maintien de l'union monétaire actuelle[7]. Cette unanimité des économistes se base sur deux considérations. La première est de réduire la réaction négative des marchés financiers à un changement politique majeur. La mise en œuvre de la souveraineté comporte des coûts de transition. En effet, lorsque deux économies comme celles du Québec et de l'Ontario se développent depuis longtemps de manière très intégrée, les problèmes posés par une éventuelle désintégration ne peuvent être envisagés de la même manière que lorsque deux pays décident de s'associer sur le plan économique.

La deuxième raison invoquée pour ne pas doter le Québec de sa propre monnaie est que l'économie québécoise est très ouverte. Dans un tel cas, une dépréciation de la monnaie comme moyen d'éliminer un déficit extérieur n'est pas indispensable, le recours à une baisse directe des salaires nominaux étant possible (gel des salaires des fonctionnaires).

Cependant, les régions canadiennes doivent payer un prix si elles veulent disposer d'une monnaie commune avec une valeur stable. Il faut premièrement un minimum de flexibilité dans le salaire moyen des régions. De plus, une coordination des politiques budgétaires du gouvernement central et des provinces est essentielle pour éviter que le chômage ne se concentre que dans certaines provinces du pays[8].

---

7 Commission d'études des questions afférentes à l'accession du Québec à la souveraineté, *Projet de rapport*, 1992, p. 134-140.

Débat constitutionnel et répartition des compétences

Cinq régions envisagent de s'unir dans une union monétaire, mais trois, la Colombie-Britannique, les Prairies et les Provinces atlantiques, risquent de perdre à cause de la protection tarifaire accordée au secteur manufacturier concentré au Québec et en Ontario. De plus, une région, le Québec, voit peu d'avantages à permettre une libre circulation de la main-d'œuvre. Un accord de principe des cinq est finalement intervenu. La promesse de subventionner le transport, de protéger certains produits primaires et de faire front commun pour un meilleur accès à l'étranger des exportations de produits primaires a emporté l'accord des trois régions de ressources. Le Québec juge les avantages de l'U.D. considérables et donne un accord de principe sous la réserve de trouver un accommodement en ce qui concerne les modalités de gestion du M.C.

Quoique le processus qui mena à la création de l'union économique actuelle a été grandement simplifié, l'essentiel a été présenté. L'étape des négociations où chaque région voit la possibilité de faire un gain net est maintenant arrivée. Une question fondamentale reste à résoudre : comme il y aura une restructuration majeure des économies régionales impliquant à court terme des coûts sociaux énormes, aucune région ne signera d'accord final sans garantie à long terme que l'union monétaire survivra. Cette assurance contre le démantèlement de l'union est directement reliée au choix du régime politique qui définira le processus de prise de décision pour gérer l'union au jour le jour. De plus, une fois le régime politique choisi, il faudra définir les compétences que les régions désirent conserver et celles qu'elles seraient prêtes à céder. Enfin, compte tenu de la grande spécialisation des régions, il serait imprudent de ne pas établir de mécanismes de partage. Ces grandes questions seront discutées ci-dessous.

Une confédération ou une fédération

Quel sera précisément le cadre politique qui résoudra les conflits inévitables entre les régions et qui verra à interpréter l'accord dans un monde en mutation constante? La première option est celle d'un régime confédéral, régime dans lequel les institutions centrales sont composées de représentants des cinq régions membres qui détiennent toutes un droit de veto sur les décisions de l'institution centrale.

La Communauté économique européenne (CEE) et le projet des

---

8 Pour un plaidoyer en faveur d'une stabilisation des économies régionales par les gouvernements provinciaux, voir Yves Rabeau, «La stabilisation régionale au Canada», dans *Les politiques budgétaires et monétaires*; Jobin Sergent, Commission royale sur l'Union économique et les perspectives de développement du Canada, 1986.

souverainistes du Québec est de nature confédérale. Dans un tel régime, le pouvoir central dispose de peu de ressources, ne pouvant compter généralement sur ses propres taxes et recettes. Dans la CEE, les institutions centrales sont financées par une contribution des États membres. Cette contribution ne s'élève qu'à environ 1 % du PIB de la Communauté. Advenant la souveraineté et la négociation, par la suite, d'un cadre confédéral pour la gestion de l'union monétaire canadienne, il serait étonnant que des montants beaucoup plus importants soient sacrifiés par le Québec pour le financement des institutions centrales. Le compromis auquel sont arrivés en 1867 les Pères de la Confédération n'est pas un régime confédéral, ce cadre ayant été jugé insuffisant pour permettre la reconstruction de l'économie canadienne autour de l'éventuelle politique nationale de 1879. Dans l'éventualité d'une guerre ou d'une crise économique, comment, avec un cadre aussi léger, pourra-t-on préserver l'esprit de famille alors que ses membres risquent d'être divisés?

Le cadre confédéral écarté, il ne reste que deux autres options : l'État unitaire ou un régime fédéral. Dans un État unitaire, le gouvernement central, non seulement disposerait de tous les pouvoirs pour bien faire fonctionner l'union, mais il hériterait aussi de toutes les autres responsabilités qu'une société peut vouloir confier à son État. Le Québec a évidemment refusé la formule de l'État unitaire. Un régime fédéral devint donc l'unique option possible pour reconstruire l'économie canadienne.

Répartition des pouvoirs dans la fédération

Dans un régime fédéral, le pouvoir est divisé. Ainsi le gouvernement central du Canada hérita de toutes les compétences où il put faire la preuve de sa supériorité : gestion de chacun des éléments de l'union monétaire, politique extérieure, dépense nationale, alors que l'éducation, la santé, les affaires municipales furent des pouvoirs attribués exclusivement aux provinces. Il faut noter que la répartition officielle des pouvoirs entre le gouvernement fédéral et les provinces — telle qu'elle a été inscrite dans l'Acte de l'Amérique du Nord britannique (AANB) — n'a jamais été complètement étanche. Les provinces conservent en effet le pouvoir de légiférer sur toute question d'intérêt provincial ; le gouvernement fédéral, sur toute question d'intérêt national.

Aussi, la répartition initiale des pouvoirs a-t-elle subi une évolution considérable au fil des ans, parfois par le biais d'ententes officielles sur des sujets spécifiques (assurance-chômage, pension de vieillesse, allocations familiales), souvent par l'initiative du gouvernement qui dispose du plus fort pouvoir de dépenser (culture, main-d'œuvre, santé, aide sociale).

Le tableau 9.5 montre la répartition entre le gouvernement fédéral, le gouvernement du Québec et les gouvernements locaux (commissions scolaires et municipalités) des dépenses faites au Québec pour l'année 1990-1991. Les dépenses par catégories ont été placées par ordre décroissant selon la part du gouvernement fédéral. Ainsi le budget consacré à la Défense nationale — le gouvernement fédéral y assume 100% des dépenses — vient-il au premier rang; au second rang viennent les Affaires extérieures, où 90% des dépenses entrent dans le budget du gouvernement fédéral. Une autre catégorie importante, les transferts à des personnes, représente près de 30% (20,1 sur 70,2 milliards) de la totalité des dépenses des trois paliers de gouvernement au Québec. Ce poste comprend l'assurance-chômage, les pensions, les prestations pour enfants et l'aide sociale. Soixante pour cent des déboursés viennent du gouvernement fédéral. En principe, les provinces pourraient être les

Tableau 9.5 Dépenses de programmes par palier de gouvernement et par catégorie, années 1990-1991. Pourcentage du montant consolidé

	Gouv. féd.	Gouv. prov.	Gouv. loc.	Montant consolidé
	%	%	%	(milliards)
Défense nationale	100	—	—	1,8
Affaires extérieures	90	10	—	1,0
Recherche	65	35	—	0,4
Transferts à des personnes	61	39	—	20,1
Travail et immigration	61	39	—	0,8
Conservation des ressources et promotion des industries	48	52	—	2,9
Logements sociaux	42	58	—	1,2
Services généraux	33	50	17	5,8
Loisirs et culture	20	30	50	1,5
Transport et communications	17	38	45	4,2
Protection de la personne	16	40	44	2,5
Santé	13	87	—	10,2
Environnement	5	20	75	2,5
Éducation et formation professionnelle	5	58	37	14,9
Total	33,0%	48,6%	18,4%	70,2

Source : Le service de la dette ainsi que les transferts à des fins générales (péréquation) vers un autre palier de gouvernement ont été exclus. La proportion des dépenses du gouvernement fédéral allant au Québec a été trouvée dans les travaux de la Commission Bélanger-Campeau, «Bilan *pro forma* de l'administration publique fédérale aux fins de succession d'États», dans *Éléments d'analyse économique pertinents à la révision du statut politique et constitutionnel du Québec,* Commission sur l'avenir constitutionnel du Québec. Nous avons établi à 22% la part du budget total des programmes du gouvernement fédéral qui revient au Québec. Les pourcentages présentés doivent être perçus comme des ordres de grandeurs. Les données de base viennent de Statistique Canada, *Finances publiques, Données historiques 1965-1992,* cat. 68 512.

seules à occuper ce champ, alors qu'elles n'effectuent que 39 % des déboursés.

Dans toutes les autres catégories de dépenses, sauf le travail et l'immigration, la part du gouvernement fédéral est inférieure à 50 %. Dans le secteur de la santé, le gouvernement du Québec effectue 87 % des dépenses, alors que les trois quarts des déboursés reliés à la protection de l'environnement proviennent des municipalités. Du total des dépenses publiques faites pour le Québec, le tiers vient du gouvernement fédéral, près de la moitié du gouvernement provincial et moins de 20 % des gouvernements locaux.

Le tableau 9.5 montre un écart entre la répartition officielle des compétences et la répartition effective des dépenses. Voyons deux exemples. Dans un domaine où l'Acte de l'Amérique du Nord britannique (AANB) attribuait des pouvoirs exclusifs au gouvernement du Québec, comme l'éducation, le gouvernement fédéral y consacre des dépenses. En revanche, alors que le gouvernement fédéral devrait être le seul à représenter le Québec à l'extérieur, le gouvernement du Québec assume 10 % des dépenses consolidées. Le flou qui existe à l'heure actuelle dans la répartition des pouvoirs provoque des chevauchements et des dédoublements inutiles. C'est le pouvoir de dépenser du gouvernement fédéral dans des secteurs de compétence exclusive aux provinces qui est à la source du plus grand nombre de chevauchements. Même si le gouvernement du Québec détient lui aussi un tel pouvoir, les abus furent moins grands de son côté.

Le pouvoir d'un gouvernement de dépenser est très étroitement lié à son pouvoir de taxer. Un gouvernement qui doit compter sur des transferts de recettes en provenance d'un autre palier de gouvernement peut se retrouver dans une position d'infériorité face à celui-ci. Le tableau 9.6 indique comment sont partagées entre les trois paliers de gouvernement toutes les recettes fiscales tirées du Québec.

En principe, la situation au Canada fournit une excellente illustration du principe de la non-subordination des gouvernements provinciaux au gouvernement fédéral. Ainsi, le tableau 9.6 indique que le gouvernement du Québec détient environ 55 % des deux plus importantes assiettes fiscales au Québec : l'impôt sur les revenus des particuliers et les taxes à la consommation. Quant aux taxes sur les importations et les exportations, cette assiette est réservée exclusivement au gouvernement fédéral. Toute taxe de cette nature levée par une province constituerait en effet une entrave à la libre circulation des biens. À des fins de lutte contre l'évasion fiscale ou pour réduire les frais d'administration, le gouvernement fédéral conserve plus de 80 % des impôts sur les profits des sociétés québécoises et prend 100 % de la taxe sur les non-résidants. Dans le cas de

Tableau 9.6 Répartition par palier des recettes tirées du Québec, 1990-1991

	% féd.	% prov.	% local	Montant consolidé (milliards)
Taxes à l'importation				
et à l'exportation	100	—	—	1,1
Impôt sur le revenu				
des non-résidants	100	—	—	,4
des sociétés	83	17	—	3,0
des particuliers	46	54	—	30,6
Taxes à la consommation				
taxe générale de vente	45	55	—	9,7
carburants, boissons, tabac	45	55	—	3,2
Cotisations aux régimes				
des rentes	—	100	—	2,3
Impôts fonciers	—	—	100	4,8
Autres recettes	—	—	—	8,3
Total des recettes de				
source propre	41,5	48,5	10,0	63,4
Recettes disponibles, après				
transferts intergouvernementaux	30,0	50,0	20,0	63,4

Source et note : Statistique Canada, *Finances publiques, données historiques 1965-1992,* cat. 68 512. Les données des *Comptes économiques provinciaux* furent utilisées pour calculer la part des recettes totales du gouvernement fédéral en provenance du Québec. Comme il n'y a pas une totale correspondance dans les catégories de dépenses des deux publications, le tableau doit servir uniquement à des fins d'illustration.

l'impôt sur les revenus des particuliers et des sociétés, le gouvernement du Québec collecte lui-même ses propres recettes. Dans le régime actuel, c'est le meilleur des deux percepteurs qui domine en principe un champ de taxation, même s'il existe de nombreux accords de partage des différentes assiettes fiscales[9].

Les municipalités et les commissions scolaires ne peuvent compter que sur peu de sources autonomes de recettes, mais elles sont les seules à occuper le champ de l'impôt foncier. Les municipalités pourraient être de bonnes perceptrices de certaines taxes à la consommation. Cependant, sur le plan constitutionnel, les municipalités sont les créatures des provinces, et ces dernières exercent et préfèrent occuper elles-mêmes la partie non prise par le gouvernement fédéral du champ des taxes à la consommation.

On parle de déséquilibre fiscal quand les responsabilités d'un gouver-

9 L'accord fiscal peut être précédé d'une période où un gouvernement cherche à être le premier. Cette concurrence, comme dans le tabac, peut avoir pour effet de réduire les recettes de chacun, ce qui constitue une incitation suffisante généralement pour aboutir à un accord fiscal de partage de l'assiette.

nement dépassent ses recettes fiscales. Pour corriger les déséquilibres fiscaux, le transfert de recettes d'un gouvernement à un autre est un mécanisme couramment utilisé au Canada. Le gouvernement fédéral verse au gouvernement du Québec à des fins générales ou spécifiques une somme qui s'élève à environ 20 % des recettes fiscales de sources propres au Québec. À son tour, le gouvernement du Québec verse aux gouvernements locaux une somme presque aussi élevée que leurs recettes provenant de l'impôt foncier. La dernière ligne du tableau 9.6 indique comment se partagent les recettes disponibles, après transferts, entre les trois niveaux de gouvernement.

La non-disponibilité de données sur le pouvoir d'un palier de gouvernement de légiférer et de réglementer un secteur ne facilite pas une analyse approfondie de cet important pouvoir. La Loi 101, la Loi du zonage agricole, celle du bilinguisme et celle qui porte sur les règles que doivent respecter les banques à charte, sont toutes des lois d'une importance capitale. Pourtant, ces réglementations n'ont souvent impliqué aucun déboursé.

Le débat entre le Québec et Ottawa s'étend aussi à cette zone des compétences qui n'implique aucun déboursé. Il porte surtout sur l'existence de normes nationales dans les domaines de l'aide sociale et de la santé. La loi canadienne sur la santé impose des contraintes au Québec quant à la définition des services couverts et à l'introduction d'un ticket modérateur. Il est vrai, cependant, que le gouvernement du Québec reçoit en retour un transfert de fonds. Ce transfert compense-t-il cependant les coûts impliqués ?

L'existence de transferts intergouvernementaux pose un problème d'imputabilité. Le gouvernement fédéral consacre 20 % de son budget au financement des programmes administrés par les provinces. Par ailleurs, les provinces sont frustrées par les restrictions qui les empêchent de s'écarter des normes nationales. Alors, pourquoi le gouvernement fédéral ne laisse-t-il pas tomber ses normes nationales? Sa principale raison est qu'il souhaite que la qualité des services médicaux et hospitaliers ne varie pas trop d'une province à l'autre. Sans cette uniformité de services, le gouvernement fédéral pense que des personnes pourraient émigrer vers la province qui offre les meilleurs services médicaux et hospitaliers, sans avoir en vue de trouver un emploi ou d'accroître leur salaire. Il y a peu de risque cependant que ce problème, advenant la disparition des normes nationales, vienne d'une émigration des francophones du Québec.

La redistribution des revenus au Canada

Le gouvernement fédéral est un très important redistributeur de revenus. Cette redistribution s'opère par trois moyens. Premièrement, il verse des transferts directs aux personnes (pensions de vieillesse, assu-rance-chômage, allocations familiales). Les paiements par personne sont en général identiques quels que soient le revenu et la province de rési-dence de la personne. Comme, par ailleurs, les recettes fiscales du gou-vernement fédéral proviennent plus que proportionnellement des pro-vinces riches, il est probable que les transferts directs aux personnes im-pliquent une certaine péréquation implicite des provinces bien nanties avec les provinces défavorisées.

Le second mécanisme de redistribution du revenu est le transfert in-tergouvernemental à des fins spécifiques. L'objectif de ces transferts est d'assurer des services comparables à tous les Canadiens. Leur réparti-tion entre les régions est conforme à cet objectif. Ainsi, les régions qui ont les plus faibles capacités de taxation reçoivent une part proportion-nellement plus élevée des fonds fédéraux. Le troisième mécanisme est le programme de péréquation introduit en 1957. Ce mécanisme de redistri-bution a aussi pour objectif de permettre aux provinces pauvres d'offrir des services publics comparables à ceux des provinces riches. Cepen-dant, à la différence des transferts reliés à la santé et au bien-être, les transferts provenant du régime de péréquation n'imposent aucune res-triction aux gouvernements provinciaux, et l'argent reçu peut être dé-pensé autant pour construire des routes que pour soutenir les artistes lo-caux.

La formule appliquée est simple. Prenons le cas de la taxe générale de vente et calculons le droit de péréquation (D.P.) que le gouvernement fédéral devra verser au gouvernement du Québec par habitant.

$$\text{DP par hab.} = \begin{bmatrix} \text{Assiette fiscale} & - & \text{Assiette fiscale} \\ \text{par habitant} & & \text{par habitant} \\ \text{au Canada} & & \text{au Québec} \end{bmatrix} \begin{array}{l} \text{Moyenne des} \\ \text{taux provin-} \\ \text{ciaux de taxe de} \\ \text{vente} \end{array}$$

$$\text{DP par hab.} = \begin{bmatrix} \text{Ventes au détail} & - & \text{Ventes au détail} \\ \text{par habitant} & & \text{par habitant} \\ \text{au Canada} & & \text{au Québec} \end{bmatrix} \begin{array}{l} \text{Moyenne des} \\ \text{taux provin-} \\ \text{ciaux de taxe} \\ \text{de vente} \end{array}$$

$$= [\ 7\ 000\ \$ \quad - \quad 6\ 000\ \$\ ] \quad \text{x} \quad 8,5\%$$
$$85,00\ \$ \quad = \quad 1\ 000\ \$ \quad \text{x} \quad 8,5\%$$

Des calculs similaires sont effectués sur différentes assiettes fiscales pour arriver à la somme totale par habitant. En multipliant ensuite la somme totale par habitant par la population de la province, on obtient la somme totale transférée au Québec[10]. Le régime de péréquation est sans nul doute le programme le plus redistributif du gouvernement fédéral.

Le caractère redistributif de la péréquation est reflété dans le tableau 9.7, qui répartit la totalité des transferts, qu'ils soient à des fins spécifiques ou générales, versés par le gouvernement fédéral aux gouvernements provinciaux des cinq régions du Canada. Pour faire ressortir le caractère redistributif de ces transferts, nous indiquons aussi la part de la population et du PIB détenu par chaque région. La région atlantique, avec une part des transferts fédéraux qui est deux fois supérieure à sa part du PIB (= la part des recettes du fédéral tirée de la région), sort grande gagnante. Le Québec et deux des provinces des Prairies — le Manitoba et la Saskatchewan — sont aussi bénéficiaires.

Tableau 9.7 Répartition des transferts fédéraux aux gouvernements provinciaux en comparaison du poids des régions dans la population et du PIB du Canada, 1989-1990

	Pr. atl.	QC	Ont.	Prairies	C.-B.	Canada
Transfert	14,8	30,1	27,0	19,1	9,0	100,0
Population	8,9	25,5	36,5	17,4	11,6	100,0
PIB	6,0	23,3	41,9	17,2	11,7	100,0

Source et note : Ministère des Finances du Québec, «La présence du gouvernement fédéral au Québec : les programmes de transferts fédéraux aux provinces» et ministère des Finances du Canada, *Revue économique trimestrielle,* juin 1991.

Les deux visions du fédéralisme

Nous avons présenté la répartition actuelle des dépenses et des recettes tout en insistant sur le fait que le pouvoir d'un palier de gouvernement ne se mesure pas uniquement par ses dépenses. Nous avons souligné le rôle très redistributif d'un gouvernement central dans une fédération. Il est normal, à la fin de ce chapitre, d'expliciter des vues qui semblent très divergentes et qui sont perçues comme opposant le Québec à l'ensemble des autres régions du Canada.

La confrontation politique actuelle au Canada met en jeu deux conceptions du fédéralisme au Canada. La première vision suppose un gouvernement central fort, capable de protéger efficacement l'union économique et d'uniformiser à la grandeur du pays la qualité des services publics. La deuxième vision, celle qui promet une décentralisation, met davantage l'accent sur l'identification des Canadiens à leur région. Cette deuxième vision, exprimée surtout au Québec, permet une plus grande diversité de traitement d'une province à l'autre du pays. Elle préconise la

---

10 Afin de réduire le transfert fédéral aux provinces, beaucoup d'autres considérations subtiles ont été ajoutées à la formule. L'important ici est de ne pas se perdre dans les détails. Le but premier de la formule est d'égaliser la capacité fiscale des gouvernements provinciaux, sous la contrainte de ne pas dépasser un montant jugé inacceptable, compte tenu du déficit budgétaire déjà élevé du gouvernement fédéral.

recherche de l'équité horizontale (c'est-à-dire l'égalité de traitement des provinces placées dans des situations analogues) autant qu'une redistribution des richesses des mieux nantis vers les plus pauvres (équité verticale entre personnes).

La question-clé est de savoir s'il est nécessaire que le gouvernement central soit fort pour maintenir l'union économique. Dans la mesure où tous les Canadiens sont mobiles, un gouvernement central fort est avantageux. Par contre, si une partie importante de la population est non mobile et qu'elle soit concentrée dans une région, un gouvernement central fort et redistributeur de revenus peut engendrer un sentiment de dépendance chez les résidants de cette région.

Le Québec a réclamé une répartition plus étanche des pouvoirs afin d'être mieux protégé contre l'invasion de ses compétences par le gouvernement fédéral. Une répartition des pouvoirs ne peut être gelée dans le temps ; elle doit évoluer avec le contexte. Techniquement toutefois, il est possible de concilier la demande du Québec avec la nécessité d'une adaptation. La solution est théoriquement simple mais donne lieu à un vaste débat. Elle consiste à identifier les champs de compétence exclusive et à préciser, dans le cas des compétences conjointes, lequel des deux paliers aurait prépondérance. Ainsi, si le gouvernement fédéral exerçait son pouvoir de dépenser dans un secteur de prépondérance provinciale, chaque province aurait un droit de retrait et de compensation sans condition. Un des avantages de cette formule est qu'elle permettrait une répartition asymétrique des pouvoirs, confirmant par le fait même que le Québec, à cause de l'immobilité de sa main-d'œuvre, est une province différente des autres.

La centralisation des politiques des gouvernements locaux par les gouvernements provinciaux et celle des gouvernements provinciaux par le gouvernement fédéral s'est opérée dans les années de forte croissance du Canada. La crise budgétaire et financière actuelle milite en faveur d'un retour à une décentralisation. Décentraliser la responsabilité de dépenser et de taxer peut être une façon de mieux contrôler les coûts et d'accroître l'imputabilité des gouvernements. En effet, si le retour du balancier ne bénéficiait pas uniquement aux gouvernements provinciaux, les gouvernements locaux ne sont-ils pas encore plus près des citoyens ?

Conclusion

Deux forces opposées ont, depuis un siècle, fait osciller le pouvoir entre le gouvernement fédéral et celui du Québec. Le caractère unique du Québec quant à la langue et à celui des conséquences de la mobilité des Québécois milite en faveur d'un gouvernement dont les vues prédominent sur celles du gouvernement fédéral lorsqu'il s'agit de compétences réservées aux provinces. À l'opposé, la vitalité de l'union économique canadienne milite dans la direction opposée. Un compromis n'est possible que si une volonté d'entente se manifeste de part et d'autre. Une période de forte croissance comme celle que le Canada a connu n'est pas propice à des négociations fructueuses.

Tout État doit, pour se maintenir, apporter à chacune des régions, non pas des avantages strictement égaux mais pour le moins à peu près équivalents. Le Canada ne fait pas exception à la règle. Dans un pays où l'on parle deux langues, qui comprend cinq régions économiques, chacune devant verser une part proportionnelle de sa richesse pour des politiques communes, il est avantageux que le nombre de ces politiques soit limité. Le système politique canadien, tout en reconnaissant ce fait, accorde quand même des pouvoirs étendus au gouvernement central. Le gouvernement fédéral a deux rôles : sauvegarder l'union économique canadienne et offrir à toutes et à chacune de ses cinq régions des bénéfices qui, compte tenu de la spécificité de chacune, seraient perçus comme équivalents.

Schéma-synthèse Le Québec et le Canada

Le Québec retire des avantages économiques de l'union douanière canadienne, mais une perte d'autonomie s'ensuit.	La grande question est de savoir jusqu'où le Québec doit s'intégrer économiquement et politiquement.
À cause de son caractère distinct et de l'immobilité de sa main-d'œuvre, le Québec détient deux arguments en faveur d'une souplesse des politiques canadiennes.	Le Canada sort d'une longue période de croissance qui militait en faveur d'un gouvernement central fort, capable de réduire les inégalités entre les personnes.
Sans s'opposer à cette grande vision quant au rôle du gouvernement fédéral, le Québec réclame une plus grande diversité de traitement d'une région à l'autre du pays.	

Questions et choix multiples

1. Le Canada a été divisé en dix provinces à des fins administratives. En fait, si l'on tient compte des caractéristiques physiques, géographiques et économiques de ses composantes, il vaut mieux diviser le pays en cinq régions. Comparez l'économie du Québec à celle de l'Ontario, des Provinces atlantiques et de l'Ouest.

2. Le Canada contient deux principaux groupes linguistiques, les francophones et les anglophones. Dans quel domaine particulier la coexistence de ces deux groupes au sein d'un même État pose-t-elle des problèmes plus sérieux qu'ailleurs ?

3. La théorie de l'intégration présentée dans ce chapitre a une portée très générale. Elle peut fournir des arguments tant à ceux qui optent pour la souveraineté du Québec qu'à ceux qui croient en la capacité d'adaptation du Canada. En vous basant sur cette théorie, analysez les avantages et les inconvénients d'une de ces options.

4. Définissez :
- Zone de libre-échange
- Union douanière
- Compétence conjointe à prépondérance provinciale

5. Lequel des champs de compétence suivants est mal attribué selon l'AANB. Cochez la réponse incorrecte :
❏ exclusivité du gouvernement fédéral dans les affaires extérieures ;
❏ compétence exclusive des provinces dans l'éducation et la santé ;
❏ compétence partagée avec prépondérance des provinces dans l'immigration ;
❏ compétence partagée avec prépondérance fédérale dans les transports.

CHAPITRE X

LE QUÉBEC ET L'ÉCONOMIE MONDIALE

L'économie mondiale progresse à petits pas, à chaque instant imperceptiblement, mais, à la fin d'une décennie, le cumul des petits changements donne souvent le vertige. Le déclin des États-Unis dans le leadership mondial est un de ces changements imperceptibles qui mettent à l'avant-scène les perdants de la Deuxième Guerre mondiale, le Japon et l'Allemagne. À côté de cette lente transformation de l'économie mondiale sont survenues des mutations brutales et imprévisibles. En 1974, le prix du pétrole a quadruplé et subséquemment l'URSS s'est effondrée mettant ainsi fin à la guerre froide. De telles turbulences font oublier pour un instant la course d'endurance que se livrent les plus puissants pays du monde.

L'intérêt économique du Québec sur le plan mondial se confond, en gros, à ses intérêts commerciaux. Comme la moitié de ce commerce se fait avec le reste du Canada (RDC) et le tiers avec les États-Unis, l'intérêt économique du Québec semble profondément enraciné sur le plan économique en Amérique du Nord. Ces considérations géopolitiques marquent indéniablement la politique du Québec. Comme beaucoup d'autres pays dans le monde vivent aussi à côté d'un puissant voisin, le Québec, le RDC et ces autres pays sont des promoteurs de règles commerciales non discriminatoires et qui laissent peu de place au brigandage des puissants voisins.

Ce chapitre contient quatre parties. La première situe les échanges du Québec dans l'économie nord-américaine et mondiale. La deuxième identifie les faits marquants de l'évolution de l'économie mondiale depuis 1945. La troisième décrit les forces et les faiblesses du Japon, de la Communauté européenne et des États-Unis. La dernière partie tente de préciser où se trouve l'intérêt du Canada et du Québec dans tout ceci.

Le commerce extérieur du Québec

Avec la moitié de 1% du PIB mondial, le Québec détient les trois quarts de 1% des exportations mondiales. Cette performance est explicable par le fait que le Québec est le lieu d'où partent plus de 10% des exportations mondiales de papier journal et de lingots d'aluminium. Cette force commerciale dans ces deux produits est la marque de commerce du Québec à travers le monde. L'envers de la médaille, cependant, est que l'économie du Québec est l'une des économies les plus ouvertes au monde (le rapport des exportations sur le PIB y est de 54,5%); elle est donc l'une des plus vulnérables face à la recrudescence du mercantilisme.

Les produits exportés

Les ressources en forêt et l'abondance d'hydroélectricité confèrent au Québec un avantage comparé non seulement nord-américain mais qui s'étend aux quatre coins de la planète. Le Québec est, avec le Japon, l'URSS, et d'autres pays, l'une des régions du monde qui détiennent des avantages comparés très marqués . En 1991, les deux produits mentionnés (produits du bois et minéraux peu transformés) constituaient 40% des exportations internationales du Québec.

À cette information sur les exportations internationales du Québec, le tableau 10.1 ajoute les exportations interprovinciales, celles qui sont destinées à d'autres provinces du Canada et qui comprennent une plus grande diversité de produits, 45% des exportations du Québec vers le RDC reposant sur trois catégories de produits : les produits chimiques, textiles et alimentaires.

Afin d'expliquer pourquoi un produit du Québec peut être exporté vers un marché sans pouvoir l'être vers un autre, il est utile de distinguer deux groupes de produits, ceux qui ont un avantage comparé mondial (ACM) et ceux qui ont un avantage comparé régional (ACR).

LA LOI DE L'AVANTAGE COMPARÉ

L'une des lois les plus étonnantes de la science économique est celle de l'avantage comparé. Cette loi prétend que, sous des circonstances normales, tout pays peut être compétitif dans quelques produits. La preuve théorique de cette loi est de David Ricardo.

Cette loi a l'avantage de pouvoir expliquer pourquoi, même si le Japon importe la totalité de ses ressources naturelles , il est devenu la force commerciale du monde. Bref, cette loi affirme que tout pays peut être compétitif dans une industrie et que cette industrie sera celle où le pays est le moins désavantagé.

La loi pose cependant de sérieux problèmes de mesures, car elle se réfère à la situation d'une industrie en autarcie, c'est-à-dire avant que le commerce extérieur ne vienne la transformer en industrie dominante. Ce concept est néanmoins utile. L'économiste s'en sert

*pour classifier les produits qu'un pays peut produire avantageusement ou à perte. L'écono-
miste suppose que la performance commerciale d'une région dans un produit où il y a
concurrence internationale peut révéler les groupes de biens pour lesquels un pays a un
avantage comparé.
Les indicateurs d'avantages comparés révélés sont des ratios. Nous disons au tableau 10.1
que le produit [i] détient un avantage comparé mondial (ACM) si le ratio suivant est plus
grand que l'unité:*

part du produit [i] dans les exportations internationales du Québec
part du produit [i] dans les exportations mondiales

*Par ailleurs, le produit [i] aura un avantage comparé strictement régional si le ratio est plus
grand que l'unité:*

part du produit [i] dans les exportations interrégionales du Québec
part du produit [i] dans les exportations totales du Québec

Tableau 10.1 Répartition par produits des exportations interprovinciales et internationales du Québec en 1991 et classement des produits selon qu'ils possèdent un avantage
comparé mondial (ACM) ou régional (ACR)

Produits	Produits exportés en % du total		Nature du produit	
	Exportations interprovinciales	Exportations internationales	ACM	ACR
Bois, produit du bois et papier	17,3	18,8	3,0	1,0
Minéraux et produits minéraux de base	8,3	21,9	1,6	0,5
Pr. électriques et électroniques	7,0	15,9	1,0	0,6
Produits de transport	4,6	14,4	1,1	0,5
Produits chimiques et du pétrole	19,3	4,2	0,4	1,6
Produits textiles et vêtements	13,8	2,0	0,2	1,9
Produits alimentaires	13,1	4,0	0,2	1,5
Produits divers	16,6	18,8	—	—
Total	100,0	100,0		

Remarque : La répartition des exportations interprovinciales est pour 1988, tandis que celle des exportations internationales est pour 1991. Le calcul de l'avantage comparé mondial est basé sur la part de chaque secteur dans les exportations
mondiales pour l'année 1989.

Ces calculs révèlent que le Québec détient un avantage comparé très
marqué sur le plan mondial dans les produits du bois. Ces produits n'entrent que pour 6 % dans les exportations mondiales, alors qu'ils comptent
pour 18,8 % dans les nôtres, générant un indice de l'avantage comparé

mondial (ACM) de 3. Le Québec possède aussi un net avantage comparé mondial dans les produits minéraux de base. En fait, le Québec peut, avec ces deux catégories de produits, pénétrer tous les marchés du monde, même les plus éloignés, à la condition toutefois que la concurrence ne soit pas faussée par le protectionnisme[1]. À l'opposé, on retrouve trois produits qui n'ont qu'un avantage comparé régional (ACR) : les produits chimiques, les produits alimentaires et le vêtement.

Entre ces deux classes de produits se trouvent des produits tampons, comme les produits électroniques et ceux du transport, qu'on ne peut, en fait, ranger ni dans l'une ni dans l'autre. Ces deux derniers produits relèvent du commerce intrafirme et intra-industrie. La progression des exportations du Québec dans le secteur des équipements de télécommunication est liée en partie à la multiplication des filiales de la compagnie Northern Telecom à l'extérieur du Canada, en particulier en Nouvelle-Angleterre. Le commerce de l'automobile en Amérique du Nord est aussi un commerce qui se décide au sein même des compagnies GM, Ford et Chrysler; il est donc hors des règles du marché. Dans ce commerce intrafirme, les exportations d'une région sont souvent des réexportations de pièces préalablement importées et assemblées sur place. En conséquence, le solde à la balance commerciale de la région dans ces deux produits constitue un bien meilleur indicateur de l'avantage ou des désavantages comparés de la région[2]. Le Québec a un solide déficit dans le commerce de ces deux produits : au contraire, l'Ontario y a un fort surplus.

Répartition géographique des exportations

Le tableau 10.2 indique la répartition géographique des exportations du Québec. L'image qui s'en dégage est que l'économie du Québec est, depuis 1960, solidement ancrée en Amérique de Nord, les exportations québécoises à destination de l'Europe de l'Ouest et du reste du monde étant restées sous le seuil de 14 % durant la période qui s'étend de 1967 à 1988.

Rappelons que le caractère très continental de l'économie du Québec est un phénomène plutôt récent. À cause de sa façade atlantique et du rôle dominant de la Grande-Bretagne sur le plan commercial, l'économie du Québec fut, jusqu'aux années 1950, en grande partie tournée vers

---

1 Les deux produits entrent dans la C.E. sous le carcan de restrictions quantitatives ; aussi ils rencontrèrent, dès que l'accord commercial unissant l'Australie et la Nouvelle-Zélande fut formé en 1983, des difficultés à conserver leur part du marché australien.

2 Les exportations nettes selon les produits sont le meilleur indicateur qui soit des avantages comparés d'une région. Les ratios utilisés des exportations brutes donnent les mêmes résultats que les exportations nettes, sauf s'il y a un commerce intra-industrie. Voir A.V. Deardoff, «Testing Trade Theories and Predicting Trade Flows» dans *Handbook of International Economics*, éd. R.W. Jones and P.B. Kenen, North-Holland, p. 487.

Tableau 10.2 Part de l'Ontario et du Nord-Est des États-Unis dans les exportations du Québec. Évolution de 1967 à 1988

	1967	1979	1988
Reste du Canada (RDC)	66%	59%	51%
Ontario	62%	63%	61%
Autres provinces	38%	37%	39%
Total	100%	100%	100%
États-Unis	20%	29%	38%
dont Nord-Est	N.D.	79%	71%
Autres régions	N.D.	21%	29%
Total	100%	100%	100%
Europe de l'Ouest	12%	8%	7%
Reste du monde	2%	4%	4%
Total	100%	100%	100%

Source : Statistique Canada, *Destination des livraisons des manufactures* et Bureau de la Statistique du Québec, *Évolution du commerce international au Québec de 1978 à 1989*, 1990.

l'Europe, comme on l'a vu dans le premier chapitre.

Depuis la transition du Québec d'une économie transatlantique vers une économie axée sur l'Amérique du Nord, une autre importante tendance se manifeste : le lent glissement vers l'axe nord-sud du commerce du Québec. Deux chiffres du tableau 10.2 montrent l'ampleur du mouvement. Premièrement, les deux tiers des exportations totales du Québec en 1967 étaient destinées au RDC. En 1988, ce n'est plus que la moitié des exportations du Québec qui iront au RDC. En contrepartie, la part des exportations du Québec écoulée aux États-Unis passera de 20% en 1967 à 38% en 1988. La cause directe de l'importance accrue pour le Québec, comme pour la plupart des autres régions du Canada, du marché des États-Unis est le pacte automobile mis en vigueur en 1965.

Deuxièmement, le glissement vers l'axe nord-sud est aussi illustré par une part moindre des exportations du Québec allant à la région nord-est des États-Unis (Nouvelle-Angleterre, Centre-Atlantique, Grands Lacs). L'émigration des habitants de cette région vers le sud explique la chute de 79% en 1979 à 71% en 1988 dans la part des exportations québécoises vers les États-Unis et destinée à cette région. La faible croissance du nord-est des États-Unis pose un énorme défi au Québec, car ses exportateurs doivent suivre des clients qui sont toujours de plus en plus éloignés, donc plus difficiles à rejoindre.

263

L'économie mondiale en pleine course

La Deuxième Guerre mondiale n'était pas encore terminée que déjà les États-Unis planifiaient la période de paix à venir. La longue période de croissance qui suivra reposera sur deux accords, l'Accord général sur le commerce et les tarifs (GATT) et celui de Bretton Woods. Chacun des deux accords constituait un ensemble de principes et de règles. L'un deux portait sur les échanges de biens entre pays, l'autre, sur les aspects financiers et monétaires de ce commerce. Ces règles sont établies en fonction des leçons tirées de l'entre-deux-guerres et pour éviter par la suite le marasme vécu alors.

Le système commercial mondial (le GATT) repose sur trois grands principes :

1. la réciprocité : le pays A réduira la protection accordée à certaines de ses industries les moins efficaces. En retour, le pays B fera de même. Ainsi, les industries des pays A et B ayant un avantage comparé mondial (AMC) croîtront, et la bonne production sera faite à la bonne place ;

2. la non-discrimination : tout pays doit être traité équitablement. Notamment, les plus petits pays et les plus défavorisés par l'exiguïté de leur marché doivent bénéficier automatiquement de toutes les concessions que s'accordent réciproquement les gros pays ;

3. la transparence : toutes les barrières non tarifaires doivent être remplacées par des tarifs dont l'impact est mesurable.

De nombreuses négociations multilatérales ont permis aux échanges une libéralisation importante. Les États-Unis jouèrent un rôle dominant dans la mise en place de ce système. Évidemment, ce leadership des États-Unis n'était pas de l'altruisme pur. En fait, les États-Unis en 1945, comme la Grande-Bretagne un siècle avant, voyaient dans le libre-échange un moyen de retarder la naissance dans d'autres pays d'entreprises concurrentes[3] plutôt qu'un moyen d'accroître la production mondiale.

Un système commercial mondial, aussi parfait soit-il, ne peut correctement fonctionner à moins d'être complété par un système monétaire international adéquat. Celui qui a été adopté à Bretton Woods aura trois objectifs :

1. Instaurer le principe de la stabilité des taux de change ou de la parité des monnaies ;

2. Interdire les dévaluations compétitives de monnaie qui ont pour conséquences de déclencher des guerres commerciales ;

---

3 Cette hypothèse quant aux motifs poussant les États-Unis à adopter le libre-échange a été avancée par R.E. Balwin, «The New Protectionism : a response to shifts in national economic power», National Bureau of Economic Research, 1986.

3. Convaincre chaque pays de prendre les moyens internes en vue de conserver la parité de sa monnaie avec le dollar américain.

Ce système met donc l'accent sur les avantages de taux de change fixes; il réduit ainsi les risques de perte de change. Le dollar américain devient la devise étalon du système auquel le stock d'or américain sert de garantie ultime.

Ces règles commerciales et financières, sans être appliquées avec la même rigueur par tous les pays, furent néanmoins celles qui permirent au monde de connaître l'une des plus intenses et des plus longues périodes de croissance de son histoire. À compter de la décennie 1970, cependant, les chocs sur l'économie mondiale vont malheureusement se multiplier :

1. Abandon du système de Bretton Woods en 1973. Alors que, en 1945, les États-Unis détenaient les trois quarts du stock d'or mondial, il est devenu évident, dès 1965, que le pays n'avait plus un stock suffisant pour couvrir les dollars américains détenus par les banques centrales et les institutions financières étrangères. La crise du système de Bretton Woods se dénoua en 1973. L'or fut démonétisé, et ce métal, déjouant les espoirs, ne servirait plus jamais d'ancre au système monétaire. Les pays pouvaient désormais laisser flotter leur monnaie par rapport au dollar américain sans aucune restriction ;

2. Hausse spectaculaire du prix du pétrole en 1974. La crise du dollar américain n'était pas encore résolue qu'un deuxième choc frappa aussitôt l'économie mondiale. En 1974, le prix du pétrole, une matière indispensable, quadrupla en l'espace de moins d'un an. Cette hausse de prix allait produire un transfert colossal de ressources des pays non producteurs vers des pays producteurs de pétrole. Pour les pays en voie de développement (PVD), le déficit accru de leur balance commerciale ne pourra être comblé que par l'emprunt. Le fardeau de la dette extérieure deviendra tellement lourd à porter que, beaucoup de pays de l'Amérique latine seront incapables de payer la charge des intérêts. Aujourd'hui, après être resté durant une dizaine d'années à un niveau élevé, le prix du pétrole est redescendu à un niveau historique et les pays créanciers des PVD semblent résignés à la patience. Pendant ces années de crise financière, les États-Unis ont pris la tête du mouvement en faisant des pressions pour le rééchelonnement des prêts aux PVD tout en achetant davantage de marchandises dans ces pays.

Pendant que le Fonds monétaire international et la Banque mondiale s'affairaient à éviter que les deux chocs ne se répercutent dans des déficits extérieurs structurels, la communauté internationale fit mine d'ignorer qu'une lente et graduelle érosion du système commercial lui-même était en train de se produire. Ces brèches et entorses aux règles du GATT venaient des mesures prises en vue de contrer une hausse dans les importations en provenence des pays d'Asie ayant à leur tête le Japon. La percée des pays de l'Asie du Pacifique se fit sentir en Amérique du Nord dès la décennie 1960. Au lieu de recourir à des droits de douane, ce qui aurait sauvegardé les principes de la transparence et de la non-discrimination, les États-Unis et la C.E. ripostèrent en imposant des restrictions dites volontaires, selon les produits importés et le pays d'origine.

Le GATT, à sa séance de Tokyo en 1978, se pencha sans succès sur la prolifération des barrières non tarifaires (B.N.T.). La discussion fut réouverte à la séance de l'Uruguay qui se termina en 1994. L'accord prévoit bien, dans les textiles et les vêtements, une élimination progressive des contingents bilatéraux négociés dans le cadre de l'Arrangement multifibre en vigueur, mais les restrictions à l'adoption de mesures compensatoires et « antidumping » demeurent bien inoffensives. Il est trop tôt pour juger de l'efficacité de la séance de l'Uruguay quant à ses effets sur un démantèlement éventuel des accords du partage de marché. Cependant, si la séance de négociations avait vraiment réglé les problèmes, n'aurait-on pas eu droit, celle-ci terminée, à une accalmie dans les menaces que s'envoient encore les pays de la triade?[4]

De formidables obstacles, dont la large gamme des B.N.T., s'opposent à la quantification du protectionnisme[5]. On estimait récemment que la hausse, de 1981 à 1986, des B.N.T. avait été si importante dans tous les pays que près de 20 % des importations mondiales étaient aujourd'hui sujettes à ces B.N.T. Depuis 1980, les experts semblent unanimes pour estimer que le bienfait des baisses des droits de douanes sont plus qu'annulés par la recrudescence d'un nouveau protectionnisme.

Le cadre du GATT permit une libéralisation très régulière des échanges de la fin de la Deuxième Guerre mondiale jusqu'à la décennie 1970. Le tableau 10.3 décrit l'évolution des flux commerciaux de 1971 à 1989. Le rôle déstabilisateur du Japon et de l'Asie du Pacifique en ressort. En 1971, l'Asie du Pacifique ne détenait que 19,6 % des exportations de la triade; en 1989, elle en détenait 32,1 %. Le poids relatif tant de la C.E. que des États-Unis recule en conséquence de 11,5 %. Les États-Unis sont pour les pays d'Asie un client deux fois plus important que la C.E. Nous avons vu au chapitre V jusqu'à quel point cette percée asiatique avait touché les régions des Grands Lacs et du Centre-Atlantique des États-Unis. Cette rupture est évidemment à la source de la montée du protectionnisme durant la période.

4 La C.E., les États-Unis et le Japon sont les trois pays de la triade. Dans ce chapitre, dans la foulée du traité de Maastricht, l'abréviation C.E. signifie la Communauté européenne.

5 P. R.Krugman et M. Obsfelt, *L'Économie mondiale*, Prémisses, 1992, p. 274.

Comme nous l'avons dit dans le premier chapitre, la force commerciale du Japon fit basculer vers l'océan Pacifique le centre de gravité du commerce mondial. De 1971 à 1989, le commerce transpacifique de la triade croît de 12,8 % (5,3 + 7,5) à 18,2 % (6,7 + 11,5), alors que le poids du commerce de l'Atlantique-Nord tombe de 16,2 (8,5 + 7,7) à 11 % (5,5 + 5,5) du commerce total. Quoique le Japon ne soit pas le seul coupable du déclin de l'Atlantique comme voie commerciale, l'intégration économique de l'Europe de l'Ouest étant aussi en partie responsable, l'ampleur des mutations milite en faveur de politiques capables de ralentir la course endiablée de l'économie mondiale.

À cause d'un déficit extérieur important qui se maintient bon an mal an depuis 1983 à environ 100 milliards de dollars par année, les États-Unis ont cessé, à la fin de la décennie 1980, d'être des créanciers du reste du monde. Ce déclin de capacité financière prive le monde d'un leader naturel dans la lutte contre le retour du mercantilisme.

Tableau 10.3 Flux commerciaux entre l'Amérique du Nord (A.N.), la Communauté européenne (C.E.) et l'Asie du Pacifique (A.P.), 1971 et 1989 (flux exprimés en pourcentage du total)

Import\export	A.N.	C.E.	A.P.	Total
A.N.				
1971	15,0	8,5	5,3	28,8
1989	11,2	5,5	6,7	23,4
C.E.				
1971	7,7	40,5	3,6	51,6
1989	5,5	35,3	3,7	44,5
A.P.				
1971	7,5	3,5	8,5	19,6
1989	11,5	5,3	15,2	32,1
TOTAL				
1971	30,2	52,5	17,4	100
1989	28,2	46,1	25,7	100

Source : R. Letourneau, « Canada's trade performance : world market share and comparative advantages », Conseil économique du Canada, nº. 43, 1992. L'Asie du Pacifique comprend le Japon, la Corée du Sud, la Malaisie, la Thaïlande,

268

Figure 10.1 Planisphère proportionné au PIB

PIB 1990

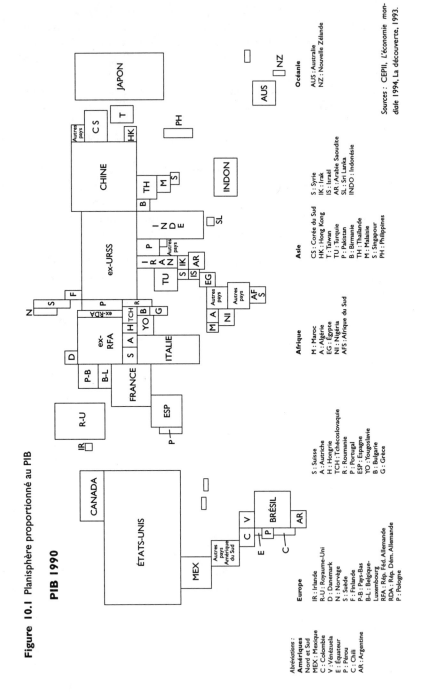

Sources : CEPII, *L'économie mondiale* 1994, La découverte, 1993.

Abréviations :

Amériques
Nord et Sud
MEX : Mexique
C : Colombie
V : Vénézuela
E : Équateur
P : Pérou
C : Chili
AR : Argentine

Europe
IR : Irlande
R-U : Royaume-Uni
D : Danemark
N : Norvège
S : Suède
F : Finlande
P-B : Pays-Bas
B-L : Belgique-Luxembourg
RFA : Rép. Féd. Allemande
RDA : Rép. Dém. Allemande
P : Pologne

S : Suisse
A : Autriche
H : Hongrie
TCH : Tchécoslovaquie
R : Roumanie
P : Portugal
ESP : Espagne
YO : Yougoslavie
B : Bulgarie
G : Grèce

Afrique
M : Maroc
A : Algérie
EG : Égypte
NI : Nigéria
AFS : Afrique du Sud

Asie
CS : Corée du Sud
HK : Hong Kong
T : Taïwan
TU : Turquie
P : Pakistan
B : Birmanie
TH : Thaïlande
M : Malaisie
S : Singapour
PH : Philippines

S : Syrie
IK : Irak
IS : Israël
AR : Arabie Saoudite
SL : Sri Lanka
INDO : Indonésie

Océanie
AUS : Australie
NZ : Nouvelle Zélande

l'Indonésie, les Philippines, la Chine, l'Australie, la Nouvelle-Zélande, Taïwan et Hong Kong. La C.E. comprend douze pays ; l'Amérique du Nord, deux.

Le mercantilisme et le marathon international

Le commerce mondial favorise une division du travail qui permet aux pays de concentrer leurs efforts sur les choses qu'ils font le mieux. Cet avantage est d'autant plus grand qu'un pays a un marché intérieur petit. La figure 10.1 présente une carte politique du monde où l'espace occupé par un pays est proportionné à son PIB.

Par ailleurs, l'économie mondiale est composée aussi de grosses nations dont l'intérêt premier n'est pas le libre-échange mais plutôt de se procurer les moyens d'accroître leur puissance économique et politique de par le monde. La doctrine qui fournit l'idéologie nécessaire à l'atteinte de tels objectifs est le mercantilisme. Dans sa version moderne, cette doctrine dit que la puissance d'un pays passe par la création d'un surplus extérieur. Ce surplus peut être dégagé par un abaissement du niveau de vie de la population, par une baisse dans les importations de la nation ou par l'aide reçue à l'exportation. Le Japon, les États-Unis, l'Allemagne réunifiée, la France et le Royaume-Uni ont tous adhéré au mercantilisme à un moment ou à un autre au cours des deux derniers siècles. Le mercantilisme est encore une doctrine utile pour interpréter l'évolution de l'économie mondiale. Dans ce cadre, il serait pertinent de percevoir nos pays comme s'ils s'étaient inscrits dans un marathon, épreuve physique faisant particulièrement appel à l'endurance des athlètes.

Les États-Unis, jouant l'isolationnisme dans l'entre-deux-guerres, sortent gagnants du dernier marathon et succèdent ainsi à l'Angleterre en 1945. Qui gagnera l'actuel marathon ? On compte trois favoris : l'Allemagne, qui s'est classée deuxième, derrière l'Angleterre, au dernier marathon ; le Japon, dont les exploits dans des courses plus courtes relèvent du miracle, et les États-Unis, qui pourraient rebondir, selon certains.

La réponse à cette question est cruciale pour l'avenir du Canada et du Québec. Déjà, les politiques mises en place au nord du 45ᵉ parallèle essaient de tenir compte de toutes les éventualités. L'accord de libre-échange Canada-États-Unis de 1989 est clairement la réaction d'un pays qui achète son billet contre le spectre de l'isolement, advenant une défaite des États-Unis et le retour du protectionnisme chez notre très gros client du sud.

L'intégration économique des pays de l'Europe de l'Ouest exprime nettement une volonté de puissance des Allemands et des Français. La RFA et la France formèrent en 1958 un noyau si puissant que l'Italie et trois autres pays de l'Europe continentale durent emboîter le pas et en-

270

Figure 10.2 Zones commerciales des trois pôles du commerce mondial, 1992

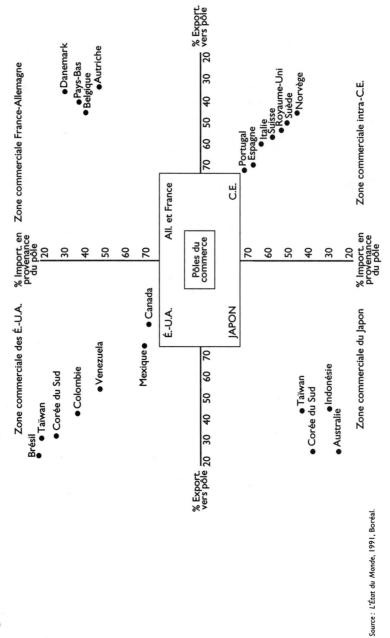

Source: *L'État du Monde*, 1991, Boréal.

trer dans le même marché commun. L'Angleterre riposta en 1960 en formant sa propre zone de libre-échange (l'AELE). Toutefois, il devint évident dès 1970 que l'AELE ne faisait pas le poids devant l'adversaire, le Marché commun s'étant révélé un grand pôle de croissance. L'adhésion de l'Angleterre servit d'exemple et, aujourd'hui, la Communauté européenne comprend 12 pays. Les bénéfices de l'Allemagne se trouvent dans le prix élevé de ses exportations de produits manufacturiers; ceux de la France, dans un prix plus élevé que le cours mondial pour ses exportations de produits agricoles.

Chaque grande zone commerciale possède un pays pôle et des pays affiliés. La figure 10.2 illustre cette réalité. Trois pôles, la C.E., les États-Unis et le Japon, sont identifiés au centre de la figure. Dans le quadrant nord-est, le commerce entre l'Allemagne et la France réunies et quelques pays membres de la C.E. est indiqué alors que, dans le quadrant sud-est, c'est le commerce entre la C.E. elle-même et tous ses pays affiliés potentiels. Cette figure suggère quelques observations.

Premièrement, les pourcentages que représentent les échanges avec chacun des pays affiliés dans les échanges du Japon sont très faibles. Dans sa zone commerciale, le Japon est loin d'exercer un attrait dominant. Ce pays compte peu de pays affiliés, contrairement aux États-Unis et à la C.E. Deuxièmement, le Canada, le Mexique et d'autres pays d'Amérique latine appartiennent clairement à la zone commerciale des États-Unis.

Troisièmement, des pays comme la Suède, la Norvège, la Suisse et l'Autriche sont vis-à-vis de la C.E. dans la même position que le Canada vis-à-vis des États-Unis. Quatrièmement, l'Allemagne et la France n'ont pas ensemble une zone commerciale bien supérieure à celle du Japon. Si ces deux pays fondateurs de la C.E. semblent exercer une grande influence, c'est qu'on assimile facilement leur force à celle de l'ensemble des pays membres de la C.E.

Des quatre observations, la plus importante est celle qui porte sur le Japon. Ce pays est isolé; il est un géant aux pieds d'argile si bien que ses chances de gagner le marathon sont effectivement très petites. Le pays du soleil levant est peut-être celui qui peut faire le plus pour sauvegarder le meilleur du système actuel; et celui-ci doit être rajeuni pour tenir compte des réalités nouvelles.

Le tableau 10.4 enregistre la performance passée de cinq pays sur trois périodes. La période 1913-1950 indique la cadence qui a permis aux États-Unis d'arracher la victoire dans la deuxième partie du dernier marathon, celui qui se termina avec la Deuxième Guerre mondiale. La période 1951-1973 peut être considérée comme une période de récupération et d'entraînement en vue du marathon qui commença en 1973. De-

Tableau 10.4 Indicateurs de performance de cinq pays durant trois périodes : taux de croissance annuel moyen de population (Pop), PIB réel (Pr) et PIB réel par habitant (Prh)

	1913-1950			1951-1973			1973-1989		
	Pop	**Pr**	**Prh**	**Pop**	**Pr**	**Prh**	**Pop**	**Pr**	**Prh**
États-Unis	1,3	2,9	1,6	1,3	3,5	2,2	0,9	2,4	1,5
Japon	1,0	1,5	0,5	1,1	9,5	8,4	1,2	4,0	2,8
Allemagne	0,5	1,2	0,7	0,5	5,5	5,0	0,2	2,2	2,0
France	(0,3)	0,7	1,0	0,9	5,0	4,1	0,7	2,4	1,7
Royaume-Uni	0,8	1,7	0,9	0,4	2,9	2,5	0,2	1,7	1,5

Notes : Le taux de croissance annuel moyen (TCAM) du PIB réel est égal à la somme des TCAM de la population et du PIB par habitant.

Source : D'après Augus Maddison, *Les phases du développement économique,* Economia 1981, et les calculs de l'auteur pour la dernière période.

puis ses débuts jusqu'à aujourd'hui (1989), le Japon est en tête avec une cadence (un taux annuel de croissance) de 4,0 % de son PIB ; les États-Unis, l'Allemagne et la France suivent avec 2,0 %. Le Japon n'a pas une avance insurmontable : on est au début de la course. L'erreur serait de projeter les performances passées sur le résultat final, le gagnant d'un marathon étant rarement le coureur de tête en début de parcours.

Deux facteurs sont primordiaux pour estimer les chances d'un coureur : son gabarit, qui détermine son potentiel physique à long terme, et sa force morale, qui fixe le seuil de la douleur qu'il peut tolérer avant de se résigner à ralentir sa cadence. Le tableau 10.5 présente des indicateurs de capacité à long terme et de force morale (adaptation).

SUPERMAN ET LA POLITIQUE COMMERCIALE DES ÉTATS-UNIS

À la recherche d'un moyen infaillible pour accroître leurs exportations, les États-Unis ont adopté une loi en 1988, la Super 301. Les débats sur la loi ne laissent aucun doute : l'appellation de la loi est reliée à l'image d'invincibilité du personnage bien connu de Superman. En vertu de cette loi, les États-Unis peuvent accuser tout pays d'être un partenaire déloyal. Le pays désigné dispose de quelques mois pour faire la preuve de sa loyauté. Le cas échéant, la loi autorise le président à recourir à des représailles contre le pays délinquant.

Un grand nombre d'économistes américains ayant à leur tête les plus grands dénoncent cette loi. Selon eux, la super 301 est du brigandage, en ce sens qu'un pays ne peut se permettre d'être à la fois juge et partie.

Quoique petit, le Japon semble avoir encore de bonnes réserves avec un taux d'investissement double de celui des États-Unis, un surplus extérieur énorme et une infime dette publique. Ses handicaps sont une po-

Tableau 10.5 Indicateurs de capacité à long terme et d'adaptation, 1991

	États-Unis	Japon	Allemagne	France
Investissement en % du PIB	16,0 %	33,0 %	22,0 %	22,0 %
Taux de chômage	6,7 %	2,1 %	6,7 %	9,5 %
Indice synthétique de fécondité	1,8	1,5	1,5	1,8
Population du pays pôle (millions)	252	124	79	57
Population de la région du pôle (millions)	698	517	464	464
Dette publique en % du PIB	35 %	6 %	25 %	25 %
Déficit extérieur en % du PIB	1,0 %	(2,2 %)	1,2 %	0,5 %
PIB par tête (États-Unis = 100)	100,0	87,0	76,4	77,3

Note : La région satellite des États-Unis comprend l'Amérique du Nord et l'Amérique latine ; celle du Japon comprend l'Extrême-Orient à économie de marché ; la région de l'Allemagne et de la France comprend l'Europe occidentale.

Source : CEPII, *L'économie mondiale en 1994*, La découverte, 1993, p. 107.

pulation égale à la moitié de celle des États-Unis ; mais il a su s'imposer dans le passé d'énormes sacrifices et il pourrait s'offrir le confort et le même nombre d'enfants que la famille nord-américaine si ce n'était ce sacré marathon qu'il faut gagner. Le plus sérieux des handicaps du Japon est cependant ailleurs. Le Japon est un coureur isolé politiquement, et il est accusé par les États-Unis et la C.E. de se « doper » de B.N.T. Par ailleurs, le Japon est pris dans un effet de tenaille. Il a à ses trousses, d'un côté, la Corée et Taïwan, qui imitent tout ce que le Japon fait de bon et, de l'autre côté, les États-Unis et la C.E., qui pratiquent de l'obstruction lorsque le Japon réussit trop bien par rapport à eux.

La paire que constituent l'Allemagne réunifiée et la France forme un coureur plus que respecté. La force de ce marathonien est qu'il court au sein d'un noyau composé déjà de 10 autres pays ; et quatre ou cinq autres qui en feront eux aussi bientôt partie. La faiblesse de la C.E., c'est sa force. Selon les experts, la C.E. dispose de la capacité de devenir une grande puissance économique et politique à côté des États-Unis. Cependant, un fédéralisme de 12 pays, chacun ayant sa propre langue et sa propre monnaie, est une impossibilité théorique. Comme l'enseigne la théorie économique, la libération des capitaux telle que prévue dans le traité de Maastricht va engendrer des disparités insupportables dans les taux de chômage des pays de la C.E.[6] Bref, la C.E. est vulnérable.

Quand les États-Unis se sont présentés au fil de départ en 1973, ils n'avaient pas l'entraînement que les autres coureurs s'étaient imposé de

6 Voir J.-M. Siroen, *L'Économie mondiale*, A. Colin, 1993, p. 112 à 117.

273

1951 à 1973 ni leur force morale. Celle-ci avait été sérieusement atteinte par la défaite au Vietnam et l'assassinat de John Kennedy. Depuis l'éclatement de l'ex-URSS, les États-Unis reprennent confiance en eux-mêmes et atteignent en 1992 une cadence qui surpasse celle du Japon. Cette poussée sera-t-elle durable? Peut-être! Les États-Unis demeurent le coureur qui a le plus de potentiel à long terme.

Une stratégie à trois volets est actuellement en place aux États-Unis pour s'attaquer au déficit extérieur. Le premier volet fut l'introduction d'une série de lois, dont la Super 301 (voir l'encadré p. 270), permettant de réduire les importations et d'accroître les exportations. Le deuxième moyen est l'Accord de libre-échange nord-américain (ALENA), comprenant le Canada et le Mexique. Éventuellement, les pays de l'Amérique du Sud pourraient être sollicités à leur tour. Enfin, les États-Unis étaient évidemment présents à la ronde de l'Uruguay du GATT. Ils y ont arraché à la C.E. et à la France, avec la sympathie du Canada et de l'Australie, une réduction dans les subventions versées aux agriculteurs européens.

Le Canada et le Québec à l'ère de l'ALENA

La caractéristique unique du Canada parmi les pays développés est sa dépendance d'un seul partenaire commercial. Peu de pays du monde concentrent 75 % de leur commerce vers un seul autre. Au tableau 10.6, le taux de dépendance d'un pays est défini comme les exportations vers le principal partenaire en pourcentage du PIB.

Les exportations canadiennes vers les États-Unis représentent 20 % du PIB du Canada, alors que les exportations américaines vers le Canada ne dépassent pas 3 % du PIB des États-Unis. Aucune économie occidentale n'est dépendante à ce point d'un seul partenaire, ce qui n'em-

Tableau 10.6 Taux de dépendance d'une sélection de pays envers le principal partenaire, 1992. (Exportation du pays A vers le pays B en pourcentage du PIB et vice-versa)

Pays A	Taux de dépendance		Pays B
	de A envers B	de B envers A	
Québec	25 %	8 %	RDC
Canada	20	3	États-Unis
Irlande	15	2	Royaume-Uni
Suisse ou Autriche	20	3	C.E.
Suède ou Norvège	15	2	C.E.

Source : OCDE, Statistiques mensuelles du commerce extérieur, 1993 et L'État du Monde, 1994, Boréal. Les taux pour le Québec et le Canada sont pour 1984 où 55 % des exportations du Québec allaient vers le RDC, alors que le RDC ne dirigeait vers le Québec que 17 % de ses exportations totales.

pêche pas pour autant qu'un pays comme la Suisse ou l'Autriche soit aussi dépendant d'un ensemble de pays comme la C.E. La conséquence est que la marge de manœuvre du Canada était pratiquement nulle quand les États-Unis ont lancé l'initiative dont l'objectif final était de créer une zone de libre-échange à l'échelle des deux Amériques.

Tous les duos présentés au tableau 10.6 sont asymétriques, en ce sens que l'un des deux pays est plus dépendant de l'autre . Proportionnellement, la relation Canada — États-Unis est presque exactement la même que la relation Suisse-C.E. Pourtant, les Suisses refusent de joindre la C.E.[7] Le non de la Suisse et le oui du Canada sont-ils le fruit d'un contexte moins contraignant en Europe ou celui d'un alignement plus docile des positions canadiennes sur celles de Washington?

La menace commerciale que constitue le Japon a amené les États-Unis à s'engager sur la même voie que la C.E. Il existe une théorie économique qui explique pourquoi et comment les pays optent pour une union douanière plutôt que pour le libre-échange tout court. Dans sa version normative, cette théorie contient deux concepts. L'un deux est appelé l'effet de création; l'autre, l'effet de détournement. On dit qu'il se produit un effet de détournement lorsque la production d'un produit se déplace d'un pays avec un ACM (avantage comparé mondial) vers un pays avec un ACR (avantage comparé régional), le tout se soldant par une baisse de la production mondiale. L'effet de création se présente lorsque le déplacement est en sens contraire et qu'il provoque une hausse de la production mondiale. La théorie conclut donc que tout accord de libre-échange régional qui engendre surtout des effets de création doit être encouragé et que celui qui produit surtout des effets de détournement devrait être dénoncé.

D'autre part, cette théorie, dans sa version positive, celle qui essaie d'expliquer la réalité, suppose qu'un pays se perçoit comme s'il était dans un monde mercantiliste où un accroissement de sa part des marchés et donc de sa production passe avant l'intérêt de ses consommateurs et de l'économie mondiale.

Le Canada est entre autres une union douanière entre cinq régions, alors que l'ALENA, une zone de libre-échange entre trois pays.

Commençons par identifier les effets de création et de détournement de l'Union douanière canadienne. Le Québec détient un ACM dans le papier journal comme le RDC dans le nickel. En échangeant papier journal contre nickel, tant le Québec que le RDC et l'économie mondiale sortent gagnants. Par ailleurs, le Québec et l'Ontario font un

---

7 Récemment, un projet d'entente pour des liens économiques plus étroits avec la C.E. fut déposé dans chacun des parlements des pays de l'AELE. Le rejet par les Suisses en décembre 1992 et les réticences de la Norvège vont probablement avoir pour effet de réduire la portée de l'entente envisagée.

autre troc qui, lui, est moins honorable, car ses retombées sur le plan international sont négatives. Dans le vêtement, les produits laitiers et les produits chimiques, par exemple, le Québec produit et exporte au RDC malgré l'absence d'ACM. Ceci est dû aux lois canadiennes qui limitent les importations et protègent de la concurrence étrangère les ouvriers du Québec. En retour, l'Ontario bénéficie d'un privilège semblable dans l'acier et l'automobile. Ces privilèges accordés au Québec et à l'Ontario permettent à ces deux provinces d'avoir des surplus commerciaux, année après année, dans leurs échanges avec les trois autres régions du Canada. Quel est le gain net de ces deux surplus? Nous les avons estimés au chapitre IX à environ 3 % de la masse salariale du Québec et de l'Ontario.

L'ALENA a pour but de créer des trocs équivalents à ceux de l'Union économique canadienne, sauf que les joueurs sont différents. Au Canada, ce sont l'Ontario et le Québec qui, ensemble, ont assez de force politique pour défendre un protectionnisme vis-à-vis l'Asie et l'Europe. À l'ère de l'ALENA, le marchandage de privilèges se fait entre trois gouvernements centraux au nom des intérêts des entreprises qu'ils représentent.

L'ALENA contient un troc qui touchera directement le Québec. Il porte sur le secteur textile-vêtement et touche à l'intérêt de plusieurs régions. L'industrie du tissu, concentrée dans les deux Carolines et la Géorgie, sort gagnante de l'ALENA, étant donné que les fabricants de vêtements, encore concentrés à New York, sont fortement incités à acheter leurs tissus en Amérique du Nord. Par contre, un fabricant de vêtements logé à Montréal sera moins pénalisé que celui de New York s'il n'achète pas nord-américain. Il peut exporter jusqu'à 25 % de sa production sans que la règle de la teneur en tissu nord-américain s'applique pour cette partie de sa production. Ces règles inciteront Montréal à se lancer dans les vêtements haut de gamme, fabriqués à partir de tissus fins européens. La robe ainsi fabriquée à Montréal sera vendue à New York. Personne ne peut nous battre, ni les fabricants new-yorkais de robes qui ne peuvent acheter de tissus européens sans payer des droits de douane, ni les fabricants parisiens, qui devront payer 22 % sur chaque robe vendue aux États-Unis. Quel prix avons-nous payé pour ce privilège? Le départ vers le sud des États-Unis de quelques usines québécoises de tissus. Les chiffres sur le commerce de ces produits depuis 1989, sans confirmer la tendance qui se dessine, ne l'infirment pas : de 50 % en 1989, la part des importations canadiennes de tissus venant des États-Unis est passée à 55 % en 1992. Par ailleurs, la part vers les États-Unis des exportations canadiennes de vêtements augmentait de 80 % à 85 % de 1989 à 1992.

Maintenant que l'ALENA est entré en vigueur, notre but n'est pas de rouvrir le débat mais plutôt de mettre en garde sur ce qui menace le Québec au-delà de l'ALENA. Avec l'ALENA, la situation est corsée sans être encore désastreuse, du moins au Québec. Qu'adviendrait-t-il cependant si le processus d'intégration se poursuivait pour englober les pays de l'Amérique latine? Dans une zone de libre-échange hémisphérique, telle que le proposent les États-Unis, le Québec deviendrait une région périphérique, car le centre de gravité de l'Amérique du Nord, actuellement situé près de Saint-Louis au Missouri, pourrait se trouver au Texas en peu d'années. Ce déplacement éloignerait les centres de production du secteur manufacturier du Québec et de l'Ontario de leur clientèle traditionnelle et de leurs fournisseurs de biens intermédiaires. Bref, le Québec deviendrait une région encore plus périphérique en Amérique du Nord qu'actuellement. Ce développement est d'autant plus probable que le commerce entre l'Amérique du Nord et l'Europe de l'Ouest continue de diminuer et qu'on assiste à la création d'un bloc du Pacifique.

La position géographique du Québec fut un jour sa force. Ce n'est plus le cas, et on n'y peut pas grand chose, car le Québec est une petite entité dans le monde. Dans un système commercial bien rodé, le fait d'être petit est très avantageux pour un pays : il suffit que ses industries restent compétitives et qu'il capitalise sur le fait que ses exportations représentent une infime proportion des importations des autres pays. Par ailleurs, le jour où les flux commerciaux seraient déterminés davantage par le pouvoir de négociation des États que par le marché, il pourrait devenir peine perdue, pour ce petit pays, d'essayer de rester compétitif. Il ferait mieux d'acheter son billet d'admission dans un bloc commercial et de confier à son leader la protection de ses emplois. Pour ce qui est de l'industrie du vêtement, le billet d'entrée à une protection achetée par le Québec n'est pas donné tant par le reste du Canada que par les États-Unis.

Éventuellement, avec l'ALENA, la part du commerce international du Canada et du Québec avec les États-Unis dépassera peut-être le cap du 80%, comparativement à 70,7% pour les importations et à 77,4% pour les exportations en 1992[8]. Ce progrès aura deux conséquences : une baisse relative dans le commerce du Canada avec les pays d'outre-mer qui se plaignent déjà de cela et un réalignement des exportations interprovinciales d'une région canadienne vers les États-Unis. L'Ontario semble être aujourd'hui la région canadienne la plus touchée.

Avec l'ALENA, les États-Unis vont peut-être parvenir à réduire leur déficit extérieur. Depuis 1960, la part des États-Unis dans les importations est en baisse dans tous les pays du monde sauf deux, le Mexique

8 Ce pourcentage provient de Statistique Canada, *Communiqué préliminaire sur le commerce international du Canada*, avril 1993, cat. n° 65-001.

et le Canada. Si le Canada avait suivi les autres pays quant à l'origine de ses importations, la part des importations canadiennes en provenance des États-Unis pourrait être de l'ordre de 60 % au lieu de 70,7 %[9]. Il y a bien des façons, pour un pays, surtout s'il est gros, d'effacer un déficit extérieur. La voie mercantiliste est la voie proposée par les économistes. La première approche met l'accent sur les aspects commerciaux : hausse de B.N.T., aide à l'exportation, accord régional de libre-échange, etc. Cette approche implique un certain pelletage dans la cour des pays partenaires en plus d'avoir des effets secondaires négatifs à long terme. Ainsi, le jour où les États-Unis auront éliminé leur déficit extérieur actuel, l'ALENA sera-t-il dissous?

Les économistes croient qu'un déficit extérieur est la conséquence d'une surconsommation et que le remède, pour guérir le mal à sa source, consiste en des politiques qui réduisent directement la consommation. Cette voie est politiquement difficile, mais elle n'a pas d'effets secondaires négatifs. Fidèles à leur tâche, des économistes américains ont expliqué dans les détails en quoi consiste cette démarche[10].

Conclusion

L'économie mondiale fut jusqu'à tout récemment sur la lancée de la fin de la Deuxième Guerre mondiale. Depuis une dizaine d'années, les grands acteurs redéfinissent leurs stratégies et prennent des positions nouvelles. Dans une telle période de transition, les petites et les moyennes puissances ne peuvent faire grand chose, sauf miser sur leur petitesse.

Le fait de ne pas être important peut permettre de recourir à des stratégies qui seront tolérées. Comme les exportations du Québec ne représentent que de 1 % à 3 % des importations des plus gros pays importateurs au monde, une stratégie d'abaissement des coûts en main-d'œuvre est crédible.

Quand le taux des salaires en Ontario est au niveau 100, le nôtre, à productivité égale, doit être à 90. Si le taux de chômage est de 5 % au Centre-Atlantique, pourquoi ne devons-nous pas viser le même taux? Dans une petite économie, le chômage est en fonction directe des coûts de production des entreprises nationales. Pourquoi, dans les pâtes et papier et dans les produits d'aluminium, ne visons-nous pas une baisse de

9 Au tableau 10.3, la part de l'Amérique du Nord dans les importations mondiales passe de 28,8 % en 1971 à 23,4 % en 1989, pour une baisse de près de 20 %. À supposer une baisse de cet ordre dans la part des États-Unis dans les importations canadiennes, la part des États-Unis se situerait à environ 58 %.

10 G. N. Hotsopoulos, P. R. Krugman, L. H. Summers, «US competitiveness : Beyond the trade deficit», ch. 8 dans P. King (éd.), *International Economics and international economic policy a reader*, McGraw-Hill, 1980.

3 % de nos coûts, quand nos concurrents ont une cible de 2 % ? Un petit pays ne dispose, au fond, que de deux voies. La première, décrite ci-dessus, est celle de l'indépendance économique ; elle se paie à court terme par une information adéquate, une cohésion sociale et une bonne rapidité d'exécution. Certains petits pays ont opté pour cette première voie. La seconde voie consiste à confier son sort à un pays voisin qui offrirait une certaine protection. Durant longtemps, l'économie du Québec fut protégée par la politique commerciale du Canada. Aujourd'hui, la protection de l'économie québécoise pourrait passer du Canada aux États-Unis. Si ce déplacement se produisait, nous avons souligné que le Québec pourrait être poussé à la périphérie des grands circuits commerciaux.

La première voie exige une réduction de la dette extérieure, objectif probablement impossible à atteindre sans une réduction parallèle de la dette publique. Cette stratégie permet quelque espoir pour les chômeurs ; les jeunes en seraient les premiers bénéficiaires. Sans une collaboration de tous les groupes et un effort au jour le jour de chaque Québécois pour s'adapter à un contexte changeant, cette stratégie sera cependant vouée à l'échec.

Schéma-synthèse

L'économie mondiale est de plus en plus turbulente.	Cette instabilité résulte : - du recul dans le leadership des États-Unis - de la formation de la C.E. - de l'agressivité commerciale du Japon et NPI.
Les exportations du Québec sont ancrées en Amérique du Nord. La répartition géographique est . 50 % vers le RDC. 37 % vers les États-Unis. 13 % vers le reste du Monde.	Les exportations par produits sont spécialisées selon les marchés. exportations de produits de ressources naturelles à l'étranger. exportations de produits à forte intensité en main-d'œuvre surtout non spécialisée vers le RDC.
L'ALE et L'ALENA. augmenteront la part en exportations québécoises vers les États-Unis. mais l'impact ne devrait pas être si important.	Dans une économie mondiale en pleine mutation, le Québec doit être très informé et se montrer très prudent dans l'élaboration de sa stratégie.

Questions et choix multiples

1. Quelles ont été les principales tendances de l'économie mondiale depuis 1960 ?

2. Décrivez la répartition géographique des exportations du Québec. Quels sont les produits où le Québec a un avantage comparé sur le plan mondial et par rapport au reste du Canada ?

3. L'économie canadienne est le résultat d'un troc contre nature entre le Québec et l'Ontario. Commentez.

4. L'ALE et l'ALENA risquent-ils de modifier radicalement la répartition géographique des échanges du Québec ?

5. La tendance de l'économie mondiale est de se diviser en grands blocs commerciaux. Le Québec risque-t-il d'y perdre ou d'y gagner ?

6. Définissez les expressions suivantes :
- pôle du commerce international
- produit avec avantage comparé mondial
- effet de création
- effet de détournement

7. Cochez l'erreur :
□ Le Japon a une zone commerciale plus importante que les États-Unis.
□ Le Québec détient plus de 20 % des exportations mondiales de papier journal.
□ Le Québec est exportateur de produits chimiques vers le RDC.
□ Le Québec est plus intégré à l'économie ontarienne qu'à celle du Centre-Atlantique.

CARTES
ENCADRÉS
FIGURES
TABLEAUX

BIBLIOGRAPHIE

Chapitre I

BONENFANT, Jean-Charles, *Les origines économiques et les dispositions de l'Acte de l'Amérique du Nord britannique de 1867* dans Comeau R., op. cit., p. 85 à 104.

FAUCHER, Albert et LAMONTAGNE, Maurice, *L'histoire du développement industriel du Québec* dans Rioux M. et Martin Y., op. cit.

HAMELIN, Jean et ROBY, Yves, *Histoire économique du Québec 1851-1896*, Fides, 1971, 436 p.

HIRSCH, Robert D., *Les origines et la nature des déséquilibres régionaux du Québec*, Conseil d'orientation économique du Québec, 1967, 129 p.

POMFRET, Richard, *The Economic Development of Canada*, Methuen, 1981, 216 p.

VALLERAND, Noël, *Histoire des faits économiques de la vallée du Saint-Laurent : 1760-1866*, dans Comeau R., op. cit., p. 39 à 84.

Chapitre II

CALDWELL, G. et CZOTNOCKI, B. DAN, « Un rattrapage raté. Le changement social dans le Québec d'après-guerre 1950/1974 : une comparaison Québec/Ontario », *Recherches sociographiques*, vol. XVIII, n° 1, janvier-avril 1977, p. 10-51.

HAMELIN, J. et PROVENCHER, J., *Brève Histoire du Québec*, Boréal, 1987, 127 p.

RIOUX, M. et MARTIN, Y. (éd.), *La société canadienne-française*, Hurtubise HMH, 1971, 404 p.

COMEAU, Robert, (éd.), *Économie québécoise*, Presses de l'Université du Québec, 1969.

Chapitre III

BEAUSÉJOUR, Michel, *Introduction à l'économie du Québec*, ch. 4, Études Vivantes, 1989.

BOURASSA, Robert, *L'Énergie du Nord*, Québec/Amérique, 1986.

CLINE, William, « La lutte contre l'effet de serre », *Finance et Développement*, mars 1993, FMI et Banque mondiale.

Conseil économique du Canada, « L'environnement : problèmes et perspectives », *Au courant,* Vol. 6, n° 3, 1986.

DAUPHIN, R. et BERNARDIN, R., « Asbestos », Chapitre 8, dans Beigie C.E. and Hero, A.O. (ed.), *Natural Resources in U.S.-Canadians Relations,* Vol II, Westview 1980.

Gouvernement du Québec, *L'électricité, facteur de développement industriel au Québec,* 1980, 257 p.

Ministère de l'Énergie et des Ressources, *Bâtir une forêt pour l'avenir, la politique forestière,* Gouvernement du Québec, juin 1985, 98 p.

Ministère de l'Énergie et des Ressources, *La politique forestière du Québec, Problématique d'ensemble,* Gouvernement du Québec, 1984, 143 p.

Ministère de l'Énergie et des Ressources, *La ressource minérale, bilan et faits saillants 1986, perspectives 1988,* Gouvernement du Québec, 1988, 24 p.

Ministère de l'Énergie et des Ressources, *Le nouveau régime forestier,* Gouvernement du Québec, 1986, 7 p.

OPDQ, *Filières de production et développement régional,* Québec, août 1977, 253 p.

Chapitre IV

Bureau de la statistique du Québec, *La situation démographique au Québec,* Québec, Publications du Québec, 1991.

Bureau de la statistique du Québec, *Perspectives démographiques au Québec et de ses régions 1986-2046,* Publications du Québec, 1991.

COUSINEAU, Jean-Michel, *Économie du travail,* 2e édition, Gaétan Morin, 1993.

FORTIN, Pierre, *L'impact du choc démographique sur le niveau de vie à long terme,* Montréal, Centre de recherches sur les politiques économiques, Université du Québec à Montréal, 1989, 36 p.

Gouvernement du Québec, *Dénatalité : des solutions,* Publications du Québec, 1989.

HENRIPIN, Jacques, *Naître ou ne pas naître,* Institut québécois de recherche sur la culture, 1989.

LACROIX, Robert, et al, *Les marchés du travail de Montréal et de Toronto,* Montréal, Centre d'études en administration internationale, École des Hautes Études commerciales de Montréal, 1982, 275 p.

Statistique Canada, *Moyennes annuelles de la population active,* Ottawa, n° 71-529.

TREMBLAY, Diane-Gabrielle et VAN SCHENDEL, Vincent, *Économie du Québec et de ses régions,* Saint-Martin, 1991, ch. 8.

Chapitre V

DALES, John H., « A comparison of Manufacturing Industry in Quebec and Ontario, 1952 » , dans Mason Wade, éd., Canadian dualism/La dualité canadienne, Les Presses de l'Université Laval, Québec, 1960, p. 203-221.

Gouvernement du Québec, *Le virage technologique — Programme d'action économique 1982-1986,* 1982, 248 p.

Gouvernement du Québec, *Bâtir le Québec - Énoncé de politique économique*, Québec, ministère d'État au développement économique, 1979, 503 p.

Le Marché du travail, « La restructuration industrielle et la dynamique du marché du travail », janvier 1992.

NAPPI, Carmine, « Le Québec et l'industrie de l'aluminium dans les années 80 », *Forces*, n° 67, 1984, p. 52-60.

PESTIAU, Caroline, *L'industrie québécoise du textile au Canada*, Accent Québec, l'Institut de recherches C.D. Howe, Montréal, 1978, 89 p.

VILCHES, Ramon, « Changes in the structure of Wages : a regional comparison », *New England Economic Review*, juillet-août 1991.

Chapitre VI

BÉLANGER, G., *L'Économique du secteur public*, G. Morin, 1981.

COULOMBE, S., *La dynamique de la dette publique du Gouvernement fédéral canadien : le diagnostic d'un problème*, Université d'Ottawa, 1989.

GUIDOTTI P. et KUMOR, M.S., « La gestion de la dette publique extérieure », *Finances et développement*, septembre 1992.

MONTMARQUETTE, C., *Le marché politique : qu'est-ce qui est produit ? Qui y participe ? Qui en profite ?*, Université de Montréal, 1988.

WILTON, D.A. et PRESCOTT, D.M., *Macroeconomics : Theory and Policy in Canada*, 1987.

Commission royale sur l'union économique et les perspectives de développement du Canada, *Les politiques budgétaire et monétaire*, coordinateur J.H. Sargent, 1986.

Gouvernement du Québec, *Les finances publiques du Québec : vivre selon ses moyens*, 1993.

Ministère des Finances, Canada, « Special report : Fiscal indicators and Reference Tables », *Quarterly Economic Review*, mars 1991.

Chapitre VII

ARBOUR, Pierre., *Québec Inc.*, L'Étincelle, 1993.

BOUCHER, L., « L'impact du syndicalisme sur les salaires dans le secteur manufacturier du Québec », *Marché du travail*, nov. 1982.

LACROIX, R., « Les disparités de salaires entre les secteurs public et privé québécois », *Actualité économique*, juin 1983.

LAVOIE, Marc et SAINT-GERMAIN, Maurice, « Statut économique relatif des francophones au Québec en 1985-1986 » , *Cahiers de recherche*, Faculté des sciences sociales, Université d'Ottawa.

MESSIER, Suzanne, *Les femmes, ça compte*, Conseil du Statut de la femme, Québec, 1984.

OLSON, M., *Grandeur et décadence des Nations*, Bonnel, 1983.

Chapitre VIII

BÉLANGER, Gérard., *L'Économique du secteur public*, G. Morin, 1981

CHUNG, Joseph, H., ACHOUR, Dominique, *Économie urbaine*, G. Morin, 1981.

DUGAS, Clermont, « Politiques de développement régional et lutte aux disparités », *L'Action nationale*, sept. 1991.

MILLS, Edwin, S., HAMILTON, Bruce W., *Urban economics*, Scott Foresman, 1989.

Gouvernement du Québec, *Québec à l'heure de l'entreprise régionale*, Plan d'action, 1988.

Ministère de l'Industrie, du Commerce et de la Technologie, *Le projet économique des régions administratives du Québec*, sous la direction d'André Chouinard, 1992.

OPDQ, *Régions et interrelations économiques au Québec*, 1962.

Chapitre IX

BROADWAY, RW., COURCHESNE, T.J., PURVIS, D.D., *Economic Dimensions of Constitutional Change*, Vol I et II, John Deutsch Institute, 1991.

Conseil économique du Canada, *Un projet commun*, Exposé annuel 1991.

Deux documents, l'un publié par la Commission Bélanger-Campeau, l'autre par la Commission d'étude des questions afférentes à l'accession du Québec à la souveraineté, résument les principaux aspects de l'impact de la souveraineté.

Dans le premier, intitulé *Éléments d'analyse économique pertinents à la révision du statut politique et constitutionnel du Québec*, on trouve trois chapitres importants :

B. FORTIN, « Les options monétaires d'un Québec souverain » ;

Ministère des Finances du Québec, « La présence du gouvernement fédéral au Québec : les programmes de transferts fédéraux » ;

Secrétariat de la Commission Bélanger-Campeau, « Analyse proforma des finances publiques dans l'hypothèse de la souveraineté au Québec ».

Dans l'autre document intitulé *Les implications de la mise en œuvre de la souveraineté : les aspects économiques et les finances publiques*, le lecteur pourra trouver entre autres analyses :

R. Dauphin et S. Slosar, « Étude des modalités de maintien de l'espace économique canadien actuel après l'accession du Québec à la souveraineté » ;

P. FORTIN, « L'impact du passage de la souveraineté sur le déficit budgétaire du Québec » ;

D. RACETTE, « Quelques réflexions sur le problème d'ajustement du déficit du compte courant d'un Québec souverain ».

Chapitre X

KRUGMAN, Paul R. et OBSTFELD, Maurice, *Économie internationale*, De Bœck University, 1992.

SCAMMELL, W.M., *The international economy since 1945*, Macmillan Press, 1983.

SIROEN, Jean-Marc, *L'économie mondiale*, Armand Colin, 1988.

SIROEN, Jean-Marc, *L'économie mondiale : anciennes hégémonies, nouvelles puissances*, Armand Colin, 1993.

INDEX

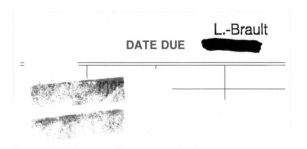
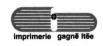

imprimerie gagné ltée

IMPRIMÉ AU CANADA